ライブラリ
経済学コア・テキスト&最先端 8

コア・テキスト
経済学史

井上 義朗 著

新世社

編者のことば

　少子高齢化社会を目前としながら，日本経済は，未曾有のデフレ不況から抜け出せずに苦しんでいる。その一因として，日本では政策決定の過程で，経済学が十分に活用されていないことが挙げられる。個々の政策が何をもたらすかを論理的に考察するためには，経済学ほど役に立つ学問はない。経済学の目的の一つとは，インセンティブ（やる気）を導くルールの研究であり，そして，それが効率的資源配分をもたらすことを重要視している。やる気を導くとは，市場なら競争を促す，わかり易いルールであり，人材なら透明な評価が行われることである。効率的資源配分とは，無駄のない資源の活用であり，人材で言えば，適材適所である。日本はこれまで，中央集権的な制度の下で，市場には規制，人材には不透明な評価を導入して，やる気を削ってきた。行政は，2年毎に担当を変えて，不適な人材でも要職につけるという，無駄だらけのシステムであった。

　ボーダレス・エコノミーの時代に，他の国々が経済理論に基づいて政策運営をしているときに，日本だけが経済学を無視した政策をとるわけにはいかない。今こそ，広く正確な経済学の素養が求められているといって言い過ぎではない。

　経済は，金融，財の需給，雇用，教育，福祉などを含み，それが相互に関連しながら，複雑に変化する系である。その経済の動きを理解するには，経済学入門に始まり，ミクロ経済学で，一人一人の国民あるいは個々の企業の立場から積み上げてゆき，マクロ経済学で，国の経済を全体として捉える，日本経済学と国際経済学と国際金融論で世界の中での日本経済をみる，そして環境経済学で，経済が環境に与える影響も考慮するなど，様々な切り口で理解する必要がある。今後，経済学を身につけた人達の専門性が，嫌でも認められてゆく時代になるであろう。

　経済を統一的な観点から見つつ，全体が編集され，そして上記のように，個々の問題について執筆されている教科書を刊行することは必須といえる。しかも，時代と共に変化する経済を捉えるためにも，常に新しい経済のテキストが求められているのだ。

　この度，新世社から出版されるライブラリ経済学コア・テキスト＆最先端は，気鋭の経済学者によって書かれた初学者向けのテキスト・シリーズである。各分野での最適な若手執筆者を擁し，誰もが理解でき，興味をもてるように書かれている。教科書として，自習書として広く活用して頂くことを切に望む次第である。

西村　和雄

プロローグ
―経済学史とは何か―

　本書は，経済学史の入門的教科書です。これから経済学を学ぶ読者を念頭に置いていますので，経済学の予備知識は必要ありません。経済学の歴史をたどりながら，経済学的な発想の原点に触れてもらうことが，本書のささやかな目標です。この本でご紹介する学説は，経済学の歴史を築いてきただけでなく，いま現在の経済学においても，現役の活躍をしているものが少なくありません。その意味で，本書を少し角度を変えた経済学入門書としても活用して頂けたら，筆者として，これに勝る喜びはありません。

　経済学史とは，経済学の歴史を研究する学問分野です。経済学説史，あるいは少し間口を広げて，経済思想史と呼ばれることもありますが，経済学の歴史的足跡を，理論，思想，政策の全般に渡って，できるだけ包括的に検討しようとするのが，経済学史です。経済そのものの歴史を扱う経済史とは学問内容が違いますので，名前はちょっと似ていますが，混同しないようにしてください。

　経済学史は，特に日本において活発な研究分野です。もちろん欧米にも，すぐれた経済学史の研究蓄積があります。しかし日本ほど，経済学史を独立した研究分野として進めてきた国はめずらしいと思います。なぜ日本の経済学が，それほど経済学史に強い関心を示してきたかというと，それはやはり，日本の経済学が，欧米経済学の導入（もしくは輸入）から始めざるを得なかったことと関係があります。外国の学説を，それとまったく異なる社会に導入するのですから，それぞれの学説が，どのような経済社会から生まれてきたか，あるいは，どのような思想や哲学を起源にしているかを，きちんと確かめる必要があったのです。それしだいで，学説の理解の仕方，あるいは日本社会への適用の仕方に，根本的な違いが出てくる可能性があったからです。したがって，経済学史の本来の目的は，経済学の歴史を，単なる知識として

蓄えることではなく，むしろ目の前にある現役の経済学説について，それを作った人々以上に，深い次元で理解することにあったのです。

もうひとつ，これはある経済学者が言ったことですが，経済学には，画期的な学説がひとつ現れると，それこそ一夜にして，学問全体がガラッと変わってしまう傾向があります。それは，経済学の歴史において，「革命」という言葉が，頻繁に使われていることからもわかります。しかし，ひとつの学説には，かならずひとつの時代が対応していて，その時代の社会，あるいは，その時代の思想から何らかの影響を受けています。ゆえに，ひとつの学説の影響力が大きければ大きいほど，その学説に固有の歴史的基礎と思想的基礎を踏まえておく必要があるのです。

したがって，経済学史とは，経済学の発展の歴史であると同時に，現代の経済学に対する，ひとつの研究姿勢を示すものとも言えます。こうした姿勢は，日本の経済学が，今後世界的な影響力を増してゆくなかで，ますます必要になってくると思います。

本書は，このような問題意識を下敷きにして，経済学の歴史をおおむね時代順にお話してゆくものです。経済学史研究は，今日内外ともにさかんですので，その研究領域もますます広くなっています。たとえば，これまであまり検討の対象にならなかった，古代や中世の経済的思想なども，いまでは重要な研究テーマになっています。しかし，経済学の基本は，いま私たちが住んでいるこの経済を解明すること，すなわち，近代資本主義経済の性質を解明することにあります。したがって，経済学史の主題も，まずは近代社会の経済学説をきちんと理解することに向けられます。

近代社会の経済学として，その第一歩を踏み出したのが，アダム・スミスの『国富論』です。『国富論』は，経済社会に対する考え方を，根本から変えました。そしてまた，『国富論』に示された経済把握の方法は，経済学的思考の原型になって，名称こそいろいろに変えながらも，経済学の歴史のなかに，繰り返し現れてくるものになります。これを，スミスに直接つらなる古典派の経済学に限定せず，近代経済学あるいは現代の経済学にも等しく読

み取ろうとした点に，本書のひとつの試みがあります。

スミスによって着手された古典期の経済学は，次のリカードの時代において，ひとつの頂点に達します。その際，リカードとマルサスとの論争が，非常に重要な意味を持ちますので，本書もここに重点を置いています。産業革命を背景とするアダム・スミスの時代から，資本主義がほぼかたちを整えるリカード＝マルサスの時代にかけて，時の課題がどのように変化し，それを経済学がどのように吸収して自らを発展させて行ったか。第1章から第3章にかけては，こうした経済学と時論的課題との関わりについて，特に注意していただきたいと思います。

古典派経済学から，現代の経済学に直結する，2つの大きな思考が出てきます。ひとつがマルクス経済学であり，もうひとつが新古典派経済学です。本書は，第4章をマルクスに，第5章を新古典派経済学にあてて，それぞれくわしく検討しています。特に，社会主義経済の崩壊以降，マルクス経済学への評価は大きく揺らいでいると言っていいと思いますが，マルクスの思想はやはり人類の重要な知的遺産です。『資本論』の考え方をまったく知らないままでは，経済学的な思考として，致命的な何かを落とすことになると思います。本書で『資本論』のすべてをお話することはできませんが，マルクスの思考のうち，私たちの身近な体験に直接関わってくる部分に重点を置いてお話したいと思います。

新古典派経済学は，いま現在の主流的学派と言ってよい存在ですが，経済理論の教科書等から想像されるイメージとは違い，19世紀末に初めて現れたときは，担わされた歴史的課題においても，思想や方法論においても，無視するには大きすぎる差異を持った，複数の学説群として存在していました。本書は，学史的な観点から新古典派経済学を捉え直すことを目的としますから，あえてその差異にこだわろうと思います。そして，新古典派経済学とはそもそもいかなる目的をもった経済学であったのかを，考え直してみたいと思います。

新古典派経済学が今日のミクロ経済学の母体になったのに対し，マクロ経

済学の母体になったのがケインズ経済学です。ミクロ経済学，マクロ経済学と一対で言われることが多いために，新古典派経済学とケインズ経済学の関係も，仲のよい兄弟のような関係を想像している人が多いと思いますが，実はまったく違うのです。ケインズ経済学はむしろ，新古典派経済学を打破するために出現したものなのです。なぜ，そのようなことが必要だったのでしょうか。本書は，ケインズ経済学の検討に第8章をあて，他の章よりも幾分紙幅を取って，その学史的な意義と今日的な意味の両方について，考えてみたいと思います。

　本書はさらに，この2つの学説のあいだに，第6章と第7章の2つの章を設けています。これは文字通り，2つのピークに挟まれた，中間期の経済思想をお話するためでもありますが，この時期に，市場経済の動態，経済制度への関心，あるいは戦略的な経済行動といった，ちょうどいま経済学の最先端にあるテーマと重なる内容の議論が，やはり同時期に発生しているという興味深い事実に若干の光をあてることも意図しています。また第6章の「ウェーバーとシュンペーター」は，経済学史の教科書としては，やや異色な取り合わせですが，社会科学の転換期に遭遇した2人の巨人を比較してみることで，社会科学が「近代」という時代をどのように「総括」しようとしていたかを，あらためて考えてみたいと思います。

　本書の試みをもうひとつあげるとすれば，戦後の経済学，つまり現代の経済学に3つの章をあてていることです。戦後の経済学は，通常は経済学史の対象とはされないのですが，経済学史と現代経済学を切り離さないという本書の方針に従って，あえて取り上げることにしました。もちろん，マクロ経済学（第9章），ミクロ経済学（第10章），あるいは現代経済学（第11章）の内容を，そのままお話するのが目的ではなく，それら現役理論の隠された一面に，学史的な観点からの検討を加えることが目的です。

　以上が本書の概要ですが，本書は，経済学の歴史について，網羅的な知識を提供するものではありません。むしろ，各章とも内容を思い切り絞り込んで，特に重要と思われる部分について，なるべくくわしくお話するかたちを

とりました．そのため，割愛せざるを得なかった部分も多く，特に，資本理論や貨幣理論に関する学説は，かなり割愛せざるを得ませんでした．これらについては，各章末に若干の参考文献をあげましたので，それらを参照していただければと思います．

　本書は，新世社の「ライブラリ経済学コア・テキスト＆最先端」の1冊として執筆したものですが，当初お話をいただいたときは，比較的はやく出来上がるものと思っていました．ところがいざ書き始めてみると，これまで経験したことのない難しさに，呆然とすることしばしばでした．そもそも経済学史の通史を単独で執筆するのも初めてなら，全文を「です・ます」体で書くのも初めてでした．話し言葉と同じ調子で…などと考えたのがまちがいで，文章としては，「である」体よりもはるかに難しいことを痛感しました．

　そのため当初お約束していた期日を，いささか気恥ずかしくなるほど過ぎてしまったのですが，言い訳ばかりしている筆者を，この間ずっと励まし続けてくださった新世社編集部の御園生晴彦氏，また編集作業を担当された安原弘樹氏には，筆者として感謝の言葉もありません．記して感謝申し上げます＊．

　冒頭にも申し上げましたが，経済学史はあくまで経済学の歴史です．経済学史を通して，読者の皆さんが，経済学という学問を少しでも，興味深い学問に思って頂ければ幸いです．

　　2004年3月

　　　　　　　　　　　　　　　　　　　　　　　　　　井上　義朗

＊なお本書の内容は，2002年度中央大学特定課題研究費からの助成研究に一部基づいています．

目 次

1　重商主義と重農主義　　1

1.1　はじめに ……………………………………………… 2
1.2　重商主義とは何か …………………………………… 3
1.3　重農主義とは何か …………………………………… 8
　　■文献案内（18）

2　アダム・スミス──古典派経済学の形成　　21

2.1　はじめに ……………………………………………… 22
2.2　『国富論』の体系 …………………………………… 23
2.3　富とは何か …………………………………………… 26
2.4　富と分業 ……………………………………………… 28
2.5　市場の規模と資本蓄積 ……………………………… 32
2.6　重商主義と自由主義 ………………………………… 34
2.7　『国富論』に学ぶもの ……………………………… 38
　　■文献案内（42）

3　マルサスとリカード──古典派経済学の確立　　43

3.1　はじめに ……………………………………………… 44
3.2　マルサス──人口法則と私有財産制 ……………… 46
3.3　穀物法論争 …………………………………………… 50
3.4　リカード──差額地代論と資本蓄積 ……………… 58
3.5　古典派と歴史学派 …………………………………… 65
　　■文献案内（68）

4 マルクス経済学　　69

- 4.1 はじめに ——— 70
- 4.2 労働価値説とは何か ——— 74
- 4.3 剰余価値の形成 ——— 78
- 4.4 剰余価値の拡大 ——— 84
- 4.5 資本蓄積論 ——— 88
  - ■文献案内（96）

5 新古典派経済学　　99

- 5.1 はじめに ——— 100
- 5.2 新古典派経済学とは何か ——— 101
- 5.3 水とダイヤモンドのパラドックス——限界効用理論の基礎 ——— 104
- 5.4 メンガーの効用価値論 ——— 108
- 5.5 ワルラスの一般均衡理論 ——— 110
- 5.6 マーシャルの動態的市場理論 ——— 116
- 5.7 大陸の新古典派とイギリスの新古典派 ——— 127
  - ■文献案内（130）

6 ウェーバーとシュンペーター　　133

- 6.1 はじめに ——— 134
- 6.2 資本主義のエトス ——— 136
- 6.3 資本主義は「鉄の檻」に囲われる ——— 143
- 6.4 資本主義のダイナミズム ——— 148
- 6.5 資本主義は成功するがゆえに消滅する ——— 155
  - ■文献案内（160）

7 市場と制度　　163

- 7.1 はじめに ——— 164
- 7.2 完全競争論 ——— 165
- 7.3 不完全競争論 ——— 172

7.4 独占的競争論 ───── 178
7.5 寡占論と価格理論の転機 ───── 183
7.6 制度への目線 ───── 187
　■文献案内 (195)

8　ケインズ経済学　197

8.1 はじめに ───── 198
8.2 なぜ失業者が現れるのか──新古典派の考え方 ───── 200
8.3 なぜ失業者が現れるのか──ケインズの考え方 ───── 205
8.4 有効需要の原理 ───── 211
8.5 消費，貯蓄，乗数 ───── 215
8.6 投資と利子 ───── 219
8.7 流動性選好説 ───── 223
8.8 ケインズ政策とは ───── 230
8.9 ケインズ経済学の思想 ───── 233
　■文献案内 (239)

9　戦後の経済学 (1) ──マクロ経済学の展開　241

9.1 はじめに ───── 242
9.2 経済成長論 (1)──ハロッド＝ドーマーモデル ───── 247
9.3 経済成長論 (2)──新古典派モデル ───── 256
9.4 赤字財政批判・マネタリズム・合理的期待 ───── 262
　■文献案内 (271)

10　戦後の経済学 (2) ──ミクロ経済学の展開　273

10.1 はじめに ───── 274
10.2 基数的効用理論から序数的効用理論へ ───── 275
10.3 一般均衡理論とパレート最適 ───── 280
10.4 市場と競争 ───── 289
10.5 市場の失敗 ───── 296
　■文献案内 (303)

11 現代の経済学 — 305

- 11.1 はじめに — 306
- 11.2 ゲーム理論と新制度主義 — 308
- 11.3 経済の変化と進化 — 314
- 11.4 競争と資本 — 324
  - ■文献案内（327）

経済学史の学習をさらに進めるために — 329
索 引 — 330

（出所）　第1章～第10章の扉部分に掲載した人物肖像は以下による；
M. Blaug (1985), *Great economists since Keynes : an introduction to the lives & works of one hundred modern economists*. Brighton, Sussex : Wheatsheaf.
M. Blaug (1986), *Great economists before Keynes : an introduction to the lives & works of one hundred great economists of the past*. Brighton, Sussex : Wheatsheaf.

第1章

重商主義と重農主義

●この章のポイント●

1. 重商主義，重農主義は，どのような経済を前提にしていたか。それは，近代的な資本主義経済であったか。

2. 重商主義とは何か。なぜ重商主義なのか。その歴史的な意義と限界はどこにあるか。

3. 重農主義とは何か。なぜ重農主義なのか。その歴史的な意義と限界はどこにあるか。

■ ケネー

1.1 はじめに

経済学の始まり　私たちは，資本主義社会に生まれ育ちました。私たちにとって，資本主義はもはや空気のように自然な存在になっていて，そこに何らかの違和感を覚えることはまずありません。しかし，これから見てゆくように，資本主義もまたひとつの制度であり，それが近代になって初めて現れたという意味では，歴史的に固有な一面を持っています。そうした資本主義の特殊性に気づかせる役割を担うのが，経済学であると本書では考えます。そして，経済学としての最初の体系を示した書物こそ，アダム・スミスの『国富論』なのです。

『国富論』を理解するためには，『国富論』に先行する2つの経済思想を知る必要があります。ひとつを重商主義と言い，もうひとつを重農主義と言います。重商主義は，スミスの時代の主流的な経済思想であり，『国富論』は，この重商主義を打破するために書かれた書物と言ってよいものです。他方，重農主義は，スミスが経済学の体系化をはかる際に，自ら導きの糸としたものです。重農主義は，絶対王制下のフランスで展開された経済学説で，経済全体の営みを，「経済表」と呼ばれる一枚の表にまとめて把握するという，画期的な思考を生み出しました。スミスはこれを吸収しつつ，さらにそこからも脱皮をはかることで，自らの経済学を形成してゆきました。ただし，「経済表」のすべてにスミスが従ったわけではなく，また経済の捉え方も，重農主義とスミスとでは根本的に異なる部分があります。経済表の発想は後に，マルクスの経済学にも大きな影響を及ぼし，さらには，産業連関表と呼ばれる現代の重要な分析理論にもその痕跡をとどめています。

『国富論』を理解するためには，この重商主義と重農主義について，基本的な知識を身につける必要があります。そこでまず，重商主義から検討を始めることにしましょう。

1.2 重商主義とは何か

重商主義とは　重商主義（system of commerce）とは，おおよそ15世紀から18世紀末にかけてヨーロッパ諸国が展開した経済政策を総称するものとして，アダム・スミスが用いた言葉です。ずいぶん長い期間の，しかも事情を異にする国々の政策をひとくくりにした言葉ですから，一口に重商主義と言っても，時代によって，あるいは論者によって，大きな意見の食い違いや対立が見られます。くくり方がそもそも大雑把すぎるのではないかという意見もありますが，そうした対立や矛盾が，この時期に，なぜ不可避的に生じたのかを考えることが，重商主義期の経済思想を理解する鍵になると思われます。

　15世紀から18世紀末のヨーロッパと言えば，いわゆる大航海時代から産業革命・市民革命にいたるまでの期間にあたります。すなわち，海軍を中心とする軍事力を使って，ヨーロッパ列強が先を争うように植民地を形成し，世界制覇を目指しつつ絶対王制期の頂点に差しかかろうとしていた時代です。と同時にそれは，産業革命・市民革命後の近代社会，すなわち，資本主義に基づく経済社会が，封建社会のなかで少しずつ，しかし着実に育ち始めていた時代でもあります。つまり重商主義期とは，中世から近代へのちょうど転換期，もしくは資本主義経済の形成期にあたるわけです。ですから，資本主義的な社会構造は，これから形成されるのであって，まだでき上がったものとしては存在していません。そこで，資本主義への転換を進めたほうが利益になる人々と，そうなってはかえって損をする人々とのあいだで，微妙な利害の対立が生じてきます。

　重商主義の著作は，パンフレットのようなものも含めて多岐に渡りますが，まとまった著書のかたちをとったものは，比較的後期のイギリスに多く見られます。トマス・マン（Thomas Mun, 1571-1641），ジョサイア・チャイルド

(Josiah Child, 1630–1699)，チャールズ・ダヴナント (Charles Davenant, 1656–1714)，そして，理論的には最も重要な文献と言える『経済の原理』（1767年）を著したジェイムズ・スチュアート (James Steuart, 1713–1780) などがその代表的な論者ですが，ここではごく中心的な内容の解説だけ行いますので，特に誰の議論という限定をせずに，お話を進めます。

貿易差額説　　重商主義を特徴づけるのは，基本的に次の2点です。第1に，一国の富の増大は，外国との貿易において，黒字を出すことによってのみ得られると考えます。これを貿易差額説と言います。第2に，外国との貿易において黒字を出すためには，国家による保護と統制が必要だと考えます。

貿易差額説にはいくつか種類があって，個々の貿易ごとに黒字を出さなくてはならないと考える特殊貿易差額説と，ある国とのあいだでは赤字であっても，他の国とのあいだで，それを上回る黒字を出せば（つまり，貿易総額が黒字になれば）それでよいと考える一般貿易差額説とが，その代表的なものです。ですが，考え方の基本はあくまでも，輸入を上回る輸出を行うことで，差し引きプラスの貨幣を手に入れることにあります。国家による保護と統制を背景に，より多くの貨幣を獲得することが，社会的な富の増大につながる。重商主義の思想は，基本的にはこのように整理できます。

「貨幣すなわち富」という発想は，いまから見れば，かなり素朴なものに見えます。しかし，だからといって，重商主義時代を幼稚な経済感覚の時代と決めつけることはできません。たとえば，同じ貿易差額を出すにしても，具体的な貿易の仕方には，国によって大きな違いがあります。また，獲得した貨幣の使い方にも，大きな違いがあります。そのまま貯めこむことをもって，富が増えたと考えた国もあれば，貨幣を何らかのかたちで使うことで，富が増えてゆくと考えた国もあります。こうした一見小さな差異が，重商主義国家の，その後の命運を分けてゆくことになるのです。

スペイン・オランダの重商主義　　封建勢力との結びつきが強かった重商主義国家では，その多くがいわゆる中継貿易を行っていました。これはあ

る国から安く輸入した物品を，それより高い価格をつけて他国へ輸出し，その差額を自らの利益にするというものです。扱われた品目は，初めの頃はコショウなどの香料が中心でしたが，後には茶，コーヒー，タバコなどが主要品目になりました。輸入業者，輸出業者とも，いまのような自由営業が許されていたわけではなく，国家の保護を取りつけた一部の商人が，取引のほぼすべてを独り占めにしていました。

かくして獲得された貨幣は，こうした独占的貿易商人の利益になるか，あるいは国家に吸収されて，王族をはじめとする貴族や，あるいは地主の収入になりました。しかし貴族たちは，自分たちの邸宅をいろどる絵画や織物などを輸入するために，その収入のほとんどを使ってしまい，国内の農産物や工業品を買い取ることには消極的でした。つまり，このタイプの重商主義では，貿易差額から得た貨幣のほとんどが，国内経済を素通りして，ふたたび海外へ去って行ってしまったのです。このような重商主義政策が，ほぼ典型的なかたちで行われていたのが，スペインとオランダでした。両国とも，重商主義期の（絶対王制期の）比較的前期に栄えた国々であった点に注意してください。

フランス・イギリスの重商主義

ところが，同じ重商主義国家であっても，フランスやイギリスといった，比較的後期に台頭してきた国々（したがって，資本主義社会の先陣を切ることになる国々）では，貿易のかたちや貨幣の使われ方に，若干の違いがありました。むろん，大部分は同じであって，貿易が一部の商人に独占されていたことや，その背景に，軍事力を基礎とする国家が控えていた点などはまったく同じです。また，スペイン，オランダと同じような中継貿易も多々行われていました。そのなかには，忘れることの許されない重要な商品も含まれていました。言うまでもなく，アフリカから連れてこられ，アメリカ植民地などへ送り出されていた黒人奴隷です。イギリスに限らず，奴隷貿易によって財をなした一族は実に多く，最近ではそれを必死に隠そうとしていますが，いま私たちが検討しているのがどのような時代か，あらためて思い出してください。

たとえば輸出ひとつを取って見ても，いまのように税関手続きを終われば，それで一安心などという時代ではありません。いやむしろ，それからが大変なのであって，いつ何時，ドクロの旗をなびかせた船団に出くわすかわからない時代です。海賊には，もちろん民間のものもありましたが，外国のれっきとした国家公務員の海賊もたくさんいたわけです。したがって，商船隊を警護する海軍力の優劣が，国家の命運を左右したのです。そして，重商主義期も後半になれば，これが高じて国家間の大規模な戦争に発展して行ったことも，すでにご承知の通りです。

しかしながら，たとえばイギリスでは，中継貿易を行うだけでなく，輸出商品の少なからぬ部分が，国内で生産されていました。品目は時代とともに変わりますが，初期のころは毛織物，時代が下るにつれて，ランカシャーの綿織物などが中心になりました。こうした製品が，海軍力を背景に，海外市場に大量に輸出されてゆくのが，イギリス重商主義の姿でした。したがって輸入の抑制も，ただ闇雲に輸入品を安く買い叩くことが目的ではなく，たとえばインドの繊維製品（キャリコ）のように，国内産業と競合しそうな商品を選んで，輸入規制の対象にしました。もっともこれは，特殊貿易差額説からの主張であって，一般貿易差額説の論者たちからすれば，他の製品の輸出を強化して，黒字を維持すればよかったわけですが，実際にインド製品の輸入規制は実施されました。いずれにせよ，国家の保護と統制が，繊維産業に代表される，初期の資本主義産業の利益と（結果的に）合致していたのが，フランスやイギリスにおける重商主義の姿でした。

なぜフランスとイギリスが台頭したのか

したがって，次のように言うことができると思います。フランスやイギリスでは，貿易差額として得た貨幣を，スペインやオランダのように，すぐさま輸入代金として海外へ出してしまうのではなく，いったんは国内に入れて，国内製品の購入に支出していたわけです。そして，輸出に関しても，国内産業が作った製品を輸出して，次の貿易差額を獲得するという経済構造を作り上げていたのです。ですから，貿易差額の拡大は，単に独占商人の懐を暖めただけでなく，国内産業の振興

にも役立っていたことになります。また，国内産業の発展は，一方で生産技術の改良をもたらしますから，これが海運や海軍の性能をさらに高めて，輸出をいっそう促進し，輸入規制の強化も可能にしていたわけです。

あるいは，次のように言ってもいいでしょう。海軍力を背景とする輸出の拡大とは，要するに，海外の市場を力ずくで奪い取って，自国の市場を広げることを意味します。他方で，輸入の制限品目をよく見てみると，国内産業の競合品だけでなく，酒やタバコなどの一般消費財も含まれていたことがわかります。これらは特に，国内産業を圧迫する品目ではなかったはずですが，当時，賃金のかなりの部分が酒やタバコに費やされていたことを考えると，これらを失くしてしまうことで，賃金の引き下げが目論まれていた可能性があります。したがって，貿易差額の拡大とは，市場そのものの拡大と，（賃金引き下げによる）商品価格の引き下げとの，両面作戦で進められていたことになります。かくして，輸出商品の競争力はますます強くなり，貿易差額もますます拡大してゆくという，累積的な循環構造が生み出されました。そして，こうした政策を擁護するものとして，重商主義の議論が展開されていたのです。

重商主義の本質　このように，重商主義の議論には，単なる貨幣愛ではすまされない，かなり進んだ経済認識が含まれていました。そして，スペインやオランダのような，封建勢力に有利な政策を取り続けた重商主義国家は，フランスやイギリスのような，資本主義勢力の後押しをするかたちになった重商主義国家に，商品競争力においても軍事力においても，結局は追い越されてしまいました。かくして，宿命的なライバルとなったフランスとイギリスは，以後ことあるごとに衝突を繰り返しますが，海上覇権をめぐって両国がついに激突したのが七年戦争（1756年-1763年）であり，これに勝利したイギリスが，近代資本主義の先陣を切る国になって行くわけです。

しかし，次の点も忘れてはならないでしょう。すなわち，最も本来的な重商主義国家と言われたイギリスにおいてさえ，結局，保護育成されたのは，繊維産業に代表される，輸出関連産業だけでした。貿易差額の拡大に貢献す

るもののみが，国富の増大をもたらすという，重商主義の大前提があったためです。ですから，産業を後押しするといっても，それは生産活動一般が富を作ると考えられたからではありません。富はあくまで貿易において，ということはつまり，流通過程において生じるものと理解されていたのです。後にドイツ歴史学派の原点を築くフリードリッヒ・リスト（第3章参照）は，イギリス重商主義が産業を後押ししていたことから，これは重商主義と呼ぶよりも，重「工」主義と呼んだほうがいいと言いましたが，工業一般が富を生み出すという認識には到達していなかった以上，やはりこの時代の経済思想は，重「商」主義と呼ぶのが適当だろうと思います。

　そして，重商主義のこの一面性を突いて，農業も含めた生産活動それ自体が富の源泉であることを示すのが，アダム・スミスなのです。したがって，彼は重商主義政策が，やがては国富の創出を歪めるに違いないと考えて，これを厳しく批判したのです。ただし，スミスがそうした理解に到達するためには，重商主義と対照的な，もうひとつの経済思想を吸収する必要がありました。すなわち，商業ではなく農業こそが，富の源泉にほかならないとする経済思想です。これを展開したのが，フランスにおいて独自の思想を育んでいた，重農主義者と呼ばれる人々です。

1.3　重農主義とは何か

重農主義とは　　重農主義（system of agriculture）という言葉は，先の重商主義と同じく，アダム・スミスが，自ら乗り越えるべき2つの先行体系として名づけた言葉に由来します。彼らはまたフィジオクラートとも呼ばれ，その思想はフィジオクラシー（physiocracy，あるいは physiocratie）とも呼ばれています。physio-という接頭辞は，「物理学的な」とか「物理的な」，という意味ですが，要するに，天然・自然の論理を意味するものと考えればい

いでしょう。この言葉のほうが，彼らの思想をより端的に表していると思います。というのは，彼らは，ものごとはすべて，自然の法則に従うべきであり，これを無視して人間が勝手に制度や法律を作っても，そういう不自然なものは長続きしないと考えていたからです。こうした考え方を自然法思想と言います。

そしてフィジオクラートは，絶対王制下のフランス重商主義政策は，この自然法に逆らって行われており，このままでは，国家の存続が危うくなると考えました。こうした危機意識をバネに，国家であっても従わざるを得ない「経済の自然法」として彼らが提唱したのが重農主義の体系であり，その核心部分にあたるのが，フランソワ・ケネー（François Quesnay, 1694-1774）の考案した経済表なのです。

重商主義，重農主義と2つ並べて論じられることが多いので，ついこの2つを，同時代の思想だと思いがちですが，重農主義が出てくるのは重商主義の末期，あるいはもはや解体期と言ったほうがいい時期です。その意味ではむしろ，アダム・スミスと同時代の思想と考えたほうが適当です。現に，スミスが『国富論』の執筆を開始した時期と，ケネーの『経済表』の公表とは10年も離れていません（後で述べますように，『経済表』にはいくつかの版がありますが，最初の「原表」が発表されたのが1758年，スミスが『国富論』の草稿を書き始めたのが1763年頃です）。スミスは，同時代の重要な経済思想として重農主義に学びながら，なおこれを越えようとしたわけです。

重農学派に属する論者は実に多彩です。ケネーは，本業は医師で，ルイ15世の寵妃ポンパドール侯爵夫人の侍医をつとめた人物でした。当時のヴェルサイユ宮殿では，貴族たちがパトロンになって哲学者や芸術家などを多く集める，いわゆる「サロン」をたくさん作っていました。ポンパドール侯爵夫人という強力な後ろ盾を持ってヴェルサイユに入ったケネーも，中二階の会というサロンで多くの知識人と交流しました。なかでも『百科全書』の編集者になるディドロ（Denis Diderot, 1713-1784）やダランベール（Jean Le Rond d'Alembert, 1717-1783）などの啓蒙哲学者や，農業問題，税制問題

にくわしい社会思想家たちとケネーは親しく交流しました。そして、そうした人々との交流から、ケネーはしだいに科学的な経済研究の必要性に目覚めてゆきます。彼の最初の経済論文である「小作人論」「穀物論」などはいずれも、『百科全書』に収録されています。

　このケネーを中心に、中二階の会にも参加していたミラボー（Victor Riqueti Marquis de Mirabeau, 1715–1789）、ル・メルシュ・ドゥ・ラ・リヴィエール（Le Mercier de la Riviere, Paul Pierre, 1720–1794）、デュポン・ドゥ・ヌムール（Dupont de Nemours, Pierre Samuel, 1739–1817。この人はフランス革命後アメリカに渡り、その子孫が現在のデュポンを創設しました）、さらには大蔵大臣になって重農主義を実践しようとしたチュルゴー（Anne Robert Jacques Turgot, 1727–1781）といった人々が、重農主義の中心的な論客になってゆきます。

　経済表の階級・地主階級　では、『経済表』の内容について検討してみましょう。ケネーは、社会を大きく3つの階級に分類します。すなわち、生産階級、不生産階級、地主階級の3つです。このうち一番イメージしやすいのは、最後の地主階級でしょう。これには文字通りの地主だけでなく、王族・貴族や教会なども含まれますが、要するに自分の土地を持ち、それを小作人などに貸し与えて、地代を得ていた階級です。当時のフランスはまだ絶対王制（アンシャンレジーム）の下にありましたから、経済表においても、彼らは最高の地位にある階級とされています。ただし、彼らは単に土地を貸すだけでなく、灌漑、排水、道路整備などを行って、農地を維持する機能を果たすものとされています。そのための支出を土地前払いと表現します。「前払い」というのはちょっと耳慣れない表現ですが、これはすべて、資本投下を意味するものと考えればいいでしょう。土地に資本を投下して農地に変え、これを小作人に貸して地代を取得する。これが地主階級です。

　経済表の階級・生産階級　3階級のなかで、経済的に最も重視されたのが、小作人に代表される生産階級です。これには小作人のほかに、彼らに雇用される農業労働者なども含まれます。彼らが農業労働を行うことで、社

会は年々の剰余生産物を享受できるようになると重農主義では考えます。この発想はある意味で素朴なものですが，重農主義の鍵になる部分でもありますから，少しくわしく説明しておきましょう。

　重農主義が農業を重視する第1の理由は，端的に言って，農業が食べ物を生産するからです。つまり，農業生産物が存在しなければ，ほかにいかなる贅沢品が与えられても，人間は生きてゆくことができません。その意味で，疑いようもなく，農業は絶対的な必要性を持ちます。しかし，その自明なことがらだけが，農業を重視した理由ではありません。

　第2の理由として，彼らは農業だけが，投下資本を上回る剰余生産物をもたらすものと考えました。これも素朴と言えば素朴であって，1000個の種子から1000個以上の収穫物を得ているという，年々の経験が大本にあったことは確かでしょう。しかし，剰余生産物は，単に地力によって（つまりは自然の恵みによって）もたらされるものではありません。地力が必要なのは確かだとしても，そこに人間の労働が加わらなければ，満足な収穫量は得られないと彼らは考えます。実りを生み出す力は土地の力かもしれませんが，茫々たる荒地にまかせた場合の収穫物と，種まき，間引き，虫取り，追肥と，人間の労働を加えて得た収穫物とをくらべてみれば，質においても量においても，歴然とした差が出ることは容易に想像できるでしょう。つまり，土地そのものは，言わば潜在的な生産能力にすぎないわけで，そこに人間の労働が加えられ，土地の地力が活性化されて初めて，土地は単なる大地から，恵み豊かな富の源泉に変わるのです。

　それゆえに，地力の維持をはかる地主階級に一定の存在理由を認めながらも，それ以上に，土地の潜在的な生産能力を，実際の収穫物に転化させる生産階級の存在を，重農主義者は重視したのです。その意味で重農主義は，一方に自然法思想を持ちながらも，ロマン主義的な自然崇拝の傾向を持つものではなく，むしろ人為による成果に信頼を寄せる合理主義的な，あるいは近代主義的な思想系譜に属するものと言っていいと思います。

　さて，生産階級が投下する資本，すなわち生産階級が行う前払いには，原

前払いと年前払いがあります。原前払いとは，農器具や機械を買うためのもので，今日で言えば固定資本の投下にあたります。年前払いとは，原材料，家畜の飼料，あるいは人を雇った場合にはその賃金など，今日で言えば流動資本にあたります。これらを年度の初めに投下して，少なくとも同額を年度末に回収できれば，翌年度も，同規模の生産を行うことができるわけです。

経済表の階級・不生産階級　　最後に不生産階級ですが，これは農業以外の，おもに商工業者をさしています。彼らを不生産階級と呼ぶところに，現代の私たちは少なからず抵抗を感じるわけですが，それは商工業が，農業のような意味での剰余生産物をもたらさないと考えられたためです。つまり，商工業で剰余が発生するとすれば，それはまず利潤として現れますが，競争が徹底して行われた場合，価格はいずれ原価ぎりぎりのところまで追い詰められるはずです。ということは，利潤はやがて消滅するものにすぎませんので，結局，商工業からは，本当の意味での剰余は発生していなかったと考えるわけです。

　これに対して，農業では，どれだけ競争が進んでも，剰余生産物自体がなくなってしまうことはありません。さらに農業での剰余生産物は，生活に余裕を与えて人口を増加させますから，その増えた人口部分が農産物への追加需要をもたらして，利潤を残すだけの価格を維持します。ゆえに，剰余価値部分が残って，年々の地代納入が可能になるとケネーは言います。人口が増えるのなら，商工業への追加需要も出るはずですから，価値論的にはいまから見ると多少疑問な部分もありますが，重農主義の重要性は，実物としての剰余生産物の捉え方にあると思われますので，このまま議論を続けることにします。

経済表　　以上を確認して経済表に入ります。先ほども触れたように，経済表にはいくつかの版があります。図 1.1 は，その最初の「原表」と言われるものです。複雑なジグザグ線が描かれているだけで，これだけを漫然と眺めていても，何が言いたいのかサッパリわかりません。そこで，原表解析については専門書に委ね，ここでは原表の要点を取り出したバウアー表式

農業・秣場・牧場・森林などによって供給され、穀物・飲料・肉・材木・家畜・手工業品の原料などに支出される。一支出階級から他の支出階級への相互的売却が、所得400リーヴルを双方の側に分配し、このようにしておのおのの側に200リーヴルを与える。その外には保存された投資がある。そして、所得400リーヴルを支出する地主は、それで以て自分の生活を支える。各支出階級に分配された200リーヴルは、一方でも他方でも人間1人を養い得る。故に、所得400リーヴルは、家長3人を生活させ得る。この割合によれば、所得4億は、幼年者を除いて一家3人と見積られた家族300万を生活させ得る。生産的支出階級の諸費用は、同様に毎年再生し、その約半額は人間労働に対する賃銀となるが、それらの諸費用は2億を附加し、これがさらに、おのおの200リーヴルとして100万人の家長を生活させ得る。故に、土地から年々生ずるこれら6億は、年所得の流通および分配のこの秩序に従って1200万人を生活させ得よう。

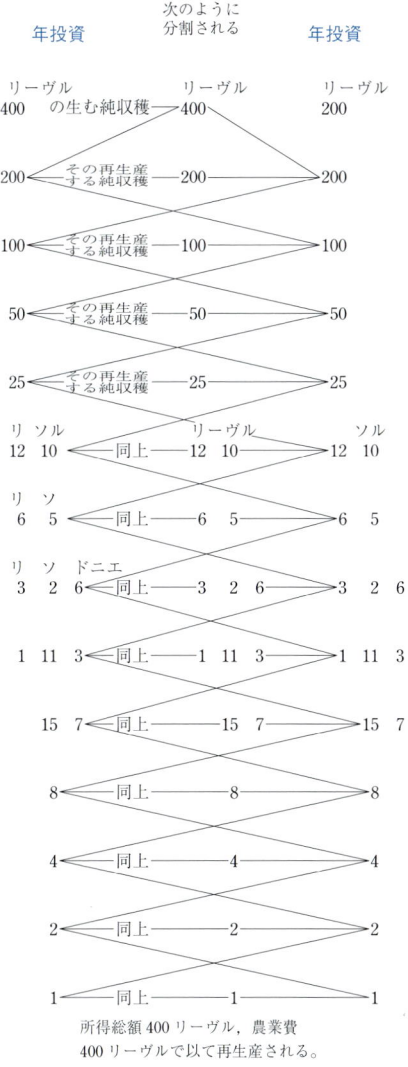

図1.1 経済表（第一版）

(出所) ケネー『経済表』岩波文庫

手工業品・住居・租税・利息・召使・商業費・外国品などに支出される。

一支出階級から他の支出階級への相互的売却。それが所得400リーヴルを分配する。

両階級は、一部分は自分自身に対して支出し、一部分は一階級から他階級に対して相互的に支出する。

流通はこの欄に400リーヴルをもたらすが、その中から年投資200リーヴルをとりのけねばならないから、支出のために200リーヴルが残る。

この支出階級の負担する租税は、所得により、また生産的支出階級によって供給され、この〔生産的支出〕階級の中に消え失せる。ただし、それは再生産階級に戻される部分を除いてであり、この〔戻される〕部分は、そこ〔再生産階級〕において、この同じ階級に分配される所得と同じ秩序で再生する。しかし租税は、徴収されればつねに、地主の所得または農民の投資、または消費上の節約の害になる。この最後の二つの場合においては、それは破壊的である。というのは、その程度だけ再生産を減少させるからである。外国に移って行き還らないもの、また徴収および支出の任にある徴収請負人の金銭資産としてとどめられるものについても同様である。

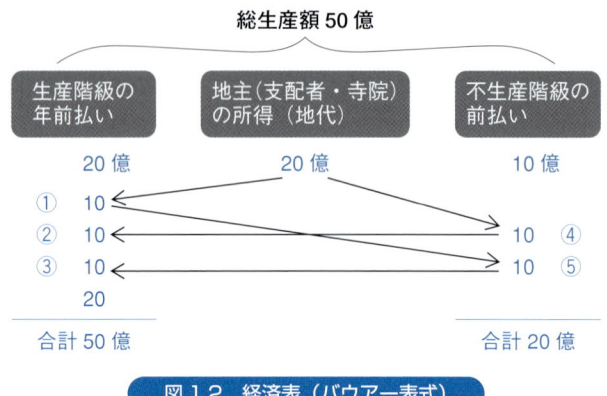

図1.2 経済表（バウアー表式）

（図 1.2）と呼ばれるものに従って解説します。

図 1.2 の表式は，ある 1 年間における経済活動の内容を表しています。生産階級は合計 50 億リーヴル（リーヴルは当時の貨幣単位です）の農業生産物を生産し，不生産階級は 20 億リーヴルの工業生産物を生産しています。地主階級は地代として 20 億リーヴルのお金を徴収していて，これを使って 1 年間の生活を営みます。

ところで生産階級の生産額 50 億のうち，①〜③と記した 3 つの 10 億には矢印が引かれていますが，その下の 20 億には引かれていません。これは，この 20 億が剰余生産物であることを意味しています。つまり，上の 30 億部分は投下された資本として，いろいろな物資との交換に使われますが，下の 20 億は，その結果生まれてくる剰余部分なので，他の物資との交換には使われないのです。それゆえ，矢印で示される流通交換過程から除外されているわけですが，ということは，生産階級が年度の初めに用意しなければならない資本，つまり前払いの総額は 30 億リーヴルであることがわかります。

ケネーは，この 30 億のうち 10 億が原前払い（正しくは原前払いの利子（＝固定資本の減価償却）と言いますが，ここでは深入りしません），すなわ

ち，器具等の工業生産物の購入にあてられ，20億が年前払い（10億が飼料など，10億が食料）として農産物の購入にあてられるとしています。そして，この30億の前払いを投じると，1年間で20億の剰余生産物を作り出すことができると仮定しているわけです。したがって，1年間の経済取引を終えて，年度末に再び30億の前払いを用意できれば，次年度も同じ規模の生産活動を行う，つまり単純再生産を行うことができることになります。経済表は，この条件が満たされてゆく過程を描くものです。

まず最初に，地主階級が20億のうち10億を使って，生産階級から食料その他の農産物を購入し，残りの10億を使って，不生産階級から様々な工業生産物を購入し，それらを消費しながら1年間の生活を営みます。かくして①と④の部分は，生産物から貨幣に変わります。生産階級は，このとき手に入れた貨幣を使って，不生産階級から器具や機械の消耗部品などを購入します。したがって，⑤の部分も貨幣に変わります。その結果，不生産階級は20億の貨幣を手に入れています。不生産階級がこのうち10億を原料の購入にあて，10億を食料の購入にあてると，④と⑤は農業生産物に変わり，②と③が貨幣に変わります。

不生産階級は，かくして手に入れた原料と食料を用いて，1年間の生産活動を営みます。その結果として，20億リーブル分の工業生産物が得られるのです。したがって，20億を投じて，20億の生産物を得ていますから，工業から剰余は発生していません。そして，20億の工業生産物を得る条件を回復させたという意味で，不生産階級は年度初めの条件を，年度末に回復させたと言ってよいわけです。

ただし，これだけではわかりにくいかもしれませんので，もう少し補足しておきましょう。というのは，以上の議論では，なぜ図1.2で，「不生産階級の前払い」が（20億ではなく）10億リーブルと記されているのかを説明していないからです。この図は，この点がちょっとわかりにくいのですが，この10億というのは，実は貨幣のかたちで，前年度から持ち越されたものなのです。したがって，これと同額の現金を年度末に残すことが，不生産階

級の正しい再生産条件になるのです。

　不生産階級は，この10億リーブルを使って，まず生産階級から原料を購入します。その原料から，20億リーブルの工業生産物が作られるとケネーは仮定します。そのうちの10億リーブル分を地主が購入し，残りの10億リーブル分を生産階級が購入するわけです。かくして不生産階級は20億リーブルの貨幣を手に入れますが，そのうちの10億は，食料を購入するために，生産階級に支払われます。この食料は，先の原料と同じく，1年間の生産過程において消費されてしまいますから，結局，20億を投じて20億の生産物を得たことになり，そこに剰余は一切発生していません。しかし，それでもなお，現金が10億リーブル，不生産階級の手元に残ることになります。この現金を次年度の前払いにあてれば，今年度と同じ規模の生産活動を営めますので，かくして，不生産階級は，自らの再生産条件を回復したことになるのです。

　しかし，この展開を図1.2に一緒に書き込んでしまうと，ただでさえわかりにくい図が，いっそう複雑になってしまいます。そのため図1.2は，工業生産物と農業生産物の交換部分に，的を絞って示してあるのです。

　さて，そうすると，生産階級の手元には，10億リーヴル分の工業生産物（①）と，貨幣が20億リーヴル（②と③），そして，1年間の生産活動から得た剰余生産物20億リーヴルが存在することになります。この工業生産物10億リーヴルを次年度の原前払いにあて，剰余生産物20億リーヴルは農産物ですから，これを次年度の年前払いにあて，貨幣20億リーヴルを地代として地主階級に納めれば，生産階級，不生産階級，地主階級ともに，年度初めの条件を回復することができます。したがって，3階級ともに，年度初めの状態に戻っていますから，次年度も今年度と同じ規模の経済活動を繰り返すことができます。そして，同様の経済活動は，次年度末にふたたび同じ結果をもたらすはずですから，同じ構造で同じ規模の経済活動であれば，年々繰り返すことができるわけです。経済表は，このようなかたちで，いわゆる単純再生産の経済をみごとに再現しています。

経済表の目的　では，このような分析を通して，ケネーあるいは重農主義者たちは，何を主張しようとしたのでしょうか。まず気がつくことは，地主階級も不生産階級も，剰余こそ生み出さないけれども，それはそれで不可欠の役割を果たすものとして，経済表のなかにしっかりと位置づけられていることです。地主階級の役割は先に述べましたが，不生産階級も，生産階級が必要とする物資を作り出しており（古典派的な表現を先取りすれば，使用価値は作り出しているのであり），そしてそれぞれの階級が，経済表に示されたような交換を行うことで初めて，剰余生産物の生産も可能になります。つまり，地主階級，不生産階級ともに，それぞれ固有の機能を持つと同時に，経済表のなかだけで見ても，経済全体での物資と貨幣の流通を支える，重要な役割を果たしていることがわかります。

　しかし，そうではあっても，流通の構造を描き出すことが経済表の目的ではありません。経済表の目的は，そうした流通を媒介にして，剰余生産物の発生を可能にする条件が，年々いかにして再生されるかを解き明かすことにあります。ということはつまり，流通の背後にある，生産の構造を明らかにすることが，経済表の目的なのです。しかも剰余生産物の発生を，その直接の生みの親である生産階級の成果として片付けてしまわずに，それが実は，地主階級や不生産階級との，バランスの取れた関係性の産物であることを経済表は明らかにしています。その意味で，社会的な生産機構の解明を行おうとしたのが，ケネーの経済表だと言っていいと思います。

重商主義への批判　それゆえに，経済表から重商主義政策への批判が出てくるのです。経済表にてらしてみれば，重商主義政策の行っている商工業優遇措置は，流通過程で生じる目先の利益にこだわるあまり，剰余生産物の獲得に必要な，3階級間のバランス関係を崩してしまう危険性があります。重農主義の観点から見れば，これほど，経済の自然法に反する行為はありません。

　たとえば，工業生産物の価格を独占によって高めに維持したりすれば，生産階級は，必要な原前払いを調達できなくなるかもしれません。そうなれば

当然，剰余生産物が減少してしまいますから，結局は国の富が損なわれることになります。輸出製品が貿易（つまり流通面）で獲得する貨幣額に目を奪われて，富を生産面で捉えそこなったことが，重商主義の誤謬を生み出している…，したがって，いま必要なことは，重商主義的な国家統制を排除して，経済表が示すような，3階級間のバランス関係を回復させることである…，そのためには経済を統制せずに，むしろ自由放任に委ねよ，そうすれば工業製品価格は，自由競争の結果製造原価に引き戻され，そうなれば経済表のバランス関係も回復してくるはずだ，それがとどのつまりは，剰余生産物を最も大きくすることにつながるのだ…。重農主義はこのようなかたちで，理論的に重商主義を批判しました。そしてこれが俗に言う，自由放任主義（レッセ・フェール，laissez-faire et laissez-passer）の原型になったのです。レッセ・フェールという言葉は，よくアダム・スミスの言葉として使われますが，これは，もともとは重農主義者の言葉です（だからフランス語なのです）。

■重農主義の本質　このように，重農主義は明らかに，重商主義よりも，経済機構の捉え方において一歩前進しています。特に，富を剰余生産物として把握し，それが発生する場を，流通ではなく生産に求めようとした点は，経済現象の把握として大きな前進を示しています。しかしながら，重農主義ではまだ，剰余生産物を作り出せる生産場面が農業に限定されています。これをさらに，工業も含めた生産活動一般にまで拡張して捉えたのがアダム・スミスです。ではいよいよ，古典派経済学の開祖，アダム・スミスに進むことにしましょう。

文献案内

[学習用図書・研究書]

大塚久雄（1994年）『国民経済』講談社学術文庫（『大塚久雄著作集』第6巻（1969年，岩波書店）所収）

小林昇（1961年）『経済学の形成時代』未来社（『小林昇経済学史著作集』Ⅰ（1976年，未来社）所収）

平田清明（1965年）『経済科学の創造』岩波書店
竹本洋（1995年）『経済学体系の創成』名古屋大学出版会
H. ヒッグズ（住谷一彦訳）（1957年）『重農主義』未来社

[古典]

T. マン（渡辺源次郎訳）（1965年）『外国貿易におけるイングランドの財宝』東京大学出版会

J. スチュアート（小林昇監訳）（1993・98年）『経済の原理』全2巻，名古屋大学出版会

F. ケネー（戸田正雄・増井健一訳）（1961年）『経済表』岩波文庫；坂田太郎訳（1956年）春秋社

A. R. J. チュルゴオ（永田清訳）（1934年）『富に関する考察』岩波文庫

第2章

アダム・スミス
―古典派経済学の形成―

●この章のポイント●

1. 『国富論』と重商主義の関係はどのようなものか。

2. 『国富論』の理論，すなわち，分業論と資本蓄積論の一体性とはどのような意味か。

3. 『国富論』の方法論，すなわち，「同感の原理」と「見えざる手」の関係は，どのようなものか。

■ スミス

2.1　はじめに

アダム・スミス　それではアダム・スミスに入ります。スミスの『国富論』が，経済学の原点と言われていることは，皆さんもよくご存知かと思いますが，なぜそう言えるのかを，この章では考えてみたいと思います。

アダム・スミス（Adam Smith, 1723-1790）は，スコットランドのカーコールディという小さな町に生まれました。本書では，特にことわらずに「イギリス」という国名を用いていますが，イングランドとスコットランドは，もともとは別の国であり，両国が合邦，つまり1つの国になったのは1707年のことでした。したがって，スミスは合邦後まもないスコットランドに生まれ，その様々な余波を受けながら，成長したことになります。

母校でもあるグラスゴウ大学で教鞭をとり，若い頃に一度，オックスフォード大学にも学びましたが，こちらには大変失望したと言っています。これはこの当時，ちょうど産業革命を起こしつつあったスコットランドと，古き時代の余勢にひたっていたイングランドとの，覇気と機運の違いを示すものかもしれません。しかしスミスは結局，グラスゴウ大学の職も辞し，バックルー公爵の家庭教師という身分で大陸，特にフランスへ渡っています。当地でスミスは，ケネーをはじめとする重農主義者や，百科全書派の啓蒙主義哲学者などと親交をむすびますが，ほどなくスコットランドに戻り，生涯暖め続けてきた大著の執筆に後半生をささげます。それが『国富論』です。

スミスには有名な放心癖があって，お客さんを迎えて議論していたはずが途中でふと立ち上がり，何か独り言をボソボソ言いながら徘徊し始めたかと思うと，いきなり紅茶のポットを取り上げ，持っていたパンフレットを丸めて突っ込んで，それを自分のカップに注いで飲んで，「こんなまずい紅茶がこの世にあるかね！」と叫んではたと我に返ったという，そういう逸話にことかかない個性の持ち主であったそうですが，ここではこれ以上深入りでき

ません。さっそく、『国富論』の内容に入ることにしましょう。

2.2 『国富論』の体系

　『国富論』　　『国富論』という書名は一種の略称で、原題は *An Inquiry into the Nature and Causes of the Wealth of Nations* (1776) であり、直訳すると『諸国民の富の性質と原因に関する一考察』というのが正しい書名です。つまり、国民の富とは本来どういうものか（富の性質）、国民の富はどのようにして生み出されるのか（富の原因）、そして、どのようにすれば国民の富を増やすことができるのか、そういった問題を考えようとしたのが『国富論』という書物です。さらに、ここで「諸国民」と言っていて、「一国民」とは言っていない点に注意する必要があります。スミスがここで解明しようとした原理は、他国を犠牲にして一国（自国）だけが豊かになるための原理ではないということです。ここにすでに、重商主義への批判がほのめかされています。

　重商主義政策によって、どこかの国が貿易差額で黒字を出せば、どこかにかならず、貿易差額で赤字を出す国が出てくるはずです。ここから、国家間の対立が生じます。重商主義では、これをやむを得ないこととして、海軍の増強をはかったわけですが、スミスはそこに国富観の誤りを見て取ります。国富とは、まず自国の内部で作り出すべきもの、また現に作り出せるものであって、貿易とは、不足する部分を互いに補い合うための、補助的な手段にすぎないとスミスは考えます。もちろん、彼の時代では、まだ安全な商業秩序ができていたわけではないので、スミスも軍隊の必要性は強調します。しかし、国富の増大において貿易の占める比重、あるいはその目的が、重商主義の考え方とはまったく異なります。国の富はそれぞれ自国の内部で作り出すことができる、それゆえに、諸国民が同時に豊かになることができる、そ

うした原理を解明するのだというスミスの強い意志が,『諸国民の富の性質と原因に関する一考察』という書名を選ばせたのだと思います。

植民地独立問題　しかしながら,『国富論』という書物は,そうした原理的な内容を,教科書風に解説したものではありません。それは直接には,当時のイギリスが抱えていた,ある大きな時事問題を検討しようとした書物です。その時事問題とは,『国富論』の出版年を見ればピンとくるように,アメリカ植民地の独立問題でした。『国富論』の出版とアメリカ独立宣言とは同じ年,1776 年の出来事なのです。したがって,『国富論』の執筆時期は,アメリカ独立運動と重なっています。アメリカ独立を認めるかどうか,イギリスの国論は大きく揺れていました。重商主義を背景に,アメリカ植民地に多くの利権を築いていた商工業者の多くは,それこそ命がけでこれを阻止しようとしました。しかし,スミスが達した結論は逆に,アメリカの独立を承認せよというものでした。一見それは,イギリスの利益を犠牲にしてでも,独立の精神を尊重せよという精神論にも見えましたが,スミスの論理はそういうものではなく,アメリカの独立を承認することが,結局はイギリスをも豊かにするというものでした。この一見逆説的な論理を理解することが,『国富論』を解く鍵になると思われます。

『国富論』の体系　スミスはこの結論を導くために,壮大な思考体系を構築します。アメリカ独立問題が主題だというので,そこだけに論点を矮小化し,思いつきの論理を並べ立てるパンフレットの類いとは完全に一線を画します。「アメリカの独立がイギリスを豊かにする」という結論を導き出すために,彼はそもそも「豊かさ」とは何なのか,「富」とは何なのかという根本問題に立ち返って,そこから議論を開始します。なぜなら,繰り返しになりますが,スミスは当時の富の概念が,感覚的なレベルにとどまっていた点に,すべての誤りの元凶を感じ取っていたからです。この「富の性質」を分析する部分が,『国富論』の「序文」ならびに第 1 編です。さらに同じ第 1 編で,富の由来と増大の手段をめぐる「富の原因」についての最初の考察が展開されます。それが有名な,スミスの分業論です。

この最初の考察をもとに，続く第2編で，一国全体の富を増大させるためには，どのような経済構造が必要かという問題が考察されます。経済学的な言い方で言うと，資本蓄積論（経済成長論）と，これを支える市場構造（今日の言い方では，産業構造と言う表現のほうが適切ですが）の理論がその主題になります。したがって，この第1編と第2編が，『国富論』全体の原理編の役割を果たします。

　次に第3編で，こうした原理にてらしてみたとき，ヨーロッパをはじめとする各国は，果たして正常と言えるような経済構造を構築してきたかどうかが検討されます。第3編はしたがって歴史編です。この考察によって，それぞれの国（特にイギリス）がどのような問題を抱えて現在にいたっているかが検討されます。以上を踏まえて，ではなぜいまアメリカ植民地を切り離すことが，イギリスにとって有利になるのか。いよいよ所期の結論を導き出す，第4編の政策編が展開されます。そして最後に，第5編の財政編で，財政問題や軍事問題など，関連する制度の改正問題等が論じられます。

　以上が『国富論』の体系です。ですから主題はやはり，第4編にあると言っていいわけですが，その部分だけを切り離して読むのではなく，第4編で下される結論が，第1編から第3編までの議論を，どのように踏まえて行われているかを把握する必要があります。各編の関係を全体的に把握できなければ，『国富論』を読んだとは言えないわけです。本章もできるだけ，『国富論』の体系を掌握しやすいように解説していこうと思います。細部の論点にこだわるよりも，議論全体の流れをつかむことを眼目にして，読み進めてください。

2.3 富とは何か

富　「すべての国民の年々の労働は，その国民が年々消費する生活の必需品や便益品のすべてをその国民に供給する，もともとの原資であって，それらのものはつねに，その労働の直接の生産物であるか，あるいはその生産物で他の諸国民から購入されたものである。

したがってこの生産物と，またはこの生産物で購入されるものと，それを消費するはずの人びとの数の割合が大きいか小さいかに応じて，その国民が必要とするすべての必需品および便益品の供給を受ける度合いがよかったり，悪かったりすることになる」（『国富論』「序文および本書の構想」，岩波文庫（第1分冊），19ページ）。

いきなり長い引用になりましたが，これが『国富論』の最初の一文です。そして，この一文に，スミスが何をもって「諸国民の富」と考えていたかが端的に表されています。すなわちスミスは，お金や財宝が富なのではなく，「国民が年々消費する生活の必需品や便益品」こそが真の富だと言っているのです。要するに，衣・食・住に欠かせない物資に代表される，一般的な消費財が富なのです。そして続く第二段落。「この生産物と…それを消費するはずの人びとの数の割合が大きいか小さいかに応じて…よかったり，悪かったりする」。つまり，一般的な生活財や消費財が，国民の数に比して多いか少ないかによって，国は豊かにもなれば貧しくもなる。ということはつまり，どれだけ多くの国民が，生活財や消費財を享受しているかによって，その国の富の度合いがはかられるということです。

富と労働　いくら貨幣的な富だけ貯えても，生活に必要な物資が国民に行き渡っていないのでは何にもならない。こういう国富観が『国富論』の全体を貫きます。そして，そういう富を作り出すものこそが，「すべての国民の年々の労働」だと言います。すなわちスミスにおいては，労働がすべての国富を作り出す源なのです。そこに次の一文が続きます。

「しかしこの割合は，どの国民にあっても，2つのことなる事情によって，すなわち，第1には，その国民の労働が一般に適用されるさいの熟練，腕前，および判断力によって，そして第2には，有用な労働に従事する人びととの数とそうでない人びととの数との割合によって，規制されずにはいない」（前掲書，19ページ）。

「この割合」とは，前の一文に出てくる「割合」，すなわち，豊かさの度合いのことです。この度合いは，2つの事情によって影響を受けると言います。ひとつは，労働の「熟練，腕前，および判断力」，もうひとつは「有用な労働に従事する人びととの数とそうでない人びととの数との割合」。国富を作り出す源は労働ですから，その労働のありようが，国富を大きくもすれば小さくもします。そのありようを規定するのが，この2つの事情だと言っているわけですが，ここにすでに，原理編のエッセンスが表れています。

つまりこうです。順序を逆にしますが，スミスにとって富とは，一般の生活財や消費財を意味します。ですから，生活財や消費財を生産する労働が「有用な労働」もしくは生産的労働と言われます。それに対して，貴族が雇う召使いや，官吏・お役人の労働，あるいは商人の労働といったものは，それ自体必要な役割を担ってはいるのですが，国富たる消費財を直接生産する労働ではないので，スミスの観点からは不生産的労働と言われます。先の引用文にある「そうでない人びと」とは，この不生産的労働に従事している人々を意味します。国富を増進しようとする立場からはしたがって，なるべく生産的労働を多くすることが望ましいことになります。もう少しくわしく言うと，まず何より労働人口がそもそも多いことが望ましい。しかし，その大半が不生産的労働に従事していたのでは国富の充実がはかれなくなるから，労働人口のうちなるべく多くの部分が，生産的労働に従事することが望ましい。こういう判断になります。これが「第2の事情」の意味です。

では，生産的労働に従事する者が多ければそれでいいかと言えば，そうではありません。ここに「第1の事情」が関わってきます。労働者の「熟練，腕前，および判断力」，すなわち労働者一人ひとりの能力が低いままでは，

2.3 富とは何か

満足な生産量を得ることはできません。今日的な言い方で言うと，労働者一人当たりの生産性が低いままでは，富の増進は望めないわけです。ではどうすれば，生産性を向上させられるでしょうか。ここにスミス独特の着眼が現れます。それはおよそ，経済学的な感性の原点と言っていいものです。

　すなわちスミスは，これを労働者の資質や，やる気の問題としては捉えませんでした。彼の問題の立て方はこうです。イギリスやフランスのような「文明国」と，アフリカや赤道付近の「未開の国々」とをくらべてみると，イギリスやフランスでは，その最貧層の人々でさえも，「未開の国々」の人々の数倍も多くの物資を消費している。しかし，文明国にも資質や能力に劣る労働者は大勢いるし，個々の肉体的能力や勤勉さという点では，「未開の国々」の人々のほうがはるかに勝っていることが多い。にもかかわらず，なぜ歴然たる差が生じるのか。スミスは，こうした観察から，これは個人の能力の差に由来する問題ではないと判断します。人間そのものに原因があるのではなく，生産力の差を生み出している何か別の要因が人間の外部にあるはずだ。それはしたがって，人間が生産に携わるときの，生産の仕組みに関係があるに違いない，とするとそれは…と論を進めてきて，ついに彼が喝破したその正体こそ，生産の社会的分業にほかなりません。スミスは，「労働の生産力の最大の改良と，それがどこかにむけられたり，適用されたりするさいの熟練，腕前，判断力の大部分は，分業の結果であったように思われる」（前掲書，23ページ）と言っています。ではなぜ，分業は，労働の生産性を上昇させるのでしょうか。

2.4　富と分業

　ピン工場の例　　ここでスミスが取り上げるのが，有名なピン工場の例です。ピン工場は，当時としても小規模の，どちらかと言えば旧式の製造業

になっていましたが，スミスはそれでも，個々の労働がバラバラに行われた場合より，はるかに高い生産性が発揮されることを例示しています。あえてありふれた例を取り上げることで，読者が議論の内容をイメージしやすいよう，工夫したのかもしれません。

スミスは，1本のピンを作り上げるには，まず始めに針金を引き伸ばし，次に真っ直ぐにして切断し，先をとがらせ，頭をつけるために先端をけずり，最後に白く磨いて，何十本かまとまったら包装する。こういった製造工程が必要だと言っています。さて，もしこれをすべて1人で行ったとしたらどうでしょう。始終作業を変え，道具を変え，場所を変え，とやっているうちには，「おそらく1日に1本を造ることも容易ではないであろうし，20本を造ることなどはまずまちがいなくできないだろう」（前掲書，24ページ）。自分でやってみた場面を想像してみれば，なるほどそうかもしれないと，合点がゆきます。

ところが，この工程をわずか10人で分業している小さな工場を自分は見た，とスミスは言います。そして，そこは決して先端的な工場などではなかったのに，1日でなんと48,000本以上のピンを製造していたというのです。先の工程を別々の人が特化して担当することによって，ある人はもっぱら針金を伸ばし，ある人はもっぱら先端をけずる，そうした分業によって，1人当たりの生産性は何千倍にも上昇しているわけです。分業がなぜ生産性を上げるのかというと，スミスが例示するところでは，第1に，労働特化によって各人の技能が向上する，第2に，道具や場所を変える際の時間を節約できる，つまり，作業時間を実質的に長くすることができる，そして第3に，作業内容が特化されることで機械化が容易になる，などなどです。これが分業の効果のすべてではないかもしれませんが，これだけでも，歴然たる生産性の差が生じる由縁を，十分想像することができるはずです。

分業と協業　　しかし，分業とはあくまで，もともとは1つであった作業工程を分解し，特化したものであることを忘れてはなりません。引き伸ばされた針金は，着実に次の工程に送られなければなりませんし，切断された

針金は，確実に次の磨き工程に送られなければなりません。各分業作業が，ピンの製造工程として一体化していて初めて，分業の効果が発揮されるのです。あたりまえのようですが，これこそ分業論の要になる論点です。分業とは，製造工程を単にバラバラにすることではないのであって，いったん分解された各作業が，同じ歩調で再結合されて初めて，高い生産力が発揮されるわけです。切断工程だけ突出して速かったり，磨き工程だけ遅くなったりしたら，分業の効果は発揮されません。つまり分業の効果とは，分業化された作業間の協業の効果にほかならないのです。この協業の歩調を維持できるかどうかで，分業の生産性が決定されると言ってもいいでしょう。

　そしてスミスは，こうした分業と協業の秩序が，1つの工場内だけでなく，すでに社会全体にまで広がりつつあるのが，現在（スミスの時代という意味です）の経済社会の姿だと認識します。農業，工業，商業の分業だけでなく，それぞれの部門がさらに複雑に分化しながらも，市場における取引を通じて，社会的な協業関係を作り上げている。「未開の国々」が「文明国」よりも貧しいのは，個々人の資質や能力の違いではなく，「未開の国々」は，社会全体が1つの巨大な分業と協業の場になっていないからだ。これがスミスの到達したひとつの結論なのです。

　利己心　さてそうなると，いったい何が，これほどの「分業と協業」をもたらしたのかが問題になってきます。これはたとえば，賢明なる国王が，分業と協業の成果を見越して制定したものだったでしょうか。あるいは正直な政治家が，公益の増進をはかるために導入したものだったでしょうか。そんな事実はどこにもない，とスミスは言います。そして，これは誰か一人の手によって作られたものでも，また作れるようなものでもない。これを作り上げたのは，かくなる社会的帰結など念頭にもなかった，個々人の利己心にほかならないとスミスは判断します。

　先ほどのピン工場の例に戻ってみましょう。工場主がピン工場に分業を導入したのは，それがひいては国富を増大させ，貧しい人々の利益にもなると考えたからではないでしょう。それはちょっと想像しにくいことです。工場

主なり資本家なりの頭にあったことといえば，分業化することでピンの生産量を増やし，それによって自分の利益を増やすことだけだったでしょう。そうであるがゆえに，分業が労働を単調化し，労働者の肉体にも精神にも，場合によっては悪い影響が出ることを知っていてもなお，導入してきたのでしょう。ですから，スミスはここで，利己心を称賛しているわけではないのです。そうではなく，私的所有の世界においては，利己心が最も強い行動動機になることを，いい悪いは別にして，まずは事実として，客観的に押さえておく必要があると言っているのです。

しかしながら，ある意味で皮肉なことに，それは社会全体で見ると，かならずしも悪いとばかりは言えない結果をもたらしています。利己心に取りつかれた行動は，確かに見苦しいものです。しかし，それが結果的には，分業と協業の促進につながっています。それは個々の利己心に促されている分，上から強制された場合よりも，ある意味で徹底的に進められるわけです。ならば，それを利用するに如くはない。ここでスミスが下した判断は，マキアヴェリ（Niccolò di Bernardo dei Machiavelli, 1469-1527）にも似た，冷徹なものと言えるかもしれません。

なぜ，分業と協業の社会的拡大が，近代資本主義において初めて徹底したかたちで現れたのか。分業と協業だけなら「未開の国々」でも見られそうなものですが，なぜそこでは，「文明国」のような徹底さが見られなかったのか。それはおそらく，近代資本主義が最も徹底したかたちで，私的所有に基づく利己心の追求を認めたからであろうとスミスは言います。スミスの経済認識は，つねに彼の歴史認識と結びついているのです。もっとも，スミスは利己心の抑制についても，単なる「心がけ」の域をはるかに超えた考察を行っています。これについては，スミスのもうひとつの主著である『道徳感情論』（ならびに章末の学習用図書）を参照してください。

2.5　市場の規模と資本蓄積

分業と協業の深化　分業と協業の社会的拡大が進めば，それだけ多くの生活財や消費財が生産され，社会のすみずみまで行き渡るようになるでしょう。つまり，スミスの考える国富の増大がはかられるわけです。確認しておきますが，分業が進むということは，いままで1つの事業であったものが，複数の事業に分化してそれぞれ独立するようになること，また協業が進むということは，分化した事業間の取引がより活発になることを意味します。この分業と協業の社会的拡大を，分業と協業の深化と表現することがあります。

利己心は，分業と協業の深化にとっても，推進力の役割を果たします。くどいようですが，利己心は分業の社会的成果を意図して発揮されるものではありません。これはあくまで，私益を求めようとする主観的動機であって，国富の増大はその意図せざる結果にすぎません。国富への影響などは，個々の主体にとって，眼中にあることではないでしょう。スミスはむしろそうであるがゆえに，国富への効果が大きいと判断したわけです。

しかし，では利己心さえ発揮されれば，それで国富の増大は保障されるのでしょうか。利己心とは主観的な動機，つまりは一種の気持ちですから，儲けたいという気持ちさえあれば，国富は自動的に増大するのでしょうか。ここで私たちは，先に国富を左右する「第2の事情」と呼んだ要因に戻らなければなりません。

いまも述べたように，分業と協業が深化すれば，それだけ生産物の量は増えることになります。逆に言えば，分業と協業が深化するためには，それだけ多くの生産物を買い取ってくれる需要が必要になります。需要が十分でないと，生産物が売り切れなくなって，価格を切り下げることになりますが，そうなると剰余価値部分，つまり，資本家の目標である利潤や，地主に納めるべき地代部分が消えてしまうかもれません。したがって，分業と協業の深

化が順調に進むためには，それを支える条件として，増大する生産物への需要，言い換えると，増大する生産物を吸収できるだけの市場が必要になります。「分業は市場の広さによって制限される」（前掲書，43ページ）わけです。

市場の規模　　それでは，市場の規模を決めるものは何でしょうか。市場の規模とは，ここでは生産物への需要量を意味しますから，結局，仕事から所得を得ている人々がどれくらいいるかによって決まってくるでしょう。つまり労働人口が多ければ多いほど，市場の規模も大きくなるわけです。では，労働人口の大きさは何によって決まるかと言えば，まずは，国民が生活にどれくらい余裕を持っているか（それによって，出生数が左右されます），次に，どれだけ多くの事業が営まれているか（それによって，仕事を持てる人数が決まってきます）によるはずです。これは簡単に言えば，その国がどれくらい豊かになりつつあるかということですから，これを経済学的な表現に直せば，その国がいま，どれくらい資本蓄積をしているかによって，市場の規模が決まることになります。

　他方，生産的労働と不生産的労働の割合を決めるのは，その国の産業構造（消費財を生産する産業と，そうでない産業の割合）です。つまり，資本がどのような産業に多く向けられているかによって，生産的労働人口の割合も決まってくるわけです。ということは，資本蓄積の規模と同時に，その内訳も問題になるということです。資本が，どのような産業に用いられながら（投下されながら）増大（蓄積）しているか，それによって，国富は増大してゆくかもしれませんし，あるいは先細りになるかもしれません。ですから，スミスは，資本蓄積が生産的労働の割合を高くするようなかたちで行われることが望ましいと考えました。第2編の主題が「貯えの性質と蓄積と用途について」，言い換えれば「資本蓄積と資本投下」に置かれたのはこのためです。

　資本蓄積が順調に進めば，市場の規模も大きくなって分業が促進され，生産物が増大して，ますます多くの人の手に届くことになるでしょう。ただしその資本が，生産的労働分野に多く投下されていなければ，剰余価値は縮小してしまい，次期の資本蓄積も一回り小さなものになってしまうでしょう。

ですから，資本投下の構造は，この原理全体の鍵を握ると言っていいほど重要な役割を担います。資本投下の構造が，以上の条件を満たしていれば，国富は人々の自由な経済活動に委ねるだけで，自動的に増大することになるわけです。逆に資本投下のあるべき構造が，人為的な介入によって歪められたりすると，国富の増大は望めなくなる可能性が出てきます。スミスがなぜ，重商主義を批判しなければならなかったか。すでに皆さんは，察知されたことと思います。

2.6 重商主義と自由主義

資本投下の自然な順序　スミスは，重商主義の最大の罪過を，それが本来あるべき資本投下の構造（これを，資本投下の自然な順序と表現します。この場合の「自然」とは，本来あるべき姿という意味です。ケネーの「自然」概念との共通性を確認してください）を歪めてしまう点に見出します。そこで，スミスの重商主義批判の内容を検討するために，資本投下の自然な順序について，もう少しくわしく見ておきましょう。

　結論から言うと，スミスが考える資本投下の自然な順序とは，資本が，農業→工業→商業の順に重点的に投下されることを言います。その理由はこうです。農業が最初とされるのは，農業生産物が人間の生存にとって必要不可欠だからであり，したがって，農業の生産性が何よりも先に上昇して，その供給が潤沢になる必要があるからだとされています。ここには明らかに，重農主義からの影響が見られます。

　しかし，農業が重視された理由はそれだけではありません。スミスの考える「富」は，すでにその多くの部分が，工業生産物であったことを想起してください。農業で生産性が上昇すれば，それだけ多くの剰余生産物が得られるようになります。そうなると，自分は工業生産物だけを作り，それを農産

物と交換して日々の糧を得るという、そういう生き方を選ぶことも可能になってきます。農業生産性が低いあいだは、実際の歴史がそうであったように、工業は、農業の片手間に行うしかありません。まずは年貢分を作り、次に自分たちの食べる分を作り、それでほぼ手一杯であれば、工業だけで生きてゆける人々など現れません。自分たちの消費分を除いても相当余る部分（剰余生産物）があって初めて、工業に特化できる人々も生存可能になるわけです。これは見方を変えれば、それまで一緒に行われていた農業と工業がそれぞれ分離独立して、あらためて農業と工業として、社会的分業を開始することを意味します。

　農業生産性がさらに高まれば、それだけ工業に専念できる人の数も増えるでしょう。そうすると今度は、工業内での分業が可能になります。工業生産物の生産性が上がり、より多くの農産物との交換が可能になって、工業生産者の生活も豊かになるでしょう。そして、初期の工業生産物は、だいたいが農業用の器具や機械でしたから、これが安価になれば、農業への導入も容易になり、農業生産性をさらに高めることになるでしょう。したがって、まず農業内での分業、次に農業と工業の分業、さらに工業内での分業という順に進んでゆけば、互いに互いの生産性を高め合って、社会全体の生産力も増してゆくわけです。そして、分業と交換がある程度複雑さを見せる段階になったら、交換取引を仲介する機能として商業が必要になります。ゆえに、商業への資本投下は、順番的には最後でいいのです。

　かくして、農業→工業→商業という順序が、資本投下の自然な順序と考えられたのです。そして、この自然な順序に則って国富が形成されるとき、それはもっぱら自国内における分業の深化によるものであって、他国へ依存する必要も、ましてや他国を犠牲にする必要もない点に注意する必要があります。各国がこの原則に従って自国の富を豊かにし、自国内では調達できない資源や物資の交換として貿易を行うに止めれば、国と国との関係はよほど平和なものになるでしょう。まさしく「諸国民の富」が形成されるわけです。

重商主義批判　　ところが、ヨーロッパ諸国が実行している重商主義政

策は、これとまったくあべこべの順序でもって、資本投下を行おうとしています。少なくともスミスの判断ではそうでした。なぜと言って、前の章でも見た通り、重商主義は貿易差額を獲得するものとして、まずは商業、次に工業を、国家権力によって保護育成しようとするものであって、農業などは置き去りにされてしまいます（もちろん、これも前章で確認したように、重商主義といってもその内容は国ごとに大きく違い、イギリスは、農業に関して一番規制が緩やかというか、要するに好き勝手が許された国でした。いわゆるエンクロージャー（土地の囲い込み）による、暴力的な土地の奪取に歯止めがかからなかったので、イギリスはフランスとくらべると、かなり早い時期から大規模農業へ移行していました。そして結果的には、これがイギリスの農業生産性を高めることになり、その後の工業化を助けることにもなりました）。これに対して、資本投下の自然な順序が守られた国や場所はないかというと、1つだけあるとスミスは言います。それがほかならぬ、アメリカ植民地なのです。

　ヨーロッパでは、工業生産物の大部分が、国内農産物と交換されることなく、海外市場向けの商品として生産されていました。海外向け生産物の送り先は、言うまでもなく植民地です。各国は、軍事力を背景に植民地を建設し、本国に有利な条件で貿易差額を獲得していました。そのため植民地では、本国製品の競合品が育たないよう規制が行われていました。つまり、植民地の工業は、農村で使われる日用品のようなものに制限されていたのです。貿易で獲得された貨幣は、国内農産物や国内工業品への需要として還流することなく（ただし、イギリスでは比較的国内への還流が見られたことは前章で述べました）、その多くは、中継貿易のためにふたたび、海外製品の輸入に使われてしまいました。

　ところが、最大の植民地のひとつであったアメリカでは、事情がだいぶ異なりました。ここでは封建的な身分関係が希薄であったために、農業で生じた余剰収益が、王族・貴族に搾取されることはありませんでした。地主は同時に農業資本家でもありましたから、余剰収益でぜいたくをする余裕はなく、

収益向上のために，そのほとんどを農業へ再投下する必要がありました。したがって，工業も農業から自然に分離したものが多く，しかも，先ほど触れたように，生産品目が日用品や農機具などに限定されていたため，かえって国内農業との交換関係が密になりました。日用品や農機具は，みな重量がかさばるゴツゴツしたものばかりでしたから，貿易商品としては初めから失格で，そのため本国や外国から，競合品が輸入されてくることもめったになかったわけです。したがって，あくまで意図せざる結果だったとはいえ，アメリカでは，資本投下の自然な順序にきわめて近い関係ができていたことになります。これが，アメリカ経済を充実させ，ついには独立を求めさせるにいたった理由である，とスミスは考えました。

　そこで，本国の商工業者たちは，それこそ死に物狂いの妨害を始めたわけですが，スミスはむしろ，これはイギリスあるいはヨーロッパ諸国の，歪んだ投資構造を是正するいいチャンスになると判断しました。ここでアメリカを独立させ，そこに依存して成り立っている重商主義構造を壊してしまえば，ヨーロッパも資本投下の自然な順序を取り戻せるに違いない。その上で，アメリカと自由な貿易関係を再建できれば，そのほうがヨーロッパにとってもよほど利益になるだろう。そこで彼は，まずアメリカの独立を承認せよ，次に農業への資本投下を促進するため，小作人にも私的所有の権利を保障せよと主張しました。同時に，重商主義的な商工業への肩入れもやめよ，そしてそれだけでよい，後は何もするな，何もしなければ「見えざる手」に導かれて，資本投下の自然な順序が回復するはずだ，こう主張したわけです。これが，**スミス流のレッセ・フェール**，スミス流の自由主義です。なぜアメリカを独立させることがイギリスの利益になると考えたのか。この「逆説」が結論となる『国富論』の論理構造を，ご理解いただけたでしょうか。

2.7 『国富論』に学ぶもの

歴史の中の『国富論』　以上,『国富論』に即してその内容を検討してきました。最後に,あらためて歴史のなかで『国富論』をどう読むか,またそうした歴史を越えて,私たちが『国富論』に学ぶべきものは何か,この2点について述べておきたいと思います。

まず第1点目として,重商主義とスミスの関係を,少し異なる角度から見ておきたいと思います。『国富論』が「富」の把握に限らず,経済そのものの原理的把握においても,重商主義をはるかに超える水準を示したことについては,もはや多言を費やす必要はないと思います。しかし,前章でも見たように,重商主義が歴史的に見て,まったく何の役割も果たさなかったわけではないので,この点をもう一度整理しておきたいと思います。

重商主義は前章でも確認したように,資本主義の形成期に現れた思考でした。そして,フランスやイギリスのやり方は,意図せざる結果であったとはいえ,スペインやオランダと違い,資本主義の形成を促進する効果を持ちました。しかし,スミスの時代は,もはや資本主義の形成期とは言い難く,まだ完成したとは言えないにしても,資本主義的な階級構造や生産様式が相当に整ってきた時代です。そうなると,重商主義的な保護・統制体制は,新しき資本家たちにとって,自分たちの活動を阻害するものになりました。そこで,重商主義的な統制をなくして,資本主義的な生産様式を,そのまま開花させて欲しいという欲求が出てきたわけです。

アダム・スミスとは,基本的には,このような声を代弁した論者と言えます。その意味でスミスの資本主義観は,資本主義の今後の発展に期待と信頼を寄せる,基本的に楽観的なものと言えます。現に,スミスはヨーロッパの危機を訴えながらも,自由主義経済へ移行しさえすれば,後は資本投下の自然な順序が回復して,自生的な国富増大が可能になるはずだという,すこぶ

る楽観的な見通しを示していたことは先に見た通りです。ですから，資本主義のその後の歴史を知る私たちからすれば，そこに多少なりとも，スミスの歴史的限界を感じることはあります。

しかし，そうした歴史的限界があったから，スミスも完全ではなかったと言って終わりにしてしまったのでは，そこから私たちが得られるものはほとんどないでしょう。むしろ，そうした歴史的限界を，当人も知らぬままに背負わされていた歴史的課題として捉え直すことで，私たちは，スミス本人が理解していた以上に，『国富論』という書物を一段深いところで理解することができるはずです。『国富論』とは，重商主義の解体期，そして近代資本主義の開花期に現れた書物です。それゆえに生じた認識の偏りを，その偏った理由とともに，双方とも見逃さないこと。これは『国富論』に限らず，およそ経済学の古典を正確に読むための最低限の手続きになると思われます。

同感の原理と見えざる手　さて，第2点目ですが，これを本章の結論にしたいと思います。これについては，すでに一度触れているのですが，あらためて検討したいと思います。先に，分業論のところで，何が分業と協業を促進するのかを議論しました。そしてそれは，まずは一人ひとりの利己心であり，しかし，それが社会的に合成されると，意図せざる逆転が生じて，社会全体の生産力を増加させるという論理を見ました。私益が公益に転じるわけです。この論理こそ，『国富論』の最大の遺産だと言っていいと思います。ここにはしたがって，2つの方法論が隠されています。ひとつは，何が人をして，そのような行動に駆り立てるのかを発見する方法であり，もうひとつは，そうした個々の行動が多人数で合成されると，個々の行動とは別個の，独立した機能が生じてくることを見抜く方法です。前者を同感の原理と言い，後者を見えざる手と言います。

『国富論』の内容から，スミスは利己心を称賛したとよく言われます。しかしそれは俗論です。スミスが行ったことは，その利己心が，与えられた状況や制度の下では，どのような行動になって出てくるかを，追体験的に掌握したことにあります。「そういう状況なら，確かに自分もそうするな」とい

う想像を梃子に，良いことか悪いことかはともかく，平均的な人間の行動方向を予想することがその目的なのです。ゆえに，やさしい人柄の工場主であっても，積極的に分業を導入するであろうことが，不可解な行動としてではなく，正常な行動として理解できるのです。そうしなければ競争に負け，生活できなくなるかもしれないと予想することを，自分としても実感できるからです。つまり，この工場主の行動動機に同感できるわけです。スミスのこうした行動把握の仕方を「同感の原理」と言います。

　この場合の「同感」とはしたがって「同情」とは違います。同情とは，相手の行動が不合理に見える場合であっても，なお感情的に，それを一時許容しようとする姿勢でしょう。しかしここで言う同感とは，その人に与えられた条件の下では，自分も同じことをするだろうかと自問する想像力を意味します。ですから，同感の原理とは，ある行動の動機そのものへの同感というよりは，そうした行動を自然な振る舞いにする状況や背景の把握として理解したほうがよいものです。分業を導入した人の気持ちに同情するのではなく，分業の導入を決意させる状況を，想像的に把握することを同感と呼ぶわけです。したがってスミスは，競争にさらされたときの自分自身の行動からして，人々が競争的な市場経済に置かれている限り，私益を追求しなくなることはないと確信したのです。

　しかし，スミスは，そうした個々の行動の直接の結果と，多くの人が同様の行動をした場合に生じる社会的結果とを明確に区別しました。そして，個々の主体の意識や目的とは別個に作動する，社会的メカニズムのことを「神の見えざる手」と表現しました。

　「同感の原理」は基本的に主観的な思考ですが，「見えざる手」は，客観的な法則性を見出そうとする論理的な思考です。分業と異なる例をあげると，わかりやすいかもしれません。スミスからは離れますが，たとえば皆さんも，万が一の場合にそなえて，月々わずかでも貯蓄をしていると思います。ところが経済情勢が悪くなって，将来の収入が不安になったとします。そのとき平均的な人々はどうするでしょうか。これを考えるのが同感の原理です。そ

しておそらく，人々はいざという場合にそなえて，なるべく貯蓄を増やしておこうとするでしょう。

そしていま，この行動把握が正しかったとしましょう。そうすると平均的な人々，つまり社会の大多数の人々が貯蓄を増やした分，社会全体の消費は減るはずです。社会全体で消費が減ってしまうと，作られた商品を買う人がいなくなってしまいます。そのため各企業とも収益が悪化し，あるいは倒産し，あるいは給与カットも始めるでしょう。その結果，人々の収入が減りますから，生活を維持するためには，増やしたはずの貯蓄を切り崩さなくてはならなくなります。ここで各人の目的は見事に裏切られてしまいます。しかもこれは，誰か特定の人間の悪巧みによるものではなく，個々人の行動が集積された結果がこれだったのです。これが見えざる手の帰結です。「同感の原理」が把握した内容も正しければ，そうであるがゆえに生じた社会的結果，すなわち，「見えざる手」の内容も正しいわけです。しかし，意図と結果は正反対になっています。同感の原理と見えざる手は，このように逆説的な関係で結ばれているのです。

スミスは，社会現象あるいは経済現象に含まれる，この種の逆説的な関係を見事に喝破しました。『国富論』を読むと，分業論に限らずあらゆる場面で，この逆説的把握を駆使していることがわかります。分業を促進する意図は利己的なものです。しかし，見えざる手はそれを公益に変えてしまいます。ここから利己心はすばらしいという結論にとびつく人がいます。確かに，スミスは利己心に委ねることを主張しました。彼が把握した同感の原理と見えざる手の関係では，そうすることが公益の促進につながるからでした。そういう意味では，スミスにおける逆説は，言わば幸福な逆説とも言えるものです。そしてここから彼の見えざる手＝予定調和説という解釈が生まれ，スミス理解としてはいまだに大きな力を持っています。

しかし，スミスのその結論は，本章で見てきたような，二重三重の考察を踏まえてのものだったことを忘れてはならないでしょう。利己心が公益に転じるというスミスの判断は，当時の経済制度や経済慣行を前提にして下され

た，ひとつの時論的判断です。時代や制度に関わりなく成り立つような，普遍的判断として下されたものではないのです。現に，いま見た2つ目の例では，見えざる手は人々に利益をもたらしていません。この例では，同感の原理と見えざる手は，不幸な逆説を演じているのです。ですから私たちは，スミスの時論的判断をいたずらに公式化するのではなく，経済現象には，いたるところにこうした逆説が潜んでいるという認識をこそ，スミスから学びとるべきでしょう。

　スミスについては以上です。次の章では，こうしたスミスの経済学が，どのように継承され，どのように乗り越えられて行ったかを検討します。経済学は，はやくもスミスの次の世代で，ひとつの完成を見せることになります。リカードとマルサスの登場です。

文献案内

[学習用図書・研究書]

内田義彦（1953年）『経済学の生誕』未来社（『内田義彦著作集』第1巻（1988年，岩波書店）所収）

内田義彦（1961年）『経済学史講義』未来社（『内田義彦著作集』第2巻（1989年，岩波書店）所収）

高島善哉（1968年）『アダム・スミス』岩波新書

水田洋（1997年）『アダム・スミス』講談社学術文庫

田中正司（1988年）『アダム・スミスの自然法学』御茶の水書房

A. S. スキナー（田中敏弘他訳）（1981年）『アダム・スミスの社会科学体系』未来社

I. ホント=M. イグナティエフ編（水田洋・杉山忠平監訳）（1990年）『富と徳』未来社

[古典]

アダム・スミス（水田洋監訳）（2000-01年）『国富論』全4巻，岩波文庫；大河内一男監訳（1978年）全3巻，中公文庫

アダム・スミス（水田洋訳）（2003年）『道徳感情論』全2巻，岩波文庫；米林富男訳（1969-70年）『道徳情操論』全2巻，未来社

アダム・スミス（水田洋他訳）（1993年）『アダム・スミス哲学論文集』名古屋大学出版会

第3章

マルサスとリカード
―古典派経済学の確立―

●この章のポイント●

1. マルサスとリカードが直面した時事問題は何であったか。

2. マルサスとリカードの対立点は，どのようなものだったか。

3. リカードの経済把握と自由貿易論との関係は，どのようなものだったか。

■ マルサス　　　　　　■ リカード

3.1 はじめに

マルサスとリカード　アダム・スミスの後を受けて，事実上，古典派経済学を完成の域にまで導いたのが，デイヴィッド・リカード（David Ricardo, 1772-1823）です。リカードは，スミスの議論に残されていた曖昧な要素を払拭し，古典派経済学にひとつの完成された体系を与えました。リカードの経済学は，マルクスが直接の批判対象に選んだという意味では，マルクス経済学のひとつの母体とも言えますし，また現代経済学の観点からも，ピエロ・スラッファ（第9章参照）によって，新古典派経済学（第5章参照）とは別種の経済認識として再評価されています。その意味では，学史的な重要性だけでなく，今日的な可能性も念頭に置きながら，リカードの経済学を考えてゆく必要があると思います。

　さてしかし，リカードはスミスの議論を，単に論理的に整えることで，自らの理論体系を構築したわけではありません。スミスが，焦眉の時事問題と格闘するなかで『国富論』を作り上げていったのと同じように，リカードもまた，彼の時代の現実問題と格闘しながら，古典派経済学の完成をはかりました。スミスの時代を象徴する時事問題が，アメリカ独立問題であったとすれば，リカードの時代を象徴する時事問題は，穀物法論争になると思います。それともうひとつ，地金論争と言われる重要な論争がありましたが，リカードはそうした論争に参加してゆくなかで，自らの理論を研ぎ澄ましていったのです。その際，リカードの宿敵とも言える存在になるのが，トマス・ロバート・マルサス（Thomas Robert Malthus, 1766-1834）です。古典派経済学の完成は，この2人の論争の成果だったと言っても，誤りにはならないと思います。

　マルサスは，リカードほど精緻な理論体系を作った人物ではありませんが，リカードよりも，ある意味で現実的な感性にすぐれた面があり，後にケイン

ズによって大成される有効需要の原理に，きわめて近い内容の議論も展開しました（第8章参照）。この点については，本文のなかで解説します。マルサスはもともと牧師，リカードは証券の仲買人であって，スミスのような生粋の学者とは，それぞれ個性を異にしましたが，古典派時代の経済学は，おおむねこうした，大学とは異なる知的環境にあった人々によって育まれてゆきます。それは，学問と現実とのあいだに，いい意味での緊張関係を与えていたように思われます。

　古典派経済学　さて先へ進む前に，いまも使いました古典派経済学という言葉について，一言しておきたいと思います。古典派経済学という名称はマルクスに由来し，マルクスによるその定義も，彼の著作ごとに少しずつ違うのですが，今日一般的に古典派経済学と言ったら，時期的には，アダム・スミスからマルサス，リカードを経て，ジョン・スチュアート・ミル（John Stuart Mill, 1806-1873）にいたるくらいまでをさし，内容的には，労働価値説を土台にして，一国経済の資本蓄積構造の解明に，主たる分析対象を置いた経済学説群をさすものと考えていいと思います。

　この時代には，中心となるこの4人のほかにも，地金論争でリカードを支持したヘンリー・ソーントン（Henry Thornton, 1760-1815），J. S. ミルの父親で，リカードを経済学へ導いた存在とも言えるジェイムズ・ミル（James Mill, 1773-1836），リカード経済学の正統な継承者として，その普及に努めたジョン・マカロック（John Ramsay McCulloch, 1789-1864）など，重要な存在が輩出しています。また以上はいずれも，イギリスの古典派経済学者ですが，大陸，特にフランスには，ジャン・バティスト・セイ（Jean Baptiste Say, 1767-1832）やシスモンディ（Jean Charles Léonard Simonde de Sismondi, 1773-1842）などが現れ，彼らをフランス古典派経済学と呼ぶこともあります。しかしたいていは区別をせずに，フランス等の議論も含めて，古典派経済学と呼ぶのが一般的です。

　もちろん，これはごく大雑把な規定で，たとえばマルサスは，本当はこの規定にそのままあてはまる存在とは言えませんし，J.S.ミルに関しても問題

は出てきます。古典派研究は今日非常にさかんですので，かつてのような一般的な分類や規定を与えることは，ますます難しくなっていますが，まずは大雑把ながら，ひとつのイメージを持つことも大事ですので，本書は従来的な意味で，古典派経済学という名称を用いることにします。

3.2 マルサス——人口法則と私有財産制

貧困問題　さてリカードに入る前に，まずマルサスについて検討しようと思います。マルサスはいまも触れたように，リカードと重要な経済論争を繰り広げることになりますが，その少し前に，それとは異なる問題で重要な著作を公表します。マルサスの名を一躍高からしめた『人口の原理』(1798 年，第 2 版 1803 年) です。マルサスと言えば，むしろ人口問題を想起する人も多いと思いますが，これもまた，ある論争から生まれた書物でした。

　マルサス，そしてリカードの時代の焦眉の課題は，実は貧困問題でした。スミスは資本主義の確立期にあって，基本的には国富の増大に，楽観的な見通しを示していたことは前章でも述べました。しかし，スミスのその期待は，文字通りのかたちでは実現しませんでした。もちろん，かつてないほど富裕な階層も出現しましたが，その一方で，かつてないほど貧困な人々も現れました。

　19 世紀の初頭という時期は，イギリスで見ますと，いわゆる資本主義的な階級分解がほぼ完成して，資本主義が自立的な運動を開始した時期と言われています。地主，資本家，労働者の 3 階級へと社会が分解し，賃金のみで生活することになった労働者階級の生活状態は，実に不安定なものになりました。賃金水準はただでさえ低いものでしたが，これに拍車をかけたのが先の世代から続いていた人口増加でした。これには，18 世紀後半ごろから婚期が早まる傾向が出てきたことなど，社会的な慣習の変化も作用していまし

たが，都市の貧困は農村にも波及しましたから，19世紀初頭は，資本主義と貧困の関係をめぐる議論が，たいへんさかんになった時期でした。

ゴドウィン・マルサス論争　そのなかの急進的な見解を代表する論者の1人に，ウィリアム・ゴドウィン（William Godwin, 1756-1836）という人がいました。彼は『政治的正義』（1798年）という著作のなかで，貧困と道徳的頽廃の基礎にあるのは私有財産制と専制政治であり，これに代わるものとして無政府主義を主張しました。ゴドウィンはまず，人間は本質的には理性的な動物なのだが，日々の行動や性格には，生活環境からの影響が強く表れてくると言います。そして，貧しい人々は，長すぎる労働時間と安すぎる賃金によって人間的な理性を封じられ，それでも生き残ろうとするがゆえに，犯罪にまで手を染めるのだと議論します。

ところが，こうした人々が一方にいるかと思うと，もう一方には，財産収入がありすぎて，使いみちに困っているなどとうそぶく連中がいる。これは何かおかしいではないか！　とゴドウィンは訴えます。彼は，資産家と称するこの連中にも，貧しき人々と同様に労働を課せと主張します。そして，その結果増えるであろう生産物を，財産のあるなしに関わりなく平等に分配すれば，貧困などあっという間になくせるではないかと言います。ただし，これを行うためには，資産家なる存在を生み出す私有財産制と，その擁護に汲々としている専制政治体制をまずなくさなくてはならない。ゴドウィンはこのように論を進めて，無政府主義を唱えます。

こうした言説には，明らかにフランス革命の影響が見られます。ただしゴドウィンは，暴力革命は新たな専制政治をもたらすだけだとして革命には反対し，人々の理性の覚醒による，無政府社会への漸進的な移行を唱えました。ちなみに，ゴドウィンの夫人メアリー・ウルストンクラフト（Mary Wollstonecraft, 1759-1797）は，『女性の権利の擁護』（1792年）という書物を著して，フランス革命を非難した保守主義思想家エドマンド・バーク（Edmund Burke, 1729-1797）に反論しました。この本は，フェミニズムの古典として現在でも高く評価されています。さらに余談ですが，ゴドウィンとウ

ルストンクラフトの娘メアリーは、ゴドウィンの家に出入りしていた詩人シェリー（Percy Bysshe Shelley, 1792-1822）と駆け落ち同然の結婚をして、メアリー・シェリー（Mary Wollstonecraft Shelley, 1797-1851）となりました。そして、シェリーとともに、詩人バイロン（George Gordon Byron, 1788-1824）の館に身を寄せていた折、彼女がある偶然から書き上げた小説が、あの『フランケンシュタイン――あるいは現代のプロメテウス』（1818年）です。こうした経緯を見ると、フランス革命の余波のなかで、革命的な合理主義、伝統的な保守主義、産業革命以来の科学主義、科学への憧憬と反動を合わせ持ったロマン主義、そういった様々な思想がそれぞれに先鋭化して、身近なところに雑居していた様子が伺われます。

▍マルサスの人口論　さて、このようなゴドウィンの主張に反対したのがマルサスでした。マルサスは、そもそもなぜ貧困が生じるかといえば、それは人口と食糧の増え方に、原理的な差異があるからだと言います。すなわち、人口は2―4―8というように倍々的に、つまり幾何級数的に増える傾向があるのに対し、食糧は2―4―6というように定量的に、つまり算術級数的にしか増えない傾向がある。したがって、やがて食糧不足が生じますから、人口増加に歯止めがかかります。その歯止めがかかるときに生じる現象が、貧困だとマルサスは言うのです。もちろん、個体数の増加に食糧が追いつかなくなることは、生物界に広く見られる一般的な現象ですが、生物界では、飢餓と死亡数の激増が突然起こるのに対し、人間の世界では、貧困というかたちで、その予兆が示される点に大きな違いがあると言います。

　そこで、人口の抑制が始まるわけですが、これには大きく2つの形態があると言います。1つ目は予防的制限と言われ、人々が結婚をあきらめ、子供を作らないようにするというものです。つまり、生理的欲求を抑えての人口制限ということになります。マルサスはしかし、これが一般化すると、むしろ悪徳が増えるだろうと言っています。もっとも、その議論は短絡だという批判を受けて、『人口の原理』第2版では、道徳的制限という3つ目の制限を加えていますが、いずれも、マルサスが主眼を置いた議論ではありません。

マルサスが主眼を置いたのは，2つ目の積極的制限と言われるもので，そこでは，ゴドウィンが廃棄を主張した私有財産制に，むしろ積極的な役割が与えられています。つまり，人口が増加して労働力が増えれば，一方で賃金が下落し，他方では食糧価格が高騰するはずです。したがって，労働者の生活環境が悪化して，子供の数のみならず，労働人口全体が減少すると言うのです。これには，子供を作る余裕がなくなるという，予防的制限と共通する部分もありますが，当時の生活習慣や避妊知識等を考えれば，実際に栄養不良によって子供の数が減ること，あるいは住居や生活環境の悪化による飢餓や疾病の増大，さらには過剰な肉体労働によって，高齢者のみならず壮年の死亡率も高くなること等が考えられています。ここでは私たちが，通常こうした議論に予想するものよりも，はるかに厳しい状況が想定されています。そうした状況が，現実に存在していたわけです。

　しかし，食糧価格の高騰は，他方で食糧生産の増加を動機づけるはずです。したがって，一方で人口が減少し，他方で食糧が増加するわけですから，労働者の生活状態は，果てしなく悪化するのではなく，ある段階で均衡を回復するでしょう。貧困のなかで労働者数が減り続け，いつかは死滅してしまうようなシナリオは，マルサスにはありません。ですが，生活状態が改善するに従い，ふたたび人口が増え始めると，やがて先と同じような調整過程が展開されるでしょう。こうした繰り返しを通じて，長期的には，人口と食糧の均衡が維持されると考えるのが，マルサスの人口原理です。

　この原理が機能するためには，人々の生活水準が，それぞれの稼ぐ収入に制約される必要があります。ゆえにマルサスは，私有財産制を維持する必要があると言うのです。人口増加が生活苦をもたらしているとき，なまじ国家が経済的な援助などを与えてしまうと，過剰人口が減らなくなって，かえって貧困を悪化もしくは長引かせてしまうと考えるからです。したがって，彼は当時の救貧法にも反対しました。救貧法は，一見貧困救済に見えるけれども，これはかえって，人口と食糧の不均衡を拡大させてしまうと考えたからです。

マルサスの人口原理は，なかなか厳しい内容を持つものですが，論理だけ取り出してみると，期せずして，「同感の原理」＋「見えざる手」のかたちをとっている点に注意したいと思います。マルサスがスミスを意識していたとは思いませんが，私有財産制の下で，子供の数を考えさせているのは，まさしく利己心です。そうした利己心が社会的に合成された結果，貧困に歯止めをかけるひとつのメカニズム，つまり「見えざる手」が働くわけです。マルサスは，私有財産制が廃棄されてしまうと，こうした調整原理が損なわれると考えたがゆえに，ゴドウィンに反対したのです。これはひとつの，社会科学的な判断と言えるものです。ただしその反面，マルサスの議論は，目の前の貧困を，やむを得ざる必要悪として追認する論理にもなり得ます。この点注意しておく必要があります。

3.3　穀物法論争

穀物法論争　『人口の原理』は，フランス革命がなお進行中の時期に書かれた書物でした。ですから，ゴドウィンの理想主義的な議論，これをとめようとするマルサスの保守的な議論，そのいずれにも，当時のフランス革命の受けとめ方が象徴的に表れています。しかし，ジャコバン政府からナポレオン独裁への転換，さらにはナポレオンの敗北からウィーン体制の確立へと事態が進展するにつれ，イギリスとヨーロッパ大陸との関係に新たな変化が生じてきます。そして，それはイギリス国内においても，大きな政策論争に発展しました。

すなわち，ナポレオンの敗色が濃厚になると，まず農産物価格が暴落しました。これは，戦時中の穀物価格の高騰から農産物生産が増え，ただでさえ過剰気味になっていたところへ，大陸からの穀物輸入が容易になるという見込みが加わって，取引価格が暴落したことが原因でした。農業が縮小した結

果，商工業への需要も減少し，国内市場が全般的に縮小したため，厳しい不況が発生しました。おおよそ1815年から（1816, 17年は一時持ち直しましたが）1819年ころまで断続的に続いたこの不況を過渡的恐慌と呼ぶことがあります。これは，1825年以降の周期的恐慌とは，原因や性質が若干異なることから，こう呼ばれているのですが，その対策としての穀物法改正案（穀物の輸出入制限をはかる穀物条例の改正案）をめぐって，一連の利害対立と政策論争が生じました。その論争の両極をなしたのが，マルサスとリカードです。

このときの政策論争すなわち穀物法論争というのは，端的に言えば，大陸からの穀物輸入関税の引き上げを主張する側と，これに反対し，むしろ関税を引き下げて，貿易自由化を主張する側とのあいだで闘わされたものでした。関税引き上げを主張したのがマルサスであり，関税引き下げを主張したのがリカードです。この違いが，それぞれの，どのような理論に由来していたか，これを理解することが本章の目的です。

3.3 穀物法論争

マルサス・穀物法支持　　マルサスの議論は次のようなものでした。マルサスは，関税を引き下げて穀物輸入が増大すれば，その支払いに必要な外貨を獲得するため，工業製品の輸出が活発になって，工業ならびに商業の発展にとっては有利になることを認めていました。しかし，食糧生産を外国に依存するのは，何よりもまず危険であるということ，また工業に偏った結果，過剰生産物が生み出された場合，その過剰分を輸出に吸収させられるかどうかは，きわめて不確実であるとマルサスは考えました。前者の議論は，食糧自給率の過度な低下を，国家の安全保障上の観点から問題視したもので，現在でも農産物貿易をめぐってはかならず問題になる部分です。マルサスも始めのうちは，戦時のような例外的な場合を危惧していたのですが，国際関係の微妙な変化を見るにつけ，平時でも海外依存の危険性が無視できなくなったとして，しだいに警戒の語調を強めるようになります。

しかし，マルサスの論理で注目すべきは，やはりいまの2つ目の論点です。ここでマルサスは，過剰生産物が生じる可能性を明確に指摘しています。穀

物輸入を制限しなければ，穀物価格が（現状のように）下落して農業の収入を減少させ，工業生産物への需要を減少させる。ゆえに工業生産物に売れ残り部分，つまり過剰生産物が生じる。自由化論者は，売れ残った分は輸出に回せばよいと言うが，そうやって海外市場への供給を増やしてゆけば，結局は輸出価格も引き下げざるを得なくなるわけだから，工業さらには商業の収入も減ることになる。かくして農業，工業，商業のすべての収入が減少して，全般的な需要減少が生じる。これがマルサスの論理です。

そして，全般的な収入の減少は，単に資本家の利潤を減少させるだけでなく，労働者の生活状態をさらに悪化させるとマルサスは言います。資本家の収入が減ったことで，雇われる労働者の数が減るか，あるいは賃金引き下げの圧力が，いま以上に強くなるでしょう。工業労働者の多くは，すでに厳しい貧困状態にあるとマルサスは認識していましたが，全般的な収入減少は，この傾向をさらに悪化させるでしょう。加えて戦時の必要から，労働人口が増加していたことが，この傾向に拍車をかけています。かくして，全般的な需要減少は，一時的な現象にとどまらずに，かなりの長期に渡り持続する可能性があるわけです。

古典派経済学，そして後の章で検討する新古典派経済学では，過剰生産物は一時的には発生しても，価格の下落によっていずれは吸収されるから，過剰生産という現象は原則的には生じないと考えるのが普通なのですが，マルサスは，価格の下落を収入の減少と見て，したがって，持続的な需要減少が引き起こされると考えたわけです。これは，確かにマルサスにユニークな主張と言えます。後にケインズが，マルサスを高く評価した由縁です。

いずれにしても，マルサスは以上のような論理に基づいて，穀物関税の引き上げ，つまり穀物輸入の制限を主張します。穀物価格の低下と，それに引き続く全般的な需要減少を食いとめ，逆に，輸入制限によって，穀物価格を上昇させられれば，いまの原理が反転して，全般的な需要増大と恐慌脱出が可能になると判断したからです。マルサスは，以上のような議論を，いくつかのパンフレットを通して展開しましたが，すぐ後に『経済学原理』（1820

年）という書物を著して，自身の議論の体系化をはかっています。

リカード・穀物法反対　このようなマルサスの議論に，真っ向から反対したのがリカードです。リカードは，その主著『経済学および課税の原理』（1817年）などを通じて，次のような議論を展開します。まず，食糧を外国に依存するのは，国家にとって危険なのかどうか。リカードはむしろ安全になると答えます。なぜなら，貿易構造がそのようなかたちで定着するようになれば，外国の生産者も，こちらでの販売を前提とした，輸出用の穀物生産を行うようになるでしょう。そうなれば，輸出停止は何より彼らにとっての損害になりますから，彼らとてそのような事態は望まなくなる，というより彼らこそ，そうした事態を回避しようと努めるようになるでしょう。したがって，マルサスの言うような取引遮断の危険性は，自由貿易関係を築くことによって，かえって小さくなると考えます。これが，マルサスの第1の論点への回答です。

しかし，なぜ自由貿易がそのような相互依存関係を作り出すのでしょうか。リカードの言い分はもっともですが，そこにマルサスの言うような危険性も感じられる以上は，だいたいの生産構造は同じにしておいて，なお不足するわずかな部分だけに，貿易を制限しておいたほうが得策ではないでしょうか。つまりリカードは，どのような考え方に基づいて，自由貿易から相互依存関係への発展を確信していたのでしょうか。

比較優位の原理　そこで表3.1と表3.2を見てください。いま，リンネル（これは当時よく取引された繊維です）Xトンと，ワインYトンが交換可能であると仮定しましょう。表3.1は，イギリスとポルトガルで，それぞれの生産に何人の労働力が必要かを記しています。すなわち，イギリスではリンネルXトンの生産に100人，ワインYトンの生産に80人の労働力が必要であり，ポルトガルではリンネルXトンに90人，ワインYトンに120人が必要とされています。したがって，リンネルの生産では，ポルトガルのほうが少ない労働力で生産が可能ですから，それだけ生産性が高いことになります。逆に，ワインの生産では，イギリスのほうが少ない労働力で生

表3.1 絶対優位の例

	リンネル X トン	ワイン Y トン
イギリス	100人	80人
ポルトガル	90人	120人

表3.2 比較優位の例

	リンネル X トン	ワイン Y トン
イギリス	100人	120人
ポルトガル	90人	80人

産が可能ですから，それだけ生産性が高い，つまりそれだけ費用面で有利だということになるわけです。

　ならば，この場合は迷わず，イギリスはワイン生産に特化し，ポルトガルはリンネル生産に特化して，お互いに交換し合うほうが，それぞれ単独で生産するよりも有利になることがわかります。なぜと言って，リンネルとワインの両方をイギリスが自分で生産したら，合わせて180人の労働力が必要になりますが，ワインだけ $2Y$ トン生産すれば160人の労働力ですみ，そのうちの Y トンを，ポルトガルが生産したリンネルと交換すれば，結局160人の労働力で，リンネル X トンとワイン Y トンを，つまり180人分の労働生産物を手に入れることができるからです。同じことがポルトガルにも言え，単独で両方とも生産した場合には210人の労働力が必要ですが，リンネルに

特化して $2X$ トン生産すれば 180 人の労働力ですみ，そのうちの X トンを，イギリスが生産したワインと交換すれば，リンネル X トンとワイン Y トンを，180 人の労働力で手に入れることができるわけです。このように，それぞれの国が，他国よりも優位にある商品の生産に特化して貿易を行うことを，絶対優位の原則と言います。

それでは表 3.2 のような場合はどうでしょうか。この例では，イギリスは，リンネル X トンの生産に 100 人，ワイン Y トンの生産に 120 人の労働力が必要であり，ポルトガルでは，リンネル X トンに 90 人，ワイン Y トンに 80 人の労働力が必要とされています。つまり，この例では，リンネル，ワインともに，イギリスには絶対優位がないわけです。さて，そうなると一見，貿易は成り立たないように見えます。なぜなら，どちらの商品を輸入しても，ポルトガルには不利になるように見えるからです。ところがそうではない，とリカードは言うわけです。

先ほどと同じように考えてみましょう。リンネルとワインをそれぞれ単独で生産した場合，イギリスは 220 人の労働力，ポルトガルは 170 人の労働力を必要とします。さて，イギリスはどちらの商品を取っても，ポルトガルより生産性が低いわけですが，それでも強いて言えばリンネルのほうがまだマシなわけです。つまり，他国との比較をいったん脇へ置いて，自国内部での生産性比較を行った場合には，リンネルの生産性のほうが高いわけです。同じことはポルトガルについても言え，両方ともイギリスよりすぐれているわけですが，なかでもワインのほうがさらに生産性が高いわけです。この場合，イギリスはリンネルに比較優位があり，ポルトガルはワインに比較優位があると言います。くだけた言い方をすれば，イギリスは何をやってもダメなのですが，そのなかでも強いて言えば，リンネルの生産をやや得意とする人と考えればよいわけです。

さて，リカードは，イギリスに絶対優位品目がない場合であっても，両国が比較優位品目に特化すれば，先と同じような利益を手にすることができると言います。なぜと言って，リンネル X トンはワイン Y トンと交換できる

3.3 穀物法論争

わけですから、イギリスはリンネル$2X$トンを200人で生産し、うちXトンをポルトガルのワインYトンと交換すれば、200人の労働力で、リンネルXトンとワインYトンを手に入れることができ、ポルトガルにしてもまた、ワイン$2Y$トンを160人で生産し、うちYトンをイギリスのリンネルXトンと交換すれば、160人の労働力で両者を手に入れることができるからです。ポルトガルは両品目においてイギリスよりも絶対優位を持っているわけですが、それでも両方を自分だけで生産したら170人の労働力を必要とするわけですから、結局この貿易は、ポルトガルにとっても有利になるわけです。

したがって、貿易の条件は、他国に比して、自国に絶対優位品目があるかどうかで決まるものではありません。絶対優位の品目を持っていなくても、比較優位の品目はかならず持っているはずですから、その相対的得意品目に各国が特化して、それらを交換し合えば、それだけで互いをより有利にすることができるわけです。これが貿易のメリットであり、いったん生産特化を始めたら、自国では生産されない品目が出てきますから、貿易の中断は双方にとって不利益になります。ゆえに、自由貿易は相互依存関係に発展する、これがリカードの論理であり、マルサスへの回答でした。

▍**投下労働価値説**　　しかし、マルサスがより主眼を置いた、第2の論点についてはどうでしょうか。つまり、穀物価格の下落は、全般的な収入減少と雇用の悪化につながらないのでしょうか。リカードはこれに対しても、理論をもって反論します。結論から言えば、穀物価格の下落は、むしろ資本蓄積を助長し、雇用も拡大させるというのが、リカードの結論です。したがってリカードは、穀物輸入関税の引き下げを主張するのです。

リカードは、穀物価格の下落は、賃金の引き下げを可能にするから、その分資本家の取得する利潤を増大させ、それが投資すなわち資本蓄積を刺激して、結果的には雇用の拡大をもたらすと論じます。この論理には2つの点で注意が必要です。ひとつは、リカードはここで暗黙のうちに、マルサスの人口原理を採用しています。すなわち、労働者の得る賃金が、食費をはるかに

越える水準にあると，生活に余裕ができて労働人口が増えます。労働人口が増えると賃金が下がり，食糧価格は逆に高くなりますから，賃金はやがて食費ギリギリの水準に戻るでしょう。逆に，賃金が食費すらまかなえないほど低くなると，労働力の崩壊が起きて労働人口が減り，食糧需要も減少します。労働力が少なくなると賃金が上がり，食糧需要の減少は食糧価格を低下させますから，結局賃金は，食費をちょうどカヴァーできる水準に戻るわけです。これは明らかに，マルサス人口論の論理です。しかしここから，賃金水準は，穀物価格によって決められることが見えてきます。

　2つ目の注意点は，リカードの推論が成り立つためには，賃金が下がっても，商品価格が一定に維持される必要があるということです。商品価格が一定であればこそ，そのなかで賃金の占める割合が減ったとき，利潤の割合が大きくなると言えるわけです。これがもし賃金と一緒に商品価格も下がってしまったら，利潤が増えるかどうかはわからなくなります。マルサスはこのとき価格が下がると予想しました。しかし，リカードは下がらないと言います。なぜ下がらないのでしょうか。

　リカードは，商品価格を決めるのは，あくまで生産に要した投下労働量だと考えていました。穀物価格が下がり，マルサスの原理が働いて賃金が下がったとしても，その商品に投下された労働時間が一定のままであれば，その商品の価格は一定のままだと考えていました。だから，賃金が下がると，その分利潤が増えるのです。これがリカードの論理であり，スミス以上に徹底した純粋な労働価値説です（アダム・スミスの議論も労働価値説に基づいています。ただし，そこにはまだ多くの混乱が見られます。もちろん，それもスミスの特徴として押さえるべき事柄ではあります。ですが本書では割愛し，労働価値説については，リカードの理論をもって代表させます）。

　つまり，こうです。たとえばいま，ビーバー1頭を，4時間の労働を投下して作った道具（この場合には，これが「資本」になります）を使って，1時間かけてしとめたとしましょう。この場合，ビーバーの商品価値は，投下労働5時間分としてはかられることになるとリカードは考えます。他方で，1

3.3 穀物法論争

頭の鹿をしとめるのに，3時間の労働で作った道具で，2時間の悪戦苦闘を要したとすれば，鹿1頭の商品価値も，同じく投下労働5時間分ということになります。したがって，ビーバー1頭と鹿1頭とは等価交換できます。

しかし，ビーバーの「生産」には，資本4時間と労働1時間が投下されていますから，交換して手に入れた鹿の「分配」においては，その5分の4が資本家に，5分の1が労働者に分配されることになります。同じくビーバーの分配率も，その5分の3が資本家に，5分の2が労働者へ分配されるでしょう。価格はあくまで投下された総労働時間で決まり，それと分配率とは別のものなのです。そうなると，穀物価格の下落による賃金水準の低下は，それ自体は商品生産に投じられる労働時間を変えるものではありませんから，ここから，賃金の下落は，価格を一定に維持したまま分配率の変更となって，利潤の増大をもたらすという論理が出てくるわけです。

3.4　リカード——差額地代論と資本蓄積

差額地代論　リカードの穀物関税引き下げ論は，労働価値説に基づく分配理論によって支えられています。そして，この分配理論は，この時論への解答であると同時に，リカードの資本主義経済像を，集約的に表現したものとも言えます。時論への取り組みが，時論を超えた普遍的な経済認識をもたらしています。リカードも期せずして，スミスと同様の経済学形成を自ら体験していたわけです。もちろん，マルサスも同様です。

したがってリカードを理解するためには，この分配論をもう少し一般化して，そこからどのような資本主義像が出てくるかを確認する必要があります。そして，その一般化された理論の次元で，彼の時論的判断との整合性を確認する必要があります。

リカードの時代は，冒頭でも述べたように，資本主義社会のかたちがほぼ

図3.1 差額地代（1）

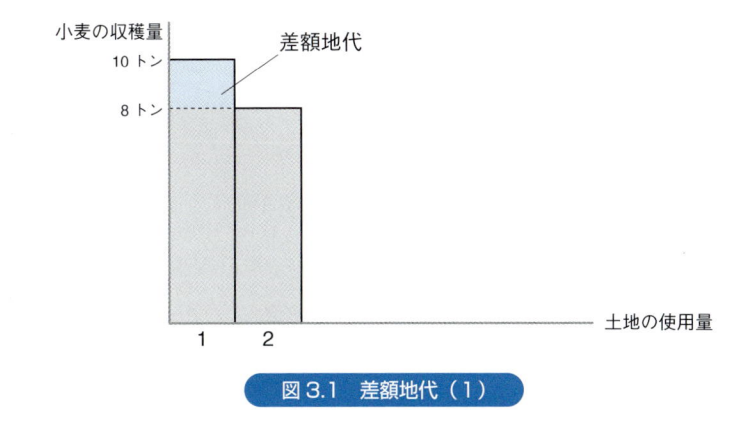

（縦軸）小麦の収穫量　10トン、8トン
（横軸）土地の使用量　1、2
差額地代

完成したと言われる時代です。すなわち，地主，資本家，労働者の3階級に社会が分解を遂げ，生産された価値もこの3階級に分配されてゆきます。リカードは，その分配のされ方も恣意的なものではなく，無意識のうちに，一定の原理に従っていると言います。しかしその結果は，かなりの部分を地代が占め，労働者の賃金はマルサス的な人口原理に従って，日々の労働を維持する（これを再生産と表現します）ギリギリの水準に向かう傾向があると言います。そして，残りを資本家が利潤として取得するわけですが，それはスミスが描いたような，拡大的な蓄積を約束されたものかどうか。リカードは，ここにある種の悲観を抱きます。なぜでしょうか。

ここで図3.1を見てください。この図の横軸には，ある商品（仮に小麦としておきましょう）の生産に用いられた土地の量が示され，縦軸には小麦の収穫量が示されています。もちろん，小麦の生産には資本と労働力が投下されていますから，収穫された小麦（あるいはその販売金額，ここではその違いを無視します）は，3階級のあいだで分配されます。以下の理論では，労働者の能力に差はないものとします。したがって，労働者は皆，同額の賃金を支払われるものとします。

最初の土地を使って得た収穫量は，図にあるように 10 トンでした。しかし，これでは需要を満たせないので，地主は次の土地を同量提供し，同じ量の資本と労働が投下されたと仮定します。ところが，次の収穫量は 10 トンではなく，8 トンに落ちることをこの図は示しています。こうした事態が生じたとき，この収穫量の差は，何に由来するものと考えるべきでしょうか。

使われた土地の「量」は同じ，投下された資本と労働の量も同じ，しかも人的能力に差はないものと仮定しています。だとすれば，この差は土地の「質」における差，すなわち地力の差によるものと理解する以外にないでしょう。そうすると，この収穫量の差の部分（を販売して得られた収益金額）を取得すべきは誰かと言ったら，その発生原因が土地にある以上，まずその請求権を持つのは，その土地の持ち主，つまり地主だと考えるのが自然でしょう。こうして地代が発生するのです。そしてこのような地代を差額地代と言います。

地代とは，土地の質の差に由来する現象であり，すぐれた土地が限られていて，すぐにそれに劣る土地が使われるようになることから生じるものと考えるわけです。言い方を換えれば，地代とは，すぐれた土地の希少性に由来する収入と言っていいでしょう。こうして地主への分配分が決まると，地代を除いた残りの部分が，利潤と賃金に分配されます。しかし，先ほども確認したように，賃金は再生産水準として先に与えられています。したがって，それを差し引いた残りが，資本家の取得する利潤になるわけです。

さて，2 番目の土地を使っても，まだ需要が満たされなかったとしましょう。そこで，3 番目の（さらに劣った）土地が使われるようになります。投下される資本と労働量は同じです。しかし収穫量は，今度は 6 トンにしかなりません（図 3.2）。それでもまだ足りないので，4 番目の土地が使われ，ようやく需要が満たされたとしましょう。4 番目の土地では，同量の資本と労働から，5 トンの収穫しか得られていません。

さて，そうなると，差額地代はそれぞれどうなるでしょうか。1 番目の土地の希少性は，4 番目のような質の低い土地が使われ出したことによって，

図3.2　差額地代（2）

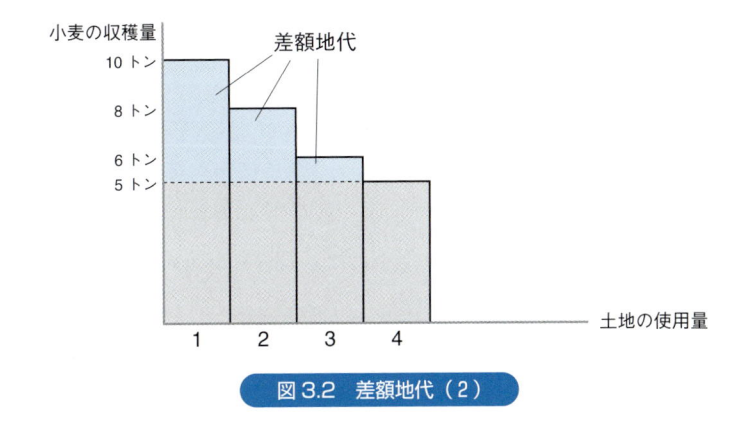

いっそう高まっています。その質の差は，収穫量の差5トンに示されています。したがって，1番目の土地の地代も5トン（分の収益額）に引き上げられます。一方，労働者は，どの土地で働いても同じだけの賃金しか得られません。そして，地代と賃金を除いた分が，資本家の利潤になります。

同じように2番目の土地の地代は3トン分，3番目の地代は1トン分になります。4番目の土地からはしたがって，地代は発生しません（本当は，4番目の土地からも地代は生じるのですが，追加的な議論が必要になりますので，本書では割愛します）。このようにして，3階級間の分配が進んでゆくわけですが，しかし，何か落ちつかない感じがするでしょう。というのは，収穫量はだんだん減ってゆきます…地代は大きくなってゆきます…賃金はその間一定です…とすると，利潤はそのうちどうなるのでしょうか。リカードが到達した結論は，意外なものでした。

陰鬱な科学　ここで図3.3に移りましょう。これは，図3.2を一般化したものです。図3.2の棒グラフの幅をできる限り小さくしたものが，図3.3であると考えていただければ結構です。横軸，縦軸も同じです。右下がりの直線が，図3.2では階段状に描かれた収穫量の低下を示しています。

つまり右下がりのかたちによって，土地の劣化に伴う収穫量の低下を表しています。ちなみに，こうした傾向を，土地収穫逓減の法則と表現します。土地が原因で収穫逓減が生じているという意味ですが，それゆえにすぐれた土地の持ち主が，収穫の差額分を取得する権利を持つという話になるわけです。

さて，図3.3の（a）を見てみましょう。いま使われている土地の総量は L_1 です。これはすでにいろいろな質の土地を含んでおり，差額地代が発生しています。先ほどの議論を参考にすれば，R_1 の部分が地代になることを理解できると思います。再生産水準としての賃金は w として与えられています。ですから W_1 の部分が労働者に支払われる賃金総額になります。それらを取り除いた P_1 の部分が，利潤として資本家が取得する部分になるわけです。次に（b）を見てみましょう。ここでは使用される土地が L_2 にまで増大しています。ゆえに地代は R_2 に増大しています。賃金は w のまま変わらず，賃金総額は W_2 になります。その結果利潤は，図にあるように P_2 へと圧縮されています。生産水準の増大とともに，利潤は縮小しているのです。それでも（b）では，利潤がまだ存在はしています。

しかし，さらに生産が進んで（c）の L_3 に達したならばどうなるでしょうか。図中に利潤は示されていません。最劣等地での収穫量は賃金しかカヴァーできず，それを越える部分はすべて地代に取られてしまって，利潤の生じる余地がなくなってしまったのです。つまり理論的には，利潤はやがては消滅してしまうのです。しかし利潤が消滅したら，投資も資本蓄積もできなくなります。資本蓄積ができなくなってしまったら，資本主義経済はそこで行き詰ってしまいます。

資本主義とは，資本家の活動があって初めて定義できるシステムですが，このシステムは，自らの足元を自ら掘り崩すような性質を持った，矛盾を抱えたシステムなのです。これがリカードの示した資本主義の本質でした。こうした議論を見せられて，トマス・カーライル（Thomas Carlyle, 1795–1881）という思想家は，経済学をなんとも「陰鬱な科学」だと言いました。しかし，どう受けとめるかは自由ですが，これはあくまで，論理的に導き出

図3.3　3階級への分配

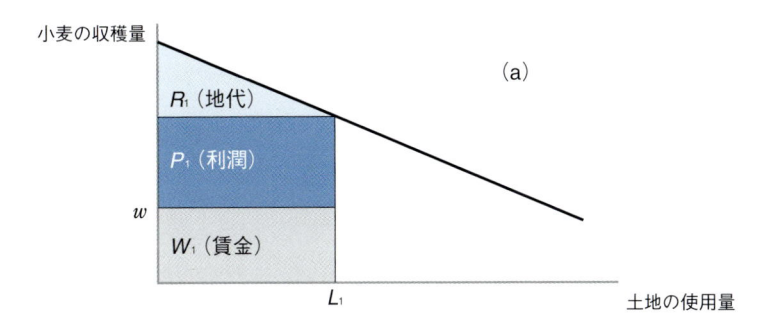

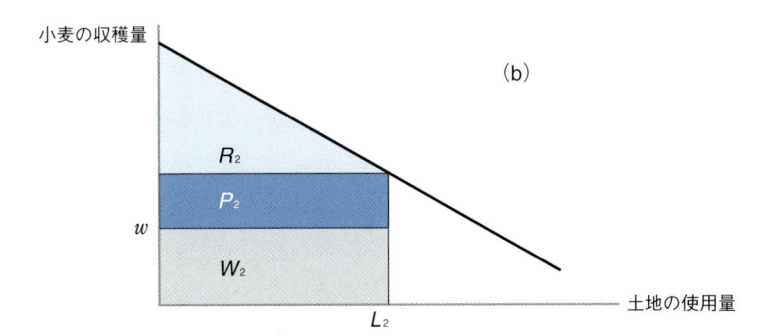

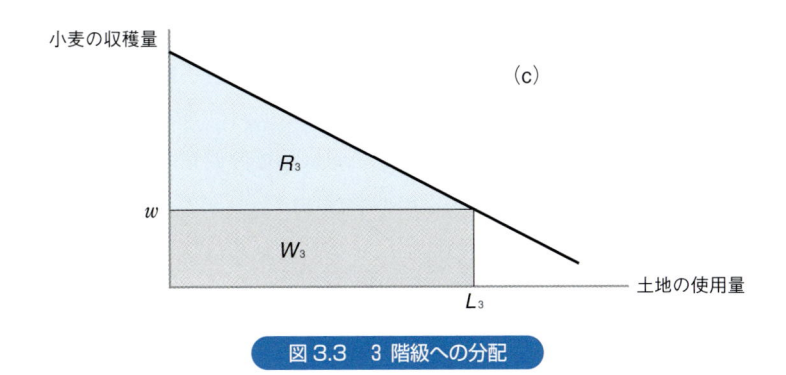

された結論なのです。少なくともリカードの示した態度は，そういうものでした。

穀物法反対の根拠　ゆえに，穀物法に対するリカードの姿勢が出てくるのです。穀物関税の引き下げを行い，安い穀物を輸入することで，彼がまずねらったことは，図で言うと w 水準の引き下げです。賃金の大部分は食糧に使われるわけですから，食糧価格を全般的に引き下げることができれば，労働力の再生産を損なうことなく，賃金水準 w を引き下げることが可能になり，その分利潤を維持できるはずです。また穀物を輸入すれば，その分，国内の土地使用量を減らすことができますから，事態をなるべく (c) に近づけず，(b) もしくは (a) の状態に止めおくことができるかもしれません。同時にそれは，一方的な地代の上昇を防ぐことにもつながります。リカードはこのようにして，地主階級に対して，資本家階級の利益を擁護したのです。逆に言えば，マルサスは地主にとって都合のよい議論を展開していたことになります。

　以上が，リカード理論の骨子です。省いた部分もありますが，穀物法との関連で重要な部分はだいたい以上です。この範囲でも考察すべき論点は多岐に渡りますが，ここでは，リカードの理論の立て方に注目しておきたいと思います。リカードは直観を排し，すべてを理詰めで押してゆくことで，経済学を理論的な学問に成長させました。彼において，古典派経済学が完成したと言われる由縁です。

　しかしながら，同時に注意しておきたいのは，彼の政策論は，自らが見出した資本主義の矛盾自体を取り除くものではないということです。穀物価格の引き下げにせよ，土地使用量の抑制にせよ，これらは資本主義の矛盾が露呈する日を先延ばしすることはできても，原理的矛盾そのものを解消するものではありません。ここに，古典派経済学の限界を見出すのがマルクスです。マルクスを考えるときには，リカードの理論を十分に踏まえる必要があるわけです。他方，マルクスとは異なる道を歩んだ近代経済学を考える場合にも，その政策論は果たして，経済の矛盾を取り除こうとしているものか，あるい

は矛盾の現実化を延期しようとしているものか，その違いを識別できるようになることがきわめて重要であり，また学説理解として有効なアプローチになると思われます。

3.5　古典派と歴史学派

リストの批判　以上見てきたように，リカードの経済学は，当時の国際状況も踏まえながら，イギリス資本主義を発展させてゆく方策を探ったものと言えます。それは，資本主義の原理的理解という点では，多大な功績を果たしたと言えます。ただし，それが資本主義の原理に忠実であったがゆえに，さらに別種の問題を残すことにもなりました。

たとえば，比較生産費説をもう一度見てみましょう。そこでは，他国とくらべて，絶対優位のある分野をひとつも持たない国であっても，貿易に参加して双方の利益を高めることができるとされています。一見，これはすべての国に，経済的な市民権を与える論理のように見えますし，そうした一面がないわけではありません。ですが，ふたたび先の例で言うと，比較優位に特化した生産・貿易構造が定着した場合，イギリスはもっぱらリンネルを生産する国になり，他方ポルトガルはもっぱらワインを生産する国になります。これだけでは，特に問題を感じないわけですが，仮にリンネルが工業製品を代表し，ワインが農業製品を代表するものと考えてみたらどうでしょうか。

イギリスは工業に比較優位がある，ポルトガルは農業に比較優位がある，ゆえにイギリスは工業に特化し，ポルトガルは農業に特化すると考えると，イギリスは結果的に工業国家になるでしょうが，ポルトガルはあくまで農業国家に止められることになりはしないでしょうか。そして農業国家の多くが，やがては工業国家になることを希望しているとしたら，自由貿易は，むしろこれを阻むものになりはしないでしょうか。結局，自由貿易論というのは，

先進工業国家にとって有利な国際経済秩序を正当化する論理であって，後発国にとっては，経済発展をむしろ抑制される論理になるのではないでしょうか。こうした疑念と批判が，早くも19世紀の中葉に出されるようになりました。その代表的な論者が，ドイツのフリードリッヒ・リスト（Friedrich List, 1789-1846）です。

ドイツは，いくつもの領邦に国家が分断されていて，国内市場の統一もなく，経済的にはイギリス，フランスに一歩も二歩も遅れていました。そうした，これから工業的発展を目ざそうとしている国にとって，古典派的な自由貿易論は，ドイツを農業国家に止めおくことを正当化する論理に見えたのでした。リストは，ドイツの工業化のためには，むしろ保護貿易政策をとって，先進国との競争からいったんドイツ市場を切り離し，国家主導の下で工業の育成をはかるべきだと主張しました。

リストの議論は，幼稚産業保護論というかたちで今日に継承されています。そしてドイツでは，リストの議論を受けて，19世紀なかごろからドイツ歴史学派と呼ばれる潮流が形成されるようになります。これは，イギリス古典派のように，普遍理論を中心に思考を進めようとする経済学に対して，それぞれの国が置かれている歴史的あるいは制度的な特殊性を重視しようとする経済学を代表するものと言えます。後発国であるがゆえに気づかざるを得なかった，資本主義のもうひとつの面を，彼らは別個の経済学を作ることで，学問的に追求しようとしたのです。

ドイツ歴史学派は，19世紀中葉に活躍したロッシャー（Wilhelm Georg Friedrich Roscher, 1817-1895），ヒルデブラント（Bruno Hildebrand, 1812-1878），クニース（Karl Gustav Adolf Knies, 1821-1898）などの旧歴史学派と，1870年代以降活躍することになるシュモラー（Gustav von Schmoller, 1838-1917），ヴァグナー（Adolf Heinrich Gotthilf Wagner, 1835-1917），ブレンターノ（Lujo Brentano, 1844-1931）などの新歴史学派に分けて論じられることが多く，新歴史学派の時期には，（さしあたり独立した動きでしたが）イギリスでもイギリス歴史学派と称される論者が現れるように

なります。

「古典的」とは　　古典派といい，歴史学派といい，いずれも「古いもの」を表す言葉のような印象がありますが，「古典的」という言葉は多くの場合，理論的・形式的・演繹的という特徴を包括的に表す代名詞として使われており，これに対して「歴史的」というのは，歴史書ばかり読んでいるという意味ではなくて，記述的・具体的・帰納的といった特徴を表す代名詞として使われることが多いように思われます。ですから，これは何か時代的な意味合いを帯びた言葉ではなく，学問の方法論の違いを表す言葉として理解しておいたほうが，まちがいが少ないように思います。こうした点から，歴史学派は，20世紀のアメリカに現れる制度学派とも方法論的に共通点があり，それゆえよく一緒に議論されることが多いのです。ただし，大きな違いもありますから，後の議論に注意してください。

自由貿易帝国主義　　さて，では自由貿易の問題点を指摘したのは歴史学派だけだったかというと，そうではありません。これは経済学の学派ではなく，近年の歴史学の動向になりますが，自由貿易は，先進国と後発国とを分断しただけでなく，むしろ後発国の物質生活を，先進国製品に依存させることを通して，実質的に先進国の経済的支配をもたらしたのではないか，それが現に，19世紀のなかごろには生じていたのではないかという議論が出てきました。先進国が後発国を支配するというと，軍事力を背景とした19世紀末からの帝国主義をすぐに思い浮かべるわけですが，この議論はそうした動向がもっと早くから，しかも軍事力によってではなく，一見平和的な，自由貿易を通して行われていたことを主張するものでした。したがってこれを，自由貿易帝国主義論と言います。これについては多くの論争があり，最近ではジェントルマン資本主義論など，私たちが検討してきたような重商主義理解とは，かなり異なる歴史像を提出した新しい動向とも一部重なるようになっていますが，ここでは深入りはさけましょう。

　いずれにしても，資本主義経済の確立は，資本主義に固有の問題点を，多々現実化させながら進んできた過程であったことが，こうした動向から伺

われるわけです。そして経済学は，マルサス，リカードの次の世代において，決定的な転換期を迎えることになります。階級分裂はいっそう激化し，周期的な恐慌が貧しき人々を痛めつけ，貧困は忍耐の限界に近づきます。そうした貧しき人々の苦悩は，ついに一体の「幽霊」をこの世に送り込みます。私たちも次の章で，この「幽霊」と遭遇することになります。

文献案内

[学習用図書・研究書]

千賀重義（1989 年）『リカードウ政治経済学研究』三嶺書房

羽鳥卓也（1995 年）『リカードウの理論圏』世界書院

中村廣治（1996 年）『リカードウ経済学研究』九州大学出版会

S. ホランダー（菱山泉・山下博監訳）（1998 年）『リカードの経済学』全 2 巻，日本経済評論社

D. ウィンチ（久保芳和・橋本比登志訳）（1992 年）『マルサス』日本経済評論社

杉原四郎（1980 年）『J. S. ミルと現代』岩波新書

小林昇（1978–79 年）『F. リスト研究』（『小林昇経済学史著作集』Ⅵ–Ⅷ，未来社）

田村信一（1993 年）『グスタフ・シュモラー研究』御茶の水書房

[古典]

D. リカードウ（羽鳥卓也・吉澤芳樹訳）（1987 年）『経済学および課税の原理』全 2 巻，岩波文庫

T. R. マルサス（永井義雄訳）（1973 年）『人口論』中公文庫

T. R. マルサス（小林時三郎訳）（1968 年）『経済学原理』全 2 巻，岩波文庫

J. S. ミル（末永茂喜訳）（1959–63 年）『経済学原理』全 5 巻，岩波文庫

F. リスト（小林昇訳）（1970 年）『経済学の国民的体系』岩波書店

第4章

マルクス経済学

●この章のポイント●

1. なぜマルクスは，資本主義を歴史的に捉えたと言われるのか。

2. 生産力と生産関係の矛盾とは何か。

3. 資本の再生産過程とは何か。そのとき再生産されるのはモノだけか。

■ マルクス

4.1　はじめに

資本主義と恐慌　　1825年ごろから，資本主義経済は，周期的な恐慌を繰り返すようになりました。商品物価の下落と利潤の圧縮は，多くの企業を廃業に追い込み，資本家から労働者へ転落する者も多数現れるようになりました。資本主義の確立は，否応なしに人々の生活を，市場原理のローラーに巻き込んでいったのです。

　その影響を，最も大きく受けたのが，賃金労働者たちでした。もちろん，賃金労働者のなかにも，比較的恵まれた人々，暮らし向きのいい人々はいました。しかし，その大部分は，マルサスやリカードが言っていたような，生存ギリギリの賃金しか得られない，ごくごく貧しい人々でした。周期的な恐慌は，彼らの生活をいっそう不安定なものにし，労働者の家庭に生まれた子供が，労働者階級を脱してゆくことは，並たいていのことではありませんでした。資本主義は，その担い手たる労働力を，自ら補充生産できる機構にまで成長していたのです。イギリスのディケンズ（Charles John Huffam Dickens, 1812-1870），ギャスケル（Elizabeth Cleghorn Gaskell, 1810-1865），フランスのスタンダール（Stendhal, 1783-1842），ユゴー（Victor Marie Hugo, 1802-1885）などの小説は，こうした時代の空気をみごとに捉えています。

　社会的な矛盾が，貧しい労働者たちに一方的にしわ寄せされるありさまを見て，資本主義に根本的な矛盾を感じ，これに代わる社会を作ろうとする思想や運動が，19世紀の初頭から次々と出てきました。イギリスのロバート・オウエン（Robert Owen, 1771-1858），フランスのフーリエ（François Marie Charles Fourier, 1772-1837）やサン・シモン（Claude Henri de Rouvroy, Comte de Saint-Simon, 1760-1825）といった人々が，その代表的な存在でした。オウエンがニューラナークで試みた相互扶助的なコミュニティの実践や，

サン・シモンの唱えた計画経済の構想などは，それぞれ大きな影響を後世に残しています。しかし，端的に言って，彼らには体系的な理論が欠けていました。彼らは一様に，私有財産制に基づく経済体制に原因があると主張しましたが，私有財産制を指摘しただけでは，そこからなぜ階級分裂が起こり，なぜ貧しき労働者が生み出され，なぜ好況と不況が繰り返されるのか，その必然性が説明できません。そこには，もっと深い理論的な考察が必要でした。

マルクス 　この課題を自らに課し，オウエンやサン・シモンに欠けていた理論，すなわち，資本主義の運動法則を解明し，これに代わる新しい経済社会体制としての，社会主義の理論を打ち立てたのがカール・マルクス（Karl Heinrich Marx, 1818-1883）とフリードリッヒ・エンゲルス（Friedrich Engels, 1820-1895）です。彼らは，オウエンたちを深く尊敬しながらも，その姿勢は空想的社会主義にとどまっているとし，これと区別して，自らの姿勢を科学的社会主義と称しました。

マルクスの理論は，経済学にとどまらず，政治学，歴史学，哲学，文学と，およそ人文・社会系の学問すべてに，支配的な影響力を及ぼしました。それは学問的な知識をひとつ増やしたという程度のものではなく，社会や歴史の見方そのものを根本的に変えてしまうほどの力を持っていました。それだけに，マルクス主義を，人類の知的遺産と呼ぶ人もいれば，動乱の病根と考える人もいます。特に，ソヴィエトをはじめとする社会主義体制の崩壊は，マルクスへの評価に大きな転換をもたらしました。しかし，私たちとしてはまず，マルクスの経済理論の内容を，客観的に理解することにつとめたいと思います。社会主義への評価は，その客観的な理解に基づいて行われるべきだと考えるからです。

マルクスの著作ならびにその思考範囲は実に膨大です。それらは現在，『マルクス・エンゲルス全集』（頭文字を取ってMEGAと呼ばれることもあります）に収められています。マルクスの思考は，主として資本主義への哲学的な批判を展開していた前期と，本格的な経済学研究を通じて，独自の経済学の樹立へと向かった後期に分けられます。そのどちらを重視すべきかをめ

ぐって一時期さかんに議論が行われ，そこから新しいマルクス理解も多々生み出されましたが，少なくとも，『資本論』を欠いたマルクス理解には，問題が生じるように思われます。膨大な著作を残し，その一つひとつが重要な内容を持つ思想家であればあるほど，主著の理解が決定的に重要です。主著への沈潜を十分に経ぬまま，周縁的な事実知識だけ増やしてしまうと，解釈の自由度が高まりすぎて，かえってその思想家の真意を曲解する危険性が出てくるのです。マルクスのような難解な思想家の場合，特にその注意が必要です。

マルクスの仕事は，その多くが盟友エンゲルスとともに進められました。エンゲルスは，弁証法哲学の理解などにおいては，当初マルクスよりもすぐれていたと言われますが，マルクスの才能を確信するに及んで，しだいにマルクスを公私に渡って支える存在に自らなってゆきました。マルクスは，豪快とも奔放とも言われる性格の持ち主でしたが，亡命生活を繰り返すなか，生活はいつも困窮していました。それでいて子どもの数は多く，生活苦がたたって幼い末の子を亡くしたときも，棺桶代を工面できないような生活を送っていました。エンゲルスは，共同研究者であると同時に，そうしたマルクスの生活を，経済面も含めて援助（場合によっては監督という感じでしたが）することで，マルクスが生活に追われるあまり，研究と執筆の時間を失うような事態に陥らないよう，大変な骨をおりました。

『資本論』 この前期（便宜上そう呼ぶことにします）に書かれた著作としては，マルクスの初期の思索を集成した『経済学・哲学草稿』（公表されたのは 1932 年ですが，実際に執筆されたのは 1843-1845 年ころと推定されます），エンゲルスとの共同執筆によって唯物史観に到達した『ドイツ・イデオロギー』（1845-1846 年），プルードン哲学の批判のなかに後のマルクス経済学の萌芽を匂わせる『哲学の貧困』（1847 年），そして，そうした思索の結論として階級闘争を明確に打ち出した『共産党宣言』（1848 年）などがあります。「ヨーロッパに幽霊が出る——共産主義という幽霊である」（『共産党宣言』，岩波文庫，37 ページ）という冒頭のせりふは，あまりに有名で

す。これらの書物が，社会思想に及ぼした影響の大きさははかり知れず，今日でもその研究は後を絶ちません。

しかし，本格的な経済学研究を開始したのは，1848年革命が挫折してイギリスに亡命し，日夜，大英図書館に通いつめて（しかも毎日同じ席を使いました。この席はいま，大英博物館内に再建された旧大英図書館に再現されています），イギリス古典派経済学を中心に経済学への内在的な批判を始めてからでした。その成果をまとめたものが『経済学批判』（1859年）という書物ですが，当初『資本論』は，その第2巻として予定されていたものでした。しかし，マルクスはこれに大幅な改訂を加えて別個の書物にし，「資本の生産過程」「資本の流通過程」「資本制生産の総過程」「剰余価値学説史」の全4部からなる『資本論』体系を構想しました。マルクスは，その完成に全精力を投入しますが，人類の思考を根本的に転覆しかねないこの壮大な書物は，彼自身の生命をも容易に飲み込んでゆきました。

結局，マルクス自身の手によって世に送られたのは，第1部「資本の生産過程」にあたる『資本論』（*Das Kapital*）第1巻（1867年）のみでした。そしてマルクスの死後，第2部，第3部がエンゲルスの手によって，『資本論』第2巻（1885年），第3巻（1894年）として刊行されました。第4部は『剰余価値学説史』と題されて，後継者の1人であるカウツキー（Karl Johann Kautsky, 1854-1938）の編纂により『資本論』とは別個に刊行されましたが（1905-1910年），後に，ソヴィエト時代のマルクス・エンゲルス・レーニン研究所から，あらためて『資本論』第4巻（1956-62年）として刊行されています。

さて本書では，『資本論』の内容全部は取り上げずに，マルクス自身が刊行した，第1部「資本の生産過程」に論点を限定したいと思います。なぜならそこに，マルクスの資本主義把握の仕方が，最も典型的なかたちで表れていると思われるからです。

4.2　労働価値説とは何か

労働価値説　マルクスの資本主義把握を，最も端的に表す言葉は，やはり労働価値説であろうと思います。これはもちろん，ここで初めて登場した言葉ではなく，スミスにおいても，リカードにおいても使われていました。それどころか，古典派経済学と他の経済学とを識別する，最も基本的な指標が労働価値説でした。しかし，その場合の労働価値説とは，これまでにも見てきた通り，商品の価値（価格）を決めるものは，その商品の生産に投下された労働量だとする考え方をさしていました。英語で言うと labor theory of value，直訳すれば「価値の労働説」になりますが，まさしく価格の水準を労働量によって説明するという意味になっています。マルクスも基本的にはこれを継承していて，商品の交換価格そのものは，投下労働量によって決められると考えています。

しかし，もしこれが，マルクス労働価値説のすべてであったなら，彼とリカードのあいだに，ほとんど違いは生じなかったでしょう。ところがマルクスはこれに，単なる価格の説明原理以上の，はるかに大きな意味合いを与えました。それは労働価値説を文字通りこの語順で読むこと，つまり価値の労働説ではなく，「労働の価値説」value theory of labor として読むというものです。言い換えれば，労働が価値化していることに，あらためて驚きの目を向けさせること，そしてここに，資本主義的現象のすべてが結びついていることを示すこと，これがマルクスの目的であり，マルクス経済学の本質になるのです。

労働が価値化しているとは，どういうことでしょうか。価値（価格）とは商品に固有の属性です。商品は，市場での交換価値を持って初めて，単なるモノから商品に変わるわけです。つまり価値とは，それが商品であることの証と言ってよいものです。したがって，労働が価値化しているということは，

労働が他の物的商品と同じように，商品化していることを意味します。では，労働が商品化しているとはどういうことでしょうか。商品とは，市場で売買されるものです。そして商品は，継続的に販売できるよう，再生産されなくてはなりません。つまり，市場での販売価格は，最低でも生産費用を回収できる値でなければなりません。さらに商品とは，お客さんに買われて初めて意味を持つ存在ですから，とにかくお客さんに気に入られなくてはなりません。そして，他の商品とどこかに違いをつけて，それをアピールする必要もでてきます。

労働力の商品化　こうした商品としての性質を，人間が帯びるようになる。こういうことは資本主義以前にはなかった，とマルクスは考えるのです。つまりマルクスは，資本主義を歴史的な現象として捉えようとします。ただし，ここで言う「歴史的」とは，現在までの経緯に関心を持つという意味ではありません。そうではなく，現在を歴史のなかから生じた特異な現象として捉えようとする，つまりその相対性に着目しようとする姿勢を「歴史的」と表現しているのです。

　ここで注意する必要があるのは，商品化したのはあくまで労働力であって，労働者ではないということです。労働者＝人間そのものを商品として売買したのは奴隷制です。ですから，労働の商品化という言い方は不正確で，正しくは，労働力の商品化と言わなければなりません。ここは非常に大事な点ですので，少しくわしく説明しましょう。

労働者の二重の自由　マルクスは，資本主義における賃労働者は，二重の意味で「自由」だと言います。なぜなら，ひとつには，労働者は自身の労働力の所有者ですから，これを自分の意思で自由に処分することができるからです。そしてもうひとつは，労働者は，機械や道具などの生産手段を持たないので，その意味で自由だというのです。よく，何も道具を持たずに山登りすることをフリー・クライミングなどと言いますが，この場合のフリー，つまり「何も持たない」という意味合いが，後者の自由の意味に近いと思われます。

自分の労働力を自由に処分できるということは，ひらたく言えば，働くか働かないかを自分で決めることができるということ，さらに，どこでどういう仕事をするか（つまり，自分の労働力を誰に売るか）についても，自分で決めることができるということを意味します。あたりまえではないかと言われそうですが，たとえば先に触れた奴隷とくらべてみれば，その違いは明らかでしょう。奴隷は，自身の労働力ともども他人の所有物でしたから，自分の労働力の自由な処分権を持てませんでした。ゆえに，働くか働かないかの選択はもとより，誰の下で働くか（＝自分を誰の持ち物にするか）についてさえ，自分では決められなかったのです。これにくらべれば，近代の労働者は少なくとも，自分の労働力を自分で処分する権利だけは持っています。そう考えると，近代資本主義は，古代奴隷制や中世封建制よりは，はるかに自由な時代に見えてきます。

　そして，ここから次のような理解が出てきます。労働者が，自分の私的所有物である労働力の処分権を持つのは，ちょうど，地主が自分の土地の処分権を持つのと，あるいは，資本家が自分の資本（資金，商品，道具）の処分権を持つのと，形式的には同じです。ですから，この一面で資本主義を評価すれば，資本主義は階級分化を伴いながらも，階級間の社会的地位を，しだいに同等化するものに見えてきます。現に，雇用契約を結ぶ際にも，あるいは土地や資金の賃貸契約を結ぶ際にも，地主，資本家，労働者はそれぞれ同格の契約主体として判を押すわけです。したがって，階級間の違いは，それぞれが提供するモノの違いにすぎなくなって，身分的な違いはやがて解消されるという認識になります。これは，古代や中世ではあり得なかった話ですから，ここに資本主義を進める意義が見出されます。資本主義の浸透は，自由な社会への進化を意味するという理解です。スミスを始め，古典派の前向きな資本主義観は，基本的にこの一面に由来します。そして，この点では，ワルラス以降の新古典派経済学も，あるいは今日の市場経済評価も，基本的には同じ思考系譜に属すると言っていいでしょう。

　しかし，この「自由」には，もうひとつ別の「自由」が裏側に張りついて

いることを，マルクスは見逃しませんでした。労働者は労働力を売る「自由」を持っていますが，逆に言えば，労働者は労働力しか売るものがないのです。労働者は土地や生産手段を持たない「自由」な存在ですから，何か売れるものがあるとすれば，それは自らの労働力しかないわけです。しかし，労働力だけ切り取って売ることはできませんから，結局労働力を売るためには，労働者自身が職場へ出向いていって，生産過程に服するしかないわけです。わかりきった話ですけれども，これが労働者に固有の性質，労働者と地主・資本家とを分ける決定的な違いなのです。

　商品は，売られた後は，買った人のものになります。つまり，買った人がその使い方を決める権利を持ちます。これは，売る側も，買う側も，ともに承諾している権利です。ですから，たとえば8時間分の労働力を売ったのなら，その8時間の使い方を決める権利は資本家にあります。資本家が労働力をこう使うと決めたら，労働者はそれに従わなくてはなりません。なぜと言って，その労働力は，もはや彼（女）のものではないのですから。かくして，人間の客体化，道具化が始まります。

労働の疎外　　売られた後の土地がどう使われようと，それで地主の肉体が疲弊することはないでしょう。売られた後の商品が，どんな扱いを受けようと，それで資本家の人格が傷つけられることもないでしょう。しかし，労働力の使い方は，場合によっては，労働者の肉体や人格を壊してしまいます。そういう危険な行為が，なぜ身分的な支配関係が消えたはずの社会で許されるのか。マルクスが考えたのはこの問題であり，マルクスがそこに見出したのは，商品をめぐる関係とまったく同じ関係が，人間同士の関係に入り込んでいるという事実でした。労働力が商品化する，あるいは労働が価値化するという現象は，このような労働者の二重の自由に由来する現象であり，それは人間を直接商品化するものではないにもかかわらず，事実上，それとそっくりの結果もたらしている。マルクスの労働価値説とは，資本主義におけるこうした事態の出現を，労働の疎外として告発したものなのです。

4.3 剰余価値の形成

資本の循環過程　労働力が商品であることから，剰余価値の形成が説明されます。剰余価値，すなわち利潤や地代はどこから生まれてくるのでしょうか。マルクスはまず，年々繰り返される資本の流れ，すなわち資本の循環過程を図 4.1 のように整理することから始めます。資本家は生産活動に必要なお金，すなわち貨幣資本 (G) を用意します。資本家はこのお金を使って，生産手段 (Pm) と労働力 (A)（まとめて W と表記します）を購入します。このとき，お金はいったん現物に変わるわけですが，マルクスはこれを，貨幣資本が商品（生産手段と労働力）に転態したと表現します。何やらこなれない言い方に見えると思いますが，それなりにイメージはつかめると思います。生産手段も労働力も，それぞれの市場を通して購入されますから，G—W の部分は流通過程に属すると言われます。

次に資本家は，この生産手段と労働力を使って，商品の生産を行います。商品が生産される過程，すなわち生産過程を $W \cdots P \cdots W'$ で表します。P が実際の生産工程を表し，W' が生産された商品を表します。生産要素としての商品 W（生産手段と労働力）と区別するために，ダッシュがつけられています。また点線は，流通過程とは異なる過程であることを意味しています。

W' は，ふたたび流通過程に戻されて，商品として販売されます。首尾よく売れれば，商品は貨幣 (G') に変わります。つまり今度は，商品が貨幣に転態するわけです (W'—G')。ただしこの G' は，最初の G よりも大きな金額になっていて，その差額が剰余価値（利潤，地代，利子）になります。したがって，剰余価値は，W' の価値（価格）にすでに含まれていたことになります。流通過程は，その価値通りに，商品と貨幣が交換される等価交換の場ですから，その結果剰余価値が実現しているとすれば，それはすでに，商品の価値 (W') に含まれていなければなりません。もちろん，独占その

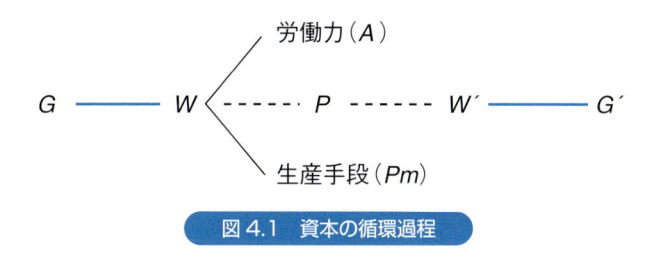

```
          労働力（A）
           /
G ──── W ┤----- P ----- W′ ──── G′
           \
          生産手段（Pm）
```

図 4.1 資本の循環過程

他の追加的事情があって，商品がそれ本来の価値を上回る価格で販売されていたりすれば，流通過程で別途の利潤が加わることはあり得ますが，いまはまだ，純粋な競争状態に市場が置かれていると前提していますので，それでも剰余価値が発生しているとすれば，それは流通過程に入る前に，したがって生産過程の段階で付加されていなければおかしいわけです。

そこで，生産過程をもう少しくわしく分析してみましょう。マルクスは，生産手段と労働力を使って商品を生産する生産過程に，2つの側面が含まれていることを指摘します。一方を労働過程と言い，他方を価値増殖過程と言います。労働過程は私たちの目の前で行われる生産活動そのものであり，価値増殖過程は，その生産活動から，剰余価値が生み出される仕組みを表す概念です。労働過程は経験的な現象ですが，価値増殖過程は，理論的に把握すべき概念的な対象です。

労働過程　　労働過程とは，機械，道具，原材料などを使って，実際に品物が作られる過程を意味します。この過程で生み出される機能や品質，かたち，デザイン等々が，商品としての内実を作ることになります。こうした商品の性質を，まとめて使用価値と表現します。使用価値が，商品としての効用の源になりますから，使用価値は剰余価値の基礎をなすものと言えます。しかし，使用価値を目的にモノを作るという行為自体は，資本主義であろうとなかろうと，およそ人類が生きてゆく上で，かならず行わなくてはならない行為です。ですから，労働過程は資本主義に固有のものではありません。

したがって，資本主義に固有の剰余価値は，労働過程から出てくるものではないことになります。そう聞かされた途端に，労働過程への興味を失ってしまう人がいますが，それでは資本主義の本質はつかめません。

繰り返しになりますが，労働過程で行われていること，すなわち，何を作るかを決め，そのための材料を選択し，適切な技術と道具を選択し，作業予定を作成し，そして材料を無駄にしないよう効率よく生産を行う，といった事柄は，古代ギリシャの彫刻家にも，ルネサンス時代の教会画家にも，そして現代のミュージシャンにも，すべて共通しているはずです。そこに資本主義でなければ出てこないような要素は何もありません。その意味で，労働過程は超歴史的で，普遍的な性質を持つと言われます。

ところが，具体的に何を生産するか，どのような生産方法を選択するかとなると，資本主義かそうでないかによって話は違ってきます。どんな彫刻が求められ，どんな楽曲が求められるか。たとえば古代社会であれば，神をたたえるもの，あるいは権力や権威を象徴するものが選ばれたことでしょう。しかし，資本主義の下で選ばれるのは利潤をもたらすものです。つまり剰余価値を生み出すものが選ばれるのであって，これと無関係なものは生産されません。もちろん，個人の趣味として作る場合には，つまり，資本主義的な生産関係と無縁なところで作る場合には，何より個人の満足を優先させることができるでしょう。

しかしながら，資本家がお金を出し，労働者を雇って生産を行うとなると，剰余価値につながりそうもないもの，商品になりそうもないものは選ばれません。この剰余価値を生み出す過程を，価値増殖過程と呼びます。つまり労働過程が，資本主義の下で行われるとき，それに具体的な方向性を与えるのは，労働過程ではなくて，価値増殖過程になるのです。フリーのミュージシャンでいるあいだは，自分の音楽観だけに従って曲を作れますが，いったんプロになったら，ヒットしない曲作りは許されなくなるでしょう。価値増殖過程に入るか入らないかで，人間と労働過程の関係は一変してしまうのです。ですから昔から，「趣味は仕事にするな」と言ってきたのかもしれません。

効率性は，直接には労働過程に属する概念ですが，何のための効率性かは，価値増殖過程が決めることになります。効率性は，アダム・スミスが論じたように，分業によって向上します。しかし資本主義下における分業は，あくまで利潤の増大を目的に編成されるものです。それが度を越すと，チャップリンの映画『モダン・タイムス』に描かれたように，機械の部品とどこも変わらないような，あまりに単調で空虚な労働を，人間に強いるようになります。スミスも，分業のそうした一面を見逃していたわけではありませんが，彼の場合はそれ以上に，分業が発揮する生産力のほうに，期待を寄せたのでした。

スミスと同じように，原則的に労働過程に視野を絞り，そこでの効率性の増大や，生産力の改善などを経済学の課題と考えるのが，（マルクスが言うところの）ブルジョア経済学の特徴です。労働過程は超歴史的で，普遍的な性質のものですから，それは自然科学的な方法論に親近感を抱く一方，資本主義に固有の性質を捉える姿勢には，やや希薄な一面があります。この特徴は，後の新古典派経済学を考えるときにも参考になるはずです。

これに対してマルクスは，労働過程の裏側に張りついている，価値増殖過程の仕組みにいっそうの注意を払いました。価値増殖過程は資本主義に固有のものですから，これはすこぶる歴史的な問題意識につながります。そしてこれから見るように，価値増殖は，労働力が商品であることから生じる資本家と労働者の特殊な関係，すなわち生産関係に由来します。ですから，労働過程の本質は生産力に，価値増殖過程の本質は生産関係にあると言えるわけです。よく似た言葉ですが，その本質的な違いをぜひ把握してください。

価値増殖過程　　それでは，価値増殖過程の分析に入りましょう。マルクスは価値増殖，すなわち剰余価値の形成は，労働力という商品が，その価値通りに売買されるがゆえに生じる現象であると考えます。一見，これは奇異な物言いに見えると思います。価値通りの売買が行われて，どうして剰余などが生じうるのか。価値通りの売買が行われるのなら，あまりのような部分は残らないはずではないか。このもっともな疑問に，マルクスは次のよう

に答えます。

謎を解く鍵は，労働力の価値という概念にあります。先にも触れた通り，マルクスは，商品の価値は，その生産に要した労働量によって決まると考えています。ならば同じことが，労働力という商品にもあてはまるはずです。では，労働力を生産するとはどういうことかと言えば，明日の労働を遂行できるだけの気力と体力を，今日のうちに回復させること，つまり，一日の生活に必要な必需品を過不足なく消費できることが，明日の労働力の生産になります。したがって，労働力の生産に必要な労働量とは，詰まるところ，それら生活必需品の生産に要する労働量に帰着します。したがって，労働力という商品の価値は，生活必需品の生産に必要な労働量ではかられ，それに該当する金額が賃金として支払われていれば，労働力は一応，その価値通りに売買されたことになるわけです。

そうすると，仮に1日の労働時間が8時間であるとしても，そのすべてが，生活必需品の生産に必要とは限りませんから，そこに剰余価値が生じる余地が出てくるわけです。つまりこうです。現行の生産力をもってすれば，必需品の生産に要する時間（これを必要労働時間と言います）は4時間ですむと仮定しましょう。この場合，労働力の価値は，労働時間ではかって4時間分ということになり，それに該当する賃金が支払われれば，労働力はその価値通りに買われたことになります。しかし，実際の労働は8時間行われるわけですから，残り4時間の労働から，さらに生産物が発生します。この部分が剰余価値に変わるわけです。

この部分は，労働者に価値通りの支払いをした残りですから，これを取得する権利は資本家にあります。資本家は，別に詐欺やピンはねを行ったわけではなく，価値通りの交換を行った上での正当な権利として，剰余価値を取得するのです。ゆえに，剰余価値とは，労働力がその価値通りに売買されることで生じる価値，と言えるわけです。

もう一度言います。価値増殖は，あくまで労働力に由来する現象です。もちろん，生産には生産手段が必要ですが，生産手段自体が価値を増殖させる

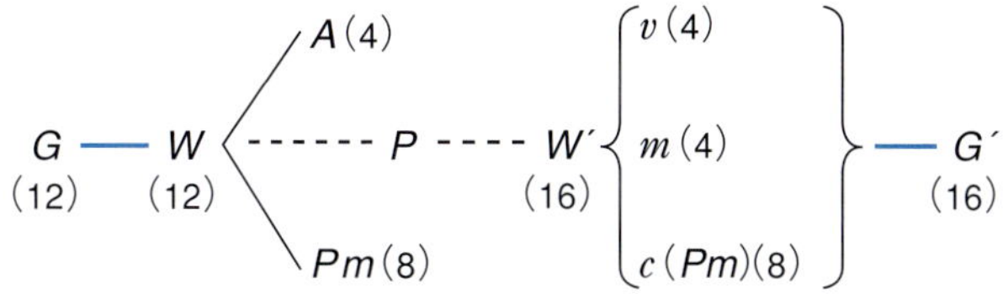

$$G \underset{(12)}{\text{ ——— }} W \underset{(12)}{\begin{cases} A(4) \\ \\ Pm(8) \end{cases}} \text{----} P \text{----} W' \underset{(16)}{\begin{cases} v(4) \\ m(4) \\ c(Pm)(8) \end{cases}} \text{ ——— } G' \atop (16)$$

図 4.2 剰余価値の形成

わけではありません。剰余価値を作り出すのはあくまで労働力であり，その労働力が商品化していて，これを資本家が購入するという特殊な生産関係が存在することで，剰余価値の発生と取得が正当化されているのです。このことを図式的に整理したものが図 4.2 です。これは図 4.1 を少しくわしくしたものですが，マルクス経済学の基本構図を示しています。

当初の貨幣資本（G）が 12 だとします。先にも見た通り，資本家は，この貨幣資本を商品（W）に転態しますが，図 4.2 は，そのうちの 4 が労働力（A）の購入に，8 が生産手段（Pm）の購入にあてられたことを記しています。生産手段の価値は，そのまま商品価値のなかに移転します。価値が変わりませんから，マルクスはこれを不変資本（c）と名づけています。労働力の価値（v）は 4 ですが，実際の労働が 8（時間）行われたとすれば，剰余価値（m）が 4 作られたことになります。労働力は価値を創造するので可変資本と呼ばれます。新たに作られた商品の価値（W'）は，これらの合計ですから $c+v+m=16$ ということになります。この商品はこの価格で販売され，首尾よく売れれば，資本家は剰余価値を含んだ貨幣（G'）を手にすることができるわけです。剰余価値が流通過程からではなく，生産過程から得られる仕組みは，このようにして説明されました。

ここで，$\dfrac{m}{v}$ の値を剰余価値率として定義しておきます。この例では，剰余価値率はちょうど 1 になっています。剰余価値は，投下された労働力のうち，賃金として支払われない部分ですから，剰余価値率を搾取率と呼ぶこと

もあります。他方で，利潤率という場合は，$\frac{m}{c+v}$ で表されます。この例では $\frac{4}{12}=0.33$ です。利潤とはあくまで投下された資本総額に占める利潤＝剰余価値の割合ですので，このようなかたちになります。この違いは後で重要になりますので，注意しておいてください。

4.4　剰余価値の拡大

剰余価値の拡大　　資本主義の本質が利潤の追求にある以上，資本家は何とかして，剰余価値の拡大をはかろうとします。それには大きく2つの方法が考えられます。ひとつは，絶対的に剰余価値を拡大する方法，もうひとつは相対的に剰余価値を拡大する方法です。

絶対的剰余価値の拡大とは，労働時間そのものを長くして，剰余価値を増やすことを意味します。図 4.3(a) がこれを示しています。1日の労働時間が，8時間から9時間に増やされています。生活必需品の生産効率に変化がなければ，必要労働時間は変わりませんから，この延長された1時間は剰余労働時間になります。剰余価値率（搾取率）は $\frac{5}{4}=1.25$ に上昇しています（利潤率は $\frac{5}{12}=0.42$ に上昇しています）。しかし，絶対的剰余価値の拡大にはおのずと限界があります。労働時間の延長，すなわち，労働の強化をやりすぎれば，労働者の肉体的限界を越えて，労働力の崩壊が起きるでしょう。

もっともマルクスの時代の，たとえば炭鉱労働者などが置かれていた状況は，私たちの想像をはるかに越えるものでした。1日12時間労働などというのはあたりまえで，16時間，あるいはそれ以上働かせることもしばしばありました。当然，多くの労働者がからだを壊し，再起不能に陥ることもめずらしくありませんでした。しかし，代わりがいくらでもいたために，労働環境の改善はいっこうに行われませんでした。マルクスの時代には，仕事にあぶれた賃金労働者が大量に存在していたわけで，マルクスはさしあたり彼

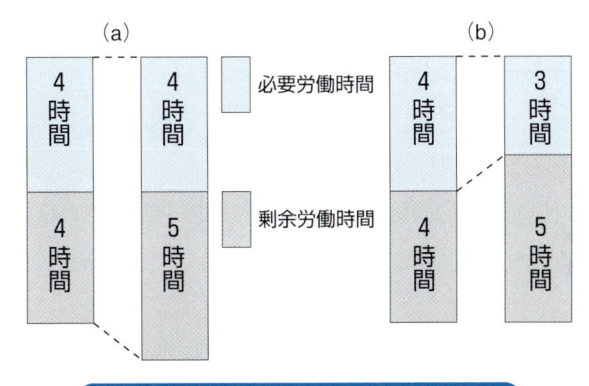

図 4.3　絶対的剰余価値と相対的剰余価値

らの存在を前提にして，『資本論』第 1 部を展開しています（彼らがいかにして，資本制生産のなかから生み出されてくるかは，次の資本蓄積論の課題になります）。彼らのような存在を，マルクスは産業予備軍と呼んでいます。

　絶対的剰余価値の拡大は，資本による労働の支配が，露骨なかたちで示されるものになります。それだけ労働者も，自分たちが搾取されている実感を強めることになりますから，ストライキを始め，様々な抵抗運動を誘発しやすくなります。

　その点，より巧妙な手段とも言えるのが，もうひとつの相対的剰余価値の拡大です。これは図 4.3(b)にあるように，生産力の上昇などによって，生活必需品の生産に要する労働時間を減らす，すなわち，必要労働時間を 4 時間から 3 時間へ減らすことによって，剰余労働時間を 1 時間増やすような場合を言います。1 日の労働時間は変わりませんから，労働者の肉体的苦痛を増やすことはなく，しかも剰余価値率は $\frac{5}{3}=1.67$ と，絶対的剰余価値の場合よりも，むしろ高くなっています（利潤率も $\frac{5}{11}=0.45$ に上昇しています）。労働力の価値も 4 から 3 へ減少することになりますが，これまでと同じ生活必需品の生産が 3 時間ですむようになったわけですから，これによって労働

者の生活水準が下がるわけではありません。労働者の目には，労働時間は変わらず，生活水準も同じに維持しながら，会社の利益だけが上がってゆくように見えるはずです。したがって，労働者の側から，特に強い抵抗運動が生じることもなく，資本家としては，ある意味でより巧妙に，搾取率を高めることができるわけです。

　ここで，「巧妙」というややネガティヴな表現を使ったのは，これがかならずしも労働者の利益を最大限に引き出すものではないからです。一見，相対的剰余価値は，労働者にとっても利益になるような印象を与えますが，それは絶対的剰余価値とくらべるからそう見えるのであって，労働者の生活自体は，ただ単に，何も変わっていないのです。剰余価値率つまり搾取率が上昇しているにもかかわらず，肉体的苦痛が強まるわけではないために，労働者にとっても利益になるように見えるのです。しかし，必要労働時間が下がっているのならば，労働時間そのものを低下させることも，本来なら考えられてよいはずです。

　たとえば，必要労働時間が1時間低下した分，1日の労働時間も8時間から7時間へ減らしてもよいはずです。そうなれば，労働者は生活水準を維持しながら，本来の自分の時間を，より多く持つことができるようになるわけです。資本家にしても，利潤率は$\frac{4}{11}=0.36$で，当初の0.33より高いわけですから，少なくとも損害は被らないのです。しかし，8時間労働を維持すれば，それよりも高い0.45という利潤率を実現できます。8時間労働を維持したとしても，労働者が強く抵抗してくる可能性は，先にも見た通り低いでしょうから，結局，労働時間の短縮は選択されないでしょう。相対的剰余価値が，巧妙な手法であるというのはこのためです。

　しかし，これは，上昇した生産力の唯一の使い方ではないということを，私たちは知っておく必要があるでしょう。と同時に，労働時間の短縮が，物理的には実行可能な選択肢なのだということも，知っておく必要があるでしょう。労働時間数は，歴史的には減少の傾向にありますが，それが現在の生産力にてらして本当に妥当な水準まで下がっているかどうかは，まだ検討の

余地があるように思われます。

特別剰余価値　そのことに関連して，特別剰余価値という概念に触れておきたいと思います。これは，ある企業（マルクス経済学では個別資本と表現することもあります）が，他の企業よりもすぐれた機械設備などを持つことによって手に入れる利潤のことです。たとえばある商品の生産時間が平均的に10時間であるとき，新型設備を導入した企業が，これを8時間で製造することができたとしましょう。この商品は，市場では10時間分の価値を持つものとして販売できますから，この企業だけ通常の剰余価値に加えて，2時間分の特別剰余価値を手に入れることができるわけです。各企業が，こぞって技術革新を求めるのはこのためです。

そして，特別剰余価値を求める企業もしくは資本間の競争が，生活必需品産業に及べば，必要労働時間の短縮が可能になります。必要労働時間の短縮は，個々の資本単位で行える事柄では本来なく，生活必需品の生産に関わる複数の部門の生産性が全般的に向上して初めて，現実性のある話になるのです。それを導くものとして，特別剰余価値への関心は，重要な要素になると言っていいでしょう。これ自体は，個々の資本家の「利己心」にほかならないわけですが，それが「見えざる手」に導かれれば，必要労働時間の短縮という，社会的な成果につながる可能性があるわけです。

ただし，それが労働時間の短縮に直結するとは限らないことも，いましがた見た通りです。それどころか，近年の日本などでは，新たな技術や製品を作り出しても，あっという間に他の企業が追いついてくるため，さらなる技術革新，さらなるデザイン変更，つまりさらなる特別剰余価値の源泉作りが至上命題になって，その結果むしろ，労働時間が長くなる傾向すら出てきています。特別剰余価値の追求が，必要労働時間の短縮どころか，絶対的な剰余労働時間の延長をもたらしている可能性があるのです。もしそうだとしたら，現代の労働環境は，きわめて深刻な事態を迎えつつあると言わなければなりません。特別剰余価値論は，こうした応用も含めて，マルクス経済学の現代的意義を感じさせる概念です。

4.5　資本蓄積論

再生産過程　　最後に，資本蓄積論について検討しておこうと思います。マルクスの資本蓄積論は，『資本論』第2部以降，再生産表式論としてくわしく展開されるものですが，本書は第1部にさしあたり論点を限定していますので，資本蓄積論についても，その範囲でお話したいと思います（そうは言っても，多少，後半の論点に言及する部分も出てきますが）。

　資本蓄積が，年々の生産活動の繰り返しを通じて，言い換えれば，再生産の過程を通じて行われることは，言うまでもありません。したがって，資本蓄積論の主たる内容も，再生産過程の分析ということになりますが，生産が単に繰り返されるだけでなく，同時に，剰余価値の源泉である生産関係も再生産されていることを，マルクスの資本蓄積論は明らかにします。経済を原動力に，社会のありようが年々再生されてゆく。その再生の繰り返しのなかで，歴史的な時間が刻まれてゆくというのが，マルクスの基本的な歴史感覚です。ただし，その繰り返しの中にも，変化の兆しは表れているわけで，再生産過程はやがて自らの原理の帰結として崩壊するにいたる，というのがマルクスの結論です。

単純再生産と拡大再生産　　再生産過程には3つのコースが考えられます。第1に，年々同じ規模で再生産が繰り返された場合，これを単純再生産と言います。これは金太郎飴のようにまったく同じ経済が年々繰り返されることを意味しますので，実際にはまずあり得ない話ですが，理論的な基準を与えるものとして，以下の分析でも中心的な役割を果たします。第2に，年々その規模を大きくしながら再生産過程が進む場合，これを拡大再生産と言います。いわゆる経済成長がこれにあたりますが，見た目には社会全体が豊かになってゆくように見えますので，資本家も労働者もともにこれを歓迎し，その実現を求めます。第3は，逆に年々の規模を小さくしながら再生産

過程が進む場合で，これを縮小再生産と言います。原理的な内容は，単純再生産と拡大再生産にほぼ尽くされますので，以下でも，この２つに議論を絞ろうと思います。

　再生産過程が同じ規模で繰り返されるか，その規模を大きくしてゆくかは，基本的には，年々の投下資本が一定に維持されるか，それとも大きくなってゆくかで決まります。第３節で用いた数値例（図4.2）をもう一度見てください。そこでは最初の生産過程で，４という大きさの剰余価値が発生していました。この剰余価値を，資本家がすべて自分の消費に費やしてしまえば，翌年投下できる資本の総額は，今年と同じ12にとどまります。これを今年と同じように８を生産手段に，４を労働力にあてれば，理論上は今年とまったく同じ生産過程が繰り返され，その結果やはり４という大きさの剰余価値が発生するでしょう。それをふたたび資本家が全額消費に使ってしまえば…というかたちで事態が進行したとき現れるのが，単純再生産になります。

　では逆に，次のようなケースを考えてみましょう。最初の生産過程で得られた４の剰余価値をすべて翌年の資本に加えたとしましょう。そうすると資本総額は16ということになります。これを今年と同じ比率で生産手段と労働力に割り振れば，（きれいには割り切れませんが）10.7を生産手段に，5.3を労働力に投下することになり，剰余価値率を同じく１とすれば，剰余価値が5.3，総額で21.3の商品価値を生産することになります。この新たな剰余価値5.3を，さらに翌々年の資本に加えれば，翌々年の生産価値は28.4，剰余価値は7.1くらいになるでしょう。こうしたかたちで，再生産過程の規模が拡大してゆくのが拡大再生産です。もっとも，剰余価値のすべてを資本投下してしまうと，資本家の生活費がゼロになってしまいますから，実際には剰余価値の何割かが消費され，何割かが蓄積されるというかたちになるでしょうが，理論的には曖昧さのない極端なケースで考えるのがよいでしょう。しかも現実との接点は，この例でもかなり見出すことができます。

生産関係の再生産　　たとえば，最初の例で労働力に支払われた４という金額が，ちょうど１人分の賃金であったとしましょう。資本家の消費額も

同じ4でしたから，このケースでは，資本家と労働者の生活水準はまったく同じです。小さな工場などで，社長さんと工員さんが，ともに汗水流しながら働いている風景などは，これに近いものがあるでしょう。ところが拡大再生産が進んで，資本規模がちょうど10倍になった場合，賃金総額は40, 資本家消費額も40になります。1人あたり賃金を一定とすれば，成長したこの企業は10人の労働者を雇うことになりますが，1人あたりの所得水準は前と同じ4，しかし資本家である社長さんの所得水準は40になっていますから，そこには10倍の開きが生じています。もはや，社長さんと工員さんが，ともに汗水流す風景はないでしょう。社長さんは，同じ所得階層の人たちから変な目で見られないように，相応のぜいたくな暮らしぶりを見せて歩くようにもなるでしょう。再生産過程とは，単に商品を再生産するだけでなく，その過程を通して生産関係に即した人間の意識をかたち作り，その<u>意識をも再生産</u>してゆくものになるのです。

　この<u>生産関係の再生産</u>という視点は，マルクスの再生産論の重要な視点ですから，今度は労働者の側から見てみることにしましょう。図4.4を見てください。この図の下半分は，これまでの図に若干手を加えたもの，すなわち，資本家が主体となって進行する生産過程を表しています。上半分は，いままで直接には示すことのなかった，労働者の生活の過程を図式的に示したものです。ただし，この労働者，資本家というのは特定の個人を示すものではなくて，階級全体を代表するものと考えてください。労働者と言っても，それぞれ異なる企業で働いている複数の人物を含んでいますし，資本家のほうも，いろいろな事業を営んでいる複数の資本家を含んでいます。単純再生産過程を例にしますから，数値もその例に合わせてあります。

　生産過程の当初，資本家は12の資本を用意して，そのなかの8を生産手段に，4を労働力の購入に当てました。したがって，労働者は4という賃金を受け取って，その分の労働力Aを資本家に売りました。かくして生産過程が始まり，剰余価値率を1として16の価値を持った商品W'が得られました。このW'には先ほど仮定したように，複数の種類のものが含まれてい

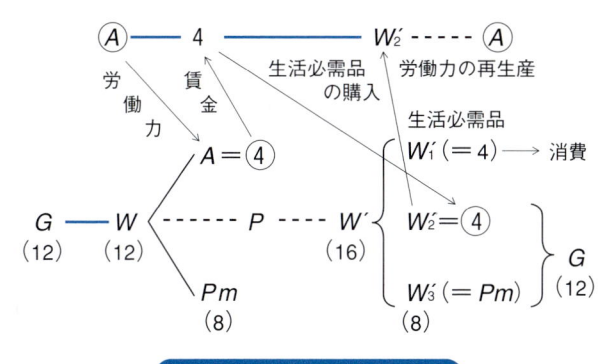

図4.4 生産関係の再生産

ます。まず，主に資本家が消費の対象とする W_1' があります。次に労働者にとっての生活必需品 W_2' があります。もちろん，食料品など，W_1' と W_2' の両方に含まれている品目も多々あるでしょう。また，生産された商品には，このような消費財だけでなく，次期以降の生産に使われる生産手段も含まれていなくてはならないでしょう。これを W_3' とします。この W_3' は資本家どうしのあいだで売買されますから，労働者との売買関係には登場しません。

さて，いま単純再生産を仮定していますから，資本家は得られた剰余価値4のすべてを W_1' の購入にあてます。次に労働者ですが，この4という賃金水準が，ちょうど生活必需品の購入にギリギリ足りる大きさであるとすれば，そのすべてを使って，W_2' を買い取ることになるでしょう。その結果，W_2' が労働者の手元に移り，資本家が支払った賃金4は，ふたたび資本家の手元に還流してくることになります。資本家は，賃金を支払ったことでその分を失うわけではなく，あたかも貸したものを回収するかのように，結局は，賃金部分も手元に戻してしまうのです。

もちろん，賃金を支払った資本家と，これを回収した資本家とは別の人物でしょう。洋服屋で働いている労働者は，洋服屋の資本家から賃金を得て，これをパン屋の資本家に支払う（＝戻す）というように，そこには無数の組

み合わせが出てくるでしょうが，階級全体としてみれば，図にあるような単純な関係があるだけなのです。かくして労働者は，この W_2' を消費することによって，次期の労働力を再生産し，同じ過程が次期も繰り返されることになります。このようにして，単純再生産過程は，商品と同時に生産関係もまた再生産していたわけです。

再生産過程と貯蓄　ただし，ここには若干の補足が必要です。単純再生産過程がこのようなかたちで繰り返されるとして，この賃金4が，労働者1人分の生活必需品をギリギリまかなえるだけの金額だとすれば，彼（女）の寿命が尽きたとき，生産過程も終わってしまいます。それでは資本家にとっても利益になりません。そこで，この賃金水準には次の世代の労働者，すなわち，労働者の子供の養育費が含まれることになるでしょう。労働者の家庭が，普通に子供を育て上げられる水準に賃金を定めることが，資本主義的生産過程の維持にとって必要かつ有利な条件になるわけです。

　もし，賃金水準がこれをさらに上回れば，消費を越える部分，すなわち貯蓄が可能になります。マルクスの時代においては，貯蓄する余裕を持つ労働者家庭はほとんどなく，あったとしても微々たる貯蓄をするのがせいいっぱいでした。また，それだけ高い賃金を要求するものがいれば，いつでも産業予備軍の誰かと入れ替えてしまいましたから，これまでの仮定は決して非現実的なものではなかったのです。しかし，現在では，私たちがすでにそうであるように，一般の労働者家計でもかなりの額の貯蓄をできるようになりました。したがって，このこと自体，きちんとした経済学的説明を要する話題になるわけですが，この貯蓄をもとにして，労働者から資本家に転じるものがいることは，マルクスも言及しています。また今日では，その貯蓄を，金融市場や金融機関を通して資本家が借り入れて，巨額な経営資金をまかなっています。

　そこでひとつ疑問が生じます。すなわち，もし資本家の希望する借入額が，社会全体の貯蓄額に及ばなかったらどうなるでしょうか。先の例では，資本家の支払った賃金が全額消費されていたので，支払ったお金はすべて，生産

過程に戻ってきたのでした。しかし，支払った賃金の一部が貯蓄され，しかも資本家の希望する借入額が少なく，その結果多くの金額が労働者の手元に残されれば，その分，生産過程で流通する貨幣量も減ることになります。これは，資本制的生産過程にとってどんな意味を持つことになるでしょうか。この問題は，現代の資本主義の性質を考える上で，きわめて重大な問題になります。これについては，第8章で取り上げる，ケインズの学説検討のなかでくわしく論じることにします。

資本の集中　さて，話を再生産過程に戻しましょう。単純再生産は，理論的な基準としては重要な意味を持ちますが，実際に資本家がねらうのは拡大再生産の実現です。それに成功しなければ，競争に敗けて淘汰されることになるかもしれません。生き残るためには，より強くならなければなりません。競争心理の最もネガティヴな側面は，同時に人々の心理を最も強く捉える側面でもあります。しかも，拡大再生産は，先の例のように，単に比例的な規模の拡大に限定されるものではありません。各資本家は，できるだけ生産性を高くしようと，より大型の設備，より新型の設備を持とうと動機づけられます。つまり，剰余価値の次期の割り振りの際に，生産手段への支出をより多くしようとする傾向が出てきます。これ自体は，資本家の行動として十分「同感」できることです。しかし，そこから生じる「見えざる手」は，どのような帰結を資本主義にもたらすか。マルクスはこのとき，資本主義の「最期を告げる鐘が鳴る」と予言します。

　たとえば，先の単純再生産では，生産手段と労働力が2:1の割合で割り振られていましたが，これが拡大再生産の過程で，しだいに3:1，4:1，5:1というように，不変資本への支出が相対的に大きくされていったとしましょう。生産規模が大きくなっていますので，比率が下がっても労働力への需要は増大していますが，一方で労働人口も増えていることを考えれば，労働力がいま以上にあまり出す可能性は大いにあるとマルクスは考えます。さらに，この拡大過程で，まず最初に大きくなるのは個々の企業，つまり個別資本です。個別資本が設備を拡大してゆくことが，拡大過程全体の現実的基礎になって

います。当然その過程で競争に敗れる企業が続出します（こうした過程を資本の集中と言います）。

しかし，1つの大企業が10の零細企業を淘汰したとして，その10の企業に勤めていた労働者を全員雇い入れるかといえば，（あり得ない話ではないにしても）大企業側にその必然性はないでしょう。かくして，労働力にあまりが出始めます。しかし，労働者は雇用されなければ生きてゆけないのですから，何とかして雇われようと必死になります。労働者間の分裂が進み，自分こそが最も魅力ある商品であると，さかんにアピールするようになるでしょう。自分こそが，ほかにはない効能を持った商品でなくてはなりませんから，さあ学歴だ！，さあ資格だ！ 英会話だ！ と，差異を示す指標を必死になって身につけようとするでしょう。他者から見て，それとわかる指標でなければ商品価値になりませんから，「内なる精神の鍛錬」などは一文の価値もなくなってしまいます。しかし，これもまた個々人の品性の問題ではなく，資本の再生産過程が突きつけてくる（目に見えない）要求であることに，注意の目を向ける必要があるのです。

利潤率の傾向的下落　さてしかし，こうした傾向はいつまでも続くものなのでしょうか。可変資本（労働力）とくらべて不変資本（生産手段）の比重を高くしてゆくことをマルクスは，資本の有機的構成の高度化と表現していますが，これは記号で書くと，$\frac{c}{v}$ の値を大きくすることとして示すことができます。ところで先に，私たちは利潤率が $\frac{m}{c+v}$ で示されることを見ました。この式を分母，分子とも v で割ると，$\frac{m}{v} / \frac{c}{v}+1$ になります。したがって，資本の有機的構成の高度化は，利潤率の分母の値が大きくなることを意味します。

では，分子はどうなるかというと，これは剰余価値率（搾取率）になっています。大型設備などを導入することで，この値もある程度までは大きくなるでしょう（あるいはそれがねらいで導入されるのだと言ってもいいでしょう）。しかし，必要労働時間の短縮が，無限大に可能かどうかはわかりません。マルクスはこれにはおのずと限界があると考えました。他方，$\frac{c}{v}$ の値

については，資本設備が巨額になればなるほど大きくなります。いやむしろ，理論上は，これは無限大に大きくなり得ます。そうすると，資本の有機的構成の高度化を伴う拡大再生産が続くと，利潤率はしだいに低下してしまうことになります。マルクスはこれを利潤率の傾向的下落と表現しました。剰余価値率を上げようとする行為が，結果的には，利潤率を低下させてしまうのです。

　果たしてこれは，例外的な現象でしょうか。資本家が，競争上有利に立つべく労働節約的な投資を企てる。これ自体は，資本主義である以上，むしろやむを得ない選択と言うべきでしょう。ところが，それは結果的には，資本主義の心臓とも言うべき利潤率を下落させてしまいます。ここにマルクスは，資本主義の運命を見て取りました。資本家は，この傾向に抵抗するべく，ありとあらゆる手段を講じてくるでしょう。淘汰できる企業は片端から淘汰し，巨大企業同士が結託もし，科学を技術に変えて収益の源とし，それでも足らなければ，さらに大きな販路を求めて海外市場の編入でも何でも企てるでしょう。

　しかし，それらは利潤率の傾向的下落を，延期はできても解消できるものではないでしょう。他方，その過程で排除されてゆく労働者はどんどん増えてゆくでしょう。彼らはしかし，資本主義的な生産過程の経験を経るなかで合理的な思考様式を身につけ，合理的な組織化の方法も学んでゆくでしょう。かくしてマルクスは言います。「生産手段の集中と労働の社会化とは，それらの資本主義的外被とは調和しえなくなる一点に到達する。外被は爆破される。資本主義的私有の最期を告げる鐘が鳴る。収奪者たちが収奪される」(『資本論』，岩波文庫，第3巻415ページ)。

　マルクスについては，以上でとどめます。まだ何分の一もお話できていませんが，その後の展開なども含め，むしろ後続の諸章の関連部分でお話するほうがいいでしょう。現在の経済学は，だいたいが近代経済学に則って議論されるようになっていますが，マルクス経済学には近代経済学では着眼する

4.5 資本蓄積論

ことの難しい視点が多々含まれています。私たちは，かつてのようなイデオロギー問題に，さして煩わされなくてもいい時代にいるのですから，余計な先入観を捨てて，まずはひとつの経済学説として，マルクスを検討する必要があると思います。

　もちろんマルクスの議論も，そのすべてが正しかったわけではありません。利潤率の傾向的下落などについても，決してマルクスが言うほど簡単に成り立つ法則ではないことが，厳密なかたちで証明されています。しかし，それは資本主義的な生産関係（搾取関係）が，かなりの生命力を持って持続しうるという意味にも取れるのです。資本主義とは何か，資本主義を土台とする近代社会とは何か，そういった問題を考えようとするとき，マルクスの思想と経済学は，なお多くの光を私たちに投じてくれるものと思います。

文献案内

[学習用図書・研究書]

内田義彦（1966年）『資本論の世界』岩波新書（『内田義彦著作集』第4巻（1988年，岩波書店）所収）

宇野弘蔵（1969年）『資本論の経済学』岩波新書

平田清明（1980-83年）『コンメンタール「資本」』全4巻，日本評論社

高須賀義博（1985年）『マルクス経済学の解体と再生』御茶の水書房

P. スウィージー（都留重人訳）（1967年）『資本主義発展の理論』新評論

L. アルチュセール（河野健二・田村俶・西川長夫訳）（1994年）『マルクスのために』平凡社ライブラリー

[古典]

K. マルクス（向坂逸郎訳）（1969-70年）『資本論』全9巻，岩波文庫；長谷部文雄訳（1951-52年）青木書店；マルクス=エンゲルス全集刊行委員会訳（1972-75年）国民文庫

K. マルクス（田中吉六・城塚登訳）（1964年）『経済学・哲学草稿』岩波文庫

K. マルクス（廣松渉編訳・小林昌人補訳）（2002年）『ドイツ・イデオロギー』岩波文庫

マルクス=エンゲルス（大内兵衛・向坂逸郎訳）（1971年）『共産党宣言』岩波文庫；

金塚貞文訳（1993年）『共産主義者宣言』太田出版

K. マルクス（武田隆夫・遠藤湘吉・大内力・加藤俊彦訳）（1956年）『経済学批判』岩波文庫

K. マルクス（岡崎次郎・時永淑訳）（1970-71年）『剰余価値学説史』全9巻，国民文庫

F. エンゲルス（一條和生・杉山忠平訳）（1990年）『イギリスにおける労働者階級の状態』全2巻，岩波文庫

第5章

新古典派経済学

●この章のポイント●

1. 古典派経済学と新古典派経済学の違いはどこにあるか。

2. 新古典派経済学が学派を持つのはなぜか。

3. 新古典派経済学の各学派が担った歴史的課題は何か。

■ メンガー

■ ワルラス

■ ジェヴォンズ

■ マーシャル

5.1 はじめに

新古典派経済学　アダム・スミス以来の古典派経済学は，リカードにおいて，理論的には完成の域に達しました。しかし，続くマルクスは，これを古典派とは異なる角度から継承し，内在的な批判を徹底することによって，新たに社会主義の経済学を生み出しました。マルクス経済学は，その後の激動の時代をくぐりながら，今日へと続く一本の太い系譜を形成します。

ところが，マルクス経済学の出現とほぼ同じ時期に，経済学にはもうひとつ別の系譜が現れます。今日一般に，新古典派経済学と呼ばれる系譜がそれです。この系譜は，日本では「近代経済学」と呼ばれることが多いのですが，マルクス経済学とはさらに異なる観点から，古典派経済学を継承もしくは批判の対象にし，結果的には，主題的にも，方法論的にも，古典派とはずいぶん違う内容の経済学を形成するにいたりました。「新古典派」という名称からすると，古典派直系という印象を与えがちですが（そうした意図を強く持った新古典派経済学者もいたのですが），さしあたりは別種の経済学として捉え，その上で，共通点や相違点を考えてゆくほうが理解しやすいと思います。

冒頭から少し脱線しますが，学説史を通して経済学を理解するひとつのポイントは，学説の継承と断絶を，継承面がここで断絶面があそこで，というふうに要素ごとに分解しないよう注意することにあると思います。そういう理解の仕方はある意味で容易であり，容易な分だけ安易な学説理解につながるおそれがあります。そういうことをせずに，ひとつの学説は，要素ごとに切り離しては理解できない一体性を持つものとして捉え，したがってその継承面も断絶面も，新しい学説の，まさにその新しさの表面と裏面の関係として，一体的に現れてくると考える必要があると思います。

学説の継承とはまず何より経済の捉え方，経済を見る「眼」の継承を意味します。しかしこれを正しく行ったがゆえに，対象となる現実経済の歴史的

変化を受けて，理論内容自体は，劇的に変化せざるを得なくなることがあるのです。そういう関係を予想して学説の変化を捉えることが，経済学史的な学説把握の基本ではないかと思います。それはちょうど，大きな地殻変動が起きたときに，変化した地形部分について正確な計測を行うと同時に，地下の安定構造についても正確に把握しておかないと，地殻変動の意味を捉えそこなうと考える地質学の発想に似ていると思います。こうした学説把握の方法は，常に例外なく有効であるとは言い切れませんが，現在の経済学説を考えるときにも，基本的に必要な姿勢ではないかと思います。

5.2　新古典派経済学とは何か

　限界革命　　新古典派経済学が出現したのは，1870年代のヨーロッパです。『資本論』第1巻の出版が1867年だったことを考えると，ほぼ同時期の現象だったことがわかります。ただし，マルクス経済学が，事実上マルクス一人の手によって開始されたのに対し，新古典派経済学は，少なくとも3人の人物によって開始されたと見る必要があります。しかも，興味深いことに，この3人は当初，お互いの名前はおろか，その存在すら知りませんでした。にもかかわらず，この3人はきわめて近い内容の学説を，しかもほとんど同時に発表していたのです。

　その3人とは，オーストリアのウィーン大学にいたカール・メンガー（Carl Menger, 1840-1921），フランス人でスイスのローザンヌ大学に籍を置いていたレオン・ワルラス（Marie-Esprit Léon Walras, 1834-1910），そしてイギリスのウィリアム・スタンリー・ジェヴォンズ（William Stanley Jevons, 1835-1882）です。メンガーは1871年に『国民経済学原理』を，ジェヴォンズも同じく1871年に『経済学の理論』を，そしてワルラスは1874年から1876年にかけて2分冊のかたちで『純粋経済学要論』をそれぞれ出版

しましたが，その内容は今日，「限界効用の理論」と呼ばれるものにほぼ等しいものでした。この理論については次節以降くわしく紹介しますが，これは古典派からマルクスにかけての労働価値説とは異なる，新しい価値論（もしくは価格理論）を提起したものでした。

この学説によって，古典派ではくわしく展開されなかった市場についての分析が，きわめて精緻な内容をもって行われるようになりました。そのため市場経済（資本主義経済）がますます隆盛をきわめるに従い，彼らを起点とする新古典派経済学が，いつしか経済学の主流派と目されるようになりました。そのため，この3人による限界原理の同時提唱を，今日では限界革命と表現することがあります。

3 大学派　　ただし，新古典派経済学は，その出現の当初から，統一化された一つの学派を形成していたわけではありません。彼らはお互いの存在すら知らなかったのですから，まずはそれぞれ単独の研究者としてその生涯を送り，それぞれの学派も，それぞれ別個に形成されました（もっとも，ジェヴォンズとワルラスは，まもなく知己になりました。ワルラスの学生の一人が，ある日講義を終えたワルラスに近づいてきて，「今日先生が話されたことは，全部この本に書いてありますが…」と言ってジェヴォンズの『経済学の理論』を見せたと言います。ワルラスはびっくり仰天してさっそくジェヴォンズに手紙を送り，限界原理のさらなる先行者を調査するという共同研究を始めました。ヘルマン・ハインリッヒ・ゴッセン（Hermann Heinrich Gossen, 1810-1858）などは，その過程で再発見された存在でした）。

メンガーの後継者たち，特にオイゲン・フォン・ベーム・バヴェルク（Eugen von Böhm-Bawerk, 1851-1914）やフリードリッヒ・ヴィーザー（Friedrich von Wieser, 1851-1926）といった人たちは，ウィーン大学を中心に，オーストリア学派（またはウィーン学派）を形成しました。ワルラスのローザンヌ大学における後継者は，イタリア出身のヴィルフレド・パレート（Vilfredo Federico Damaso Pareto, 1848-1923）ですが，彼がワルラスの理論をより発展させたことから，ローザンヌ学派が形成されました。イギリスの

場合は，もう少し事情が複雑で，ジェヴォンズが46歳という若さで亡くなってしまったために，彼を後継する直接の学派というものは形成されませんでした。ただし，彼の学説の重要性を確信した人々，特に，フィリップ・ヘンリー・ウィクスティード（Philip Henry Wicksteed, 1844-1927）やフランシス・エッジワース（Francis Ysidro Edgeworth, 1845-1926）といった人々がジェヴォンズの学説を発展的に継承し，さらに次の世代のライオネル・ロビンズ（第10章参照）がこれを受け継ぎます。ロビンズが提唱した「制約条件の下での最適化行動」という近代経済学のメインテーマは，オーストリア学派からの影響とともに，ロビンズがこの系譜から継承したものと言えます。

　イギリスについては，このジェヴォンズの系譜以上に，ケンブリッジ大学にいたアルフレッド・マーシャル（Alfred Marshall, 1842-1924）の影響を考える必要があります。マーシャルは，世代的には限界革命の3人とほぼ同時代に属し，彼らとは別個に，彼独自の限界原理を構想していたとも言われますが，主著である『経済学原理』の出版が1890年と遅かったこともあって，通常は限界革命の一人には数えられません。しかし，イギリスにおける彼の影響力は絶大であったと言ってよく，イギリスにおける限界原理の定着は，マーシャルを中心とするケンブリッジ学派によって果たされたと言っても過言ではありません。

　そのため，限界革命の3人と言ったら，メンガー，ワルラス，ジェヴォンズをさすのですが，限界革命の3大学派と言ったら，オーストリア学派，ローザンヌ学派，そしてケンブリッジ学派をさすのが一般的です。そこで本書も，イギリスの新古典派をジェヴォンズではなく，マーシャルで代表させたいと思います。ジェヴォンズは古典派を否定しましたが，マーシャルは逆に古典派を継承するものとして，自身の経済学を展開しました。この違いが何を意味するか。これを，ワルラスやメンガーとの比較のなかで考えてみたいと思います。

　近代経済学　　ときに，冒頭でも触れたように，日本では，この新古典派経済学の系譜を近代経済学と呼ぶ習慣があります。ところが，これは日本

に特有の表現と言ってよく，外国ではほとんど通じません。たとえば，「近代経済学」を英語で言うとしたら，おそらく modern economics になるでしょうが，英米で modern economics と言ったら，歴史区分で言う「近代の経済学」という意味になりますから，産業革命以降の経済学は全部入ってしまい，したがってアダム・スミスも含まれることになります。しかし，日本で言う「近代経済学」とは，1870年代以降の非マルクス系の経済学を総称する名称として用いられています。

　この名称の由来についてお話すると，また長くなりますのでここでは割愛しますが，少なくとも，「マルクス経済学 対 近代経済学」という暗黙の対立構図だけは，もはや繰り返したくないものです。マルクス経済学と近代経済学は，確かに理論内容も根底思想も異なるものであり，資本主義の評価においても対立する一面を持ちますが，ならばなおのこと，マルクス経済学と近代経済学は同じ場所にいて，互いに切磋琢磨するべきであって，その違いを相互排除の標識にするようでは，社会科学として失格でしょう。同じ現象をマルクス経済学で考えたらどうなるのか，さらに近代経済学で考えたらどうなるのか，その成果を交換する，あるいは自分のなかでの視点の変更として活用する，そのことから得られる認識の深まりは，むしろ経済学ならではのものと言えるはずです。本書を通じて，その必要性と有用性を，わずかでもお伝えできればと思います。

5.3　水とダイヤモンドのパラドックス──限界効用理論の基礎

イギリスと大陸　新古典派経済学を形成した3大学派は，いまも述べたように，オーストリア学派，ローザンヌ学派，ケンブリッジ学派ですが，このうち前の2つ，すなわち，オーストリア学派とローザンヌ学派はヨーロッパ大陸で形成された学派，それに対してケンブリッジ学派はイギリスで形

成された学派という違いがあります。現代に住む私たちは，イギリスと大陸を分けて考える習慣がほとんどなく，イギリスも含めてヨーロッパと考えるのが普通になっていますが，おおよそ第2次世界大戦くらいまでのヨーロッパを考える場合には，イギリスと大陸との違いを念頭に置いておいたほうが，様々な点で理解の助けになります。それは経済学に限らず，哲学においても，文学・芸術においても同様です。現に哲学史においては，イギリス経験主義と大陸合理主義という2大系統を分けて考えることは常識であり，これが実は，経済学の思想や理論の内容にも，本来無視できない痕跡を残しているのです。

したがって，新古典派経済学のもともとの性質を考える，つまり新古典派を学史的に考える場合にも，大陸とイギリスをいったん分けて，それぞれの特質を捉えたほうがいいと思います。そうすることで，一見形式論理のかたまりに見える新古典派の経済学が，いかなる部分で歴史と接点を持っているかが見えてくるはずです。時論と学説を切り離さずに理解しようとする前章までの方法が，ここでも繰り返されることになります。

なぜダイヤモンドは水より高価なのか

新古典派経済学は，古典派経済学とくらべて，その内容が微視的（ミクロ的）だとよく言われます。これは，古典派経済学が，社会全体の大きな動きを捉えようとしたのに対し，新古典派経済学が，個々の商品の価格決定の原理に，論点を限定しているように見えるためです。確かに，新古典派経済学の直接の主題は，個々の商品（新古典派では商品と言わずに，財という言葉を使いますので，以下でもそれに合わせます。これは単なる語法の違いではないのですが，ここでは深入りしません）の価格の決まり方，すなわち，価格決定の原理の解明にあり，ゆえに，古典派以上に，価格決定の場である「市場」の分析が進められることになったのですが，新古典派はそれを通して，市場経済全体の性質を考えようともしているので，新古典派＝微視的という理解はかならずしも正確なものではありません。これを確認した上で，さて，その価格決定の原理についてですが，これについては，実は以前からひとつの難問がありました。

私たちは，ダイヤモンドが大変高価な品物であることを知っています。あのイシコロひとつに，100万円とか1000万円とか，ウソのような価格がつけられています。私たちは，普段これをあたりまえに受け止めていて，別に疑問を感じることはありません。その一方で，私たちはコップ1杯の水の値段が，100円にもならないことを知っています。これも普段はあたりまえに思っていて，特に疑問を感じることはありません。

しかし，ではなぜダイヤモンドは水よりも高いのですか？　とあらためて質問されたら，皆さんはどのように答えますか。たとえば，ダイヤモンドは水よりも，私たち人間にとって重要性の高い財だと断言できれば，それを答えにすることもできるでしょう。しかし，それはちょっと考えにくいことです。ダイヤモンドがなくても私たちは死にはしませんが，水がなくなったら，私たちは確実に死んでしまいます。人間にとっての有用性あるいは重要性ということで言ったら，水の価格のほうが高くなって当然です。では，古典派のように，生産に要する労働量の違いから説明できるでしょうか。ダイヤモンド1個の製造に，多大な労苦の投入が必要であることは理解できますが，安全な水1杯を供給するのに必要な労働量もそれなりに大きいはずで，投下労働量の観点から，水1杯とダイヤモンド1個の極端な価格差を，合理的に説明するのは困難に思われます。有用性の観点からも，労働量の観点からも説明が困難なこの問題は，水とダイヤモンドのパラドックスと呼ばれて，古来，価格問題の難問とされてきました。

　限界効用　　この問題に対して，新古典派は，価格の高低を決めるのは財の有用性や労働量ではなく，まずはその財の稀少性ではないかと考えました。たとえば，ある大富豪が砂漠の真ん中に置き去りにされたとしましょう。のどが渇いて死にそうになっている彼は，コップ1杯の水と交換できるのなら，身につけているダイヤモンドを10個でも20個でも差し出すと言うでしょう。つまり，大富豪はこの場面では，ダイヤモンドよりもはるかに高い価値を，コップ1杯の水に認めていることになります。では，2杯目になるとどうでしょう。コップ1杯ではとても満足できなかった彼は，2杯目にも喜

んでダイヤモンドを差し出すと言うでしょう。しかし，そう言いながらも，その2杯目に感じるありがたさは，生死の境を分けた1杯目にくらべると，わずかとはいえ小さいと感じているのではないでしょうか。さらに3杯目，4杯目になるとどうでしょう。彼はのどの渇きが癒されるに従い，あれほど強烈だった水のありがたさが，しだいに薄れてゆくのを感じているのではないでしょうか。つまり，1杯ずつ追加されるに従い，その最後の追加分に感じる満足度は，しだいに低下してゆくのではないでしょうか。

そうなると，最初の1杯にはダイヤ10個分の価値を認めていた同じ人が，しまいにはダイヤ1個分の価値も，それどころかわずか100円の価値も認めないようになるでしょう。新古典派は，この「最後の追加分に感じる満足感」を限界効用と表現しました（学史的な正確さを期しておくと，この「限界効用」という言葉を最初に使ったのは，ヴィーザーだと言われています）。水のように，日常生活において大量に存在する財は，「最後の追加分」が絶えず現れてくるために，その限界効用が小さくなります。したがって，人々がこれに認める価値も小さくなるのです。逆に，ダイヤモンドのように，その数が大変限られている財は，私たちの生存にとって有用であろうとなかろうと，限界効用だけは大きくなり，それだけ高い価格でも受け入れられるようになるわけです。限界効用は，稀少性の尺度と言ってよいものです。

「水とダイヤモンド」の例はいささか特殊ですが，一般の商品を考えた場合でも，大量に生産された財については，やはり消費者の感じる限界効用は小さくなるはずです。生産者がそれを無視して高い価格をつけようとしても，消費者が納得しなければ，結局売れ残りを出してしまうでしょう。かくして，限界効用の小さな財の価格は低く，限界効用の大きな財の価格は高くなる傾向が出てきます。新古典派は，このようにして，「水とダイヤモンドのパラドックス」を解き，価格現象の基礎にあるのは稀少性に由来する満足感，すなわち限界効用にほかならないと考えたのです。新古典派の価格理論は，かくして効用価値論と呼ばれるようになりました。

5.4 メンガーの効用価値論

限界効用逓減の法則　効用価値論は，新古典派全体で共有されるものになりますが，メンガーは，これを次のような図表を使って議論しました。図5.1をメンガー表と言います。表のⅠ，Ⅱ，Ⅲ…はそれぞれ何かの財を表し，その下の数字は，各財の消費量を1個ずつ増やしていったとき，その最後の1個に感じる満足感の大きさ，すなわち，限界効用の大きさを仮に数字にして示したものです。したがって，メンガー表の第1行目は，各財の1個目の限界効用を表しています。第Ⅰ財の1個目の限界効用は10，第Ⅱ財の1個目の限界効用は9となっていますから，この人が誰にも強制されることなく，自分の意思で選択することが許されていれば，この人はまず第Ⅰ財から消費を始めるでしょう。その第Ⅰ財の限界効用が，消費量の増加に伴い，10，9，8…としだいに小さくなってゆくことを，メンガー表は縦列の数字によって表現しています。これを限界効用逓減の法則と言います。

　ではいま仮に，6個の財を選択できるとしましょう。この人は，どの財を何個ずつ選択するでしょうか。たとえば，第Ⅰ財から第Ⅲ財まで2個ずつ選択しようとするでしょうか。もしそのようにすると，この人の得る効用の大きさは，第Ⅰ財の2個から10＋9＝19，同じように第Ⅱ財からは17，第Ⅲ財からは15となって，計51ということになるでしょう。

　しかし，よく表を見てみれば，この人は決してそのような選択をしないことがわかります。なぜなら，第Ⅲ財の2個目の限界効用は7になっていますが，第Ⅰ財の3個目の限界効用は，それより高い8になっています。そこで，この人は，第Ⅲ財の2個目を選択せずに，第Ⅰ財の3個目を選択しようとするでしょう。すなわち，第Ⅰ財を3個，第Ⅱ財を2個，第Ⅲ財を1個選択しようとするでしょう。そうすれば，第Ⅰ財から10＋9＋8＝27，第Ⅱ財から17，第Ⅲ財から8の効用をそれぞれ得て計52，つまり先ほどよりも大きな

I	II	III	IV	V	VI	VII	VIII	IX	X
10	9	8	7	6	5	4	3	2	1
9	8	7	6	5	4	3	2	1	0
8	7	6	5	4	3	2	1	0	
7	6	5	4	3	2	1	0		
6	⋮	⋮	⋮	⋮	⋮				
⋮	⋮	⋮	⋮	⋮	⋮				
⋮	⋮	⋮	⋮	⋮	⋮				
⋮	⋮	⋮	⋮	⋮	⋮				

図5.1 メンガー表

効用を，同じ6個の消費から得ることができます。したがって，こちらのほうが，より合理的な選択ということになります。

効用最大化 この人の効用が全体的に大きくなったのは，7という小さな限界効用しか得られない第Ⅲ財（の2個目）をやめて，同じ1個でも，それより大きな8という限界効用を得られる第Ⅰ財（の3個目）に変えたからでした。つまり，なるべく大きな限界効用の財を優先的に選択することで，効用の合計を高めることができるわけです。そうすると最終的には，すべての財の限界効用が等しくなるような選択をすることになるでしょう。なぜなら選択品目のなかに，ほかよりも低い限界効用の財が含まれているのなら，それをやめて，もっと高い限界効用の財を選び直せばよいからです。

そうした調整を続けて，すべての財の限界効用が等しくなったら，それ以上の改善はできなくなります。たとえば第Ⅲ財の1個目もやめて，第Ⅰ財の4個目あるいは第Ⅱ財の3個目を選択しようとすると，どちらからも8より低い7という限界効用しか得られません。したがって，すべての財の限界効用が等しくなったとき（いまの例では8で等しくなっています），この人の全

体的な効用水準は最大となり，それが最も合理的な選択ということになります。ここから，合理的な選択とは限界効用の均等化をはかることによって得られる，という結論が出てきます。ここではまだ，各財の価格の違いを考慮に入れていませんので議論としては不十分ですが，近代ヨーロッパが一貫して追求してきた合理性の哲学が，選択行動という日常的で具体的な経済行動のなかに，直接求められている点に注意してください。

主観的＝主体的価値論　メンガーは，この原理を基礎にして，価格，交換，さらには貨幣にまで分析の範囲を広げてゆきます。一見ばらばらに機能しているかに見える経済現象が，効用価値論によって，一貫した原理的現象として理解できるようになる。これがメンガーの最も中心的な論点でした。

しかし，効用価値論の核心は，いまも見た通り経済行動の基礎があくまで個人の効用にあること，すなわち個人の抱く満足感，つまりは個人の主観性が，価格を基礎とする市場原理の源にあることの強調にありました。市場経済の要である「価格」を最終的に規定しているのは，個人の内面という，誰にも支配しきれない場所で行われる主観的評価にあり，それを選択行動のなかで主体的に発揮できたとき合理的な経済生活が可能になる。彼の理論は，こうした思想の具体化されたものと見ることができます。ここに，大陸の新古典派と歴史的課題との接点が見えてくるのですが，話を急ぐ前に，大陸のもうひとつの新古典派である，ワルラスの経済学を見てみましょう。

5.5　ワルラスの一般均衡理論

交換の場としての市場　限界効用の理論は，一個人の選択行動だけでなく，財と財の交換の原理に拡張することができます。そして，財と財の交換が行われる場を市場と定義すれば，市場の集合体である市場経済全体の性質も，効用価値論に基づいて理解することができるのではないか。このよう

な方針に基づいて，新古典派経済学における基本的な市場経済像を作り上げたのが，ローザンヌ学派の開祖レオン・ワルラスです。

ワルラスの理論は，数学的に展開されます。そのため一見近寄りがたい印象を与えるのですが，論理自体は単純なものです。ワルラスの理論は，市場経済のなかにわが身を置いて，そこから経済を考えようとするものではなく，むしろ経済から目線を十分に引いた位置から，あるいは天空の高い位置から，諸々の経済活動を一望の下に見下ろしたとき見えてくる，一枚の絵と考えればわかりやすいと思います。先に触れた大陸合理主義の哲学には，このワルラスの目線に共通する面があります。反対に，経済のなかにわが身を置いて，そこでの経験を思い返しながら経済の考察を行おうとする姿勢は，イギリス経験主義の姿勢に近く，次節で見るマーシャルの経済学には，やはりそうした性質が現れています。

ワルラスはまず，限界効用の理論を土台にして，ひとつの交換の原理，すなわち，ひとつの市場の原理を考えます。いま太郎くん，次郎くんという2人の子供がいて，太郎くんはチョコレートをたくさん持っており，次郎くんは大きな袋いっぱいのポップコーンを持っていたと仮定しましょう。太郎くんは，チョコレートだけでは口のなかが甘ったるくなってしまうので，もう少し何かしょっぱいもの，たとえばポップコーンが少しあればいいなと思っていました。また，次郎くんも，ポップコーンだけでは飽きてしまうので，もう少し何か甘いもの，たとえばチョコレートがあればいいなと思っていました。したがって，新古典派的に表現すれば，太郎くんにとってはチョコレートの限界効用が小さく，ポップコーンの限界効用が大きいわけです。逆に，次郎くんにとっては，ポップコーンの限界効用が小さく，チョコレートの限界効用が大きいということになります。

需要と供給　その2人が道ばたで偶然出会いました。お互いに欲しいと思っていた財を，ちょうど相手が提供してくれるというので，2人はチョコレートとポップコーンを交換することにしました（これを，欲望の二重の一致と言います）。問題は，チョコレート1個とポップコーン何個を交換す

ればお互いに納得がゆくか，つまり，チョコレートとポップコーンの交換比率＝価格を決めることです。限界効用の理論を使って，この価格決定の原理を図示したものが，経済学の教科書でよく見かける図5.2です。

　ここでは，ポップコーンについて考えることにしましょう。ポップコーンを欲しがっているのは太郎くんですから，ポップコーンの需要者は太郎くんです。したがって図の需要曲線は，太郎くんの心理または行動を表すものになります。逆に，ポップコーンを提供してチョコレートを欲しがっているのは次郎くんですから，ポップコーンの供給曲線は，次郎くんの心理または行動を表すものになります。太郎くんの需要量と，次郎くんの供給量は，ともに横軸ではかられます。

　ポップコーンの価格は縦軸ではかられますが，ここでは，ポップコーン1個がチョコレート何個に値するかをもって，ポップコーンの価格を表すものとします。形式的に表現すると$\frac{\text{チョコレート何個}}{\text{ポップコーン1個}}$でもって，ポップコーンの価格を表すのです。この表記の仕方が，始めのうち奇異な印象を与えるのですが，これは次のような意味になっています。ポップコーンを欲しがっているのは太郎くんですので，彼がポップコーン1個を手に入れるときには，その代金としてチョコレートを次郎くんに支払わなければなりません。つまり，$\frac{\text{チョコレート3個}}{\text{ポップコーン1個}}=3$がポップコーンの価格になるのは，ポップコーン1個を手に入れるために，太郎くんは自分の持ちものであるチョコレートを3個手ばなさなければならないからです。これが物々交換でなく，貨幣を用いた通常の購買であれば，手ばなすのはチョコレートではなく，まさしく現金になるでしょう。ポップコーン1個3円と言われれば，私たちが普段馴染んでいる価格表現になりますが，それは要するに$\frac{\text{貨幣3円}}{\text{ポップコーン1個}}=3$という関係を短く表現しているわけです。ですから，本質的な内容はまったく同じです。ポップコーン1個が3円から5円になれば，私たちは即，ポップコーンの価格が上がったと理解できます。同じように，$\frac{\text{チョコレート3個}}{\text{ポップコーン1個}}=3$から，$\frac{\text{チョコレート5個}}{\text{ポップコーン1個}}=5$への変化も，ポップコーンの値上がりを意味することがわかります。この3とか5とかいう数値を記したものが，図の縦軸です。

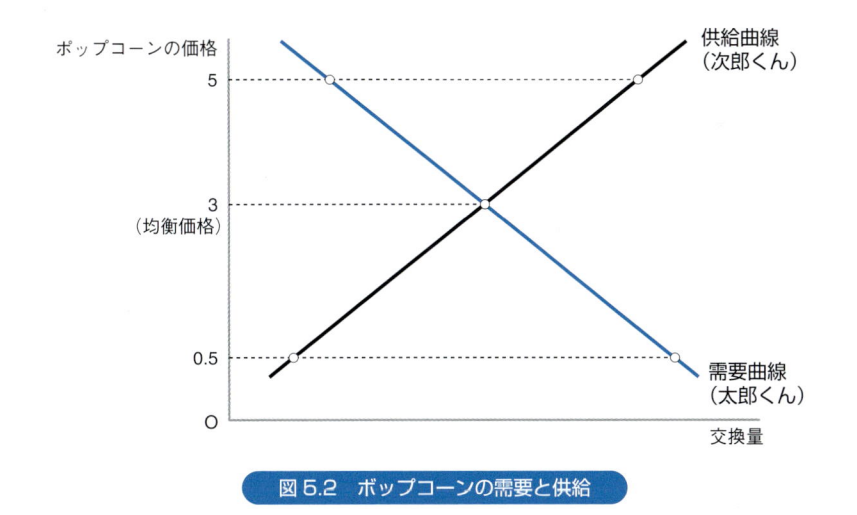

```
                              供給曲線
ポップコーンの価格           （次郎くん）
   5 ┤────○        ○
        ╲     ╱
        ╲   ╱
   3 ┤     ╳
  （均衡価格） ╱ ╲
        ╱     ╲
        ╱       ╲
  0.5 ┤○         ○──── 需要曲線
        │           （太郎くん）
   O ──┴──────────── 交換量
```

図5.2　ポップコーンの需要と供給

需要曲線はなぜ右下がりか　　さて，太郎くんの需要曲線を見てください。いま価格が5であるとすると，太郎くんはポップコーン1個を手に入れるために，チョコレートを5個失わなければなりません。これは，ポップコーン1個が，チョコレート5個に値するという意味ですから，かなり高い価値をポップコーンに認めていることになります。こうした関係は，ポップコーンの限界効用が相当高く，チョコレートの限界効用が相当低い場合に成り立つでしょう。したがってこれは，手に入るポップコーンの量が，まだ少ないときに成り立つ関係と見ていいでしょう。高い価格と小さな需要量が対応するのはこのためです。

　逆に，価格が0.5の場合は，ポップコーン1個の価値が，チョコレート半個分でしかないと太郎くんが考えているわけですから，これはポップコーンの限界効用が低く，チョコレートの限界効用が高いことを意味するでしょう。たとえば交換がかなり進み，太郎くんの手にしたポップコーンがかなりの量になった反面，交換の過程で多くのチョコレートを失ってしまったため，今

度はむしろ，チョコレートの限界効用が高くなったような場合に，こうした事態が生じるでしょう。低い価格と大きな需要量が対応するのはこのためです。

　かくして，右下がりの需要曲線が描かれるのです。需要曲線の右下がりのかたちは，限界効用逓減の法則を反映しています。

供給曲線はなぜ右上がりか

では，供給曲線が右上がりになるのはなぜでしょうか。実は，いま述べたことのなかに，その説明がすでに与えられているのです。ただし，ここで一点注意が必要です。今日では，この供給曲線を，生産に要した費用の観点から説明するのが一般的です。それは決して誤りではないのですが，生産費から供給を説明するのは，本当は，次節で検討するマーシャルの理論であって，ワルラスの理論ではありません。もしマーシャルの理論を使うのであれば，価格の調整原理もマーシャルに合わせる必要があるわけですが，多くの教科書が価格調整の原理として使っているのは，これから見るように，ワルラスのものです。この違いは，両者が理論の背景に想定している経済の違いに由来するものであって，この区別を忘れてしまうと，理論の描いている世界が想像できなくなる，あるいは，あり得ない経済が描かれることになる危険性があるのですが，その話は後にしましょう。

　供給の主体は次郎くんですから，これは次郎くんの心理または行動を表しています。そのかたちが右上がりだということは，次郎くんがポップコーンの供給量を増やすに従い，その価値評価を高めることを意味しています。なぜでしょうか。供給量が少ないうちは，それだけ多くのポップコーンが，次郎くんの手元に残されています。ゆえにポップコーンの限界効用は低くなります。逆にこの段階では，次郎くんはチョコレートをほとんど手に入れていませんから，チョコレートの限界効用は高いわけです。したがって，次郎くんにとっては，ポップコーン1個がチョコレート半個分にしか値しないように見えるのです。ポップコーン価格0.5が，次郎くんの少ない供給量に対応するのはこのためです。

ところが交換が進むに従い，太郎くんとはちょうど逆に，次郎くんの手元ではチョコレートが増えてゆき，ポップコーンが少なくなってゆきます。したがって，チョコレートの限界効用が低くなり，ポップコーンの限界効用が高くなります。ゆえに次郎くんは，ポップコーンの価値を高く見積もるようになります。高いポップコーン価格と，大きな供給量が対応するのはこのためです。一言で言えば，交換が進むに従い，ポップコーンの手持ち量が少なくなって限界効用が高くなるため，それだけ高い価格をつけてもらわないと，それ以上の交換には応じられない，というのが次郎くんの心境であるわけです。

　ですから，供給の原理とは言っても，そこで展開されているのは，供給者が，自分の提供財の残り分に感じる限界効用を示したものです。つまり，これも一種の需要の原理なのです。ワルラスの議論には，需要の原理とは別個の，独立した供給の原理というものは存在しません。これは，同じ限界原理を用いながらも，供給曲線に関しては，別個の原理を追求しようとしたマーシャルの手法との，大きな違いを示す部分です。

　価格の決定　　図5.2は，このような原理の上に描かれています。さて，問題は価格ですが，太郎くん，次郎くんがともに納得できる価格，すなわち，2人の交渉がまとまる価格は図中の3以外にありません。なぜなら，価格が5の場合は，次郎くんの希望する供給量が，太郎くんの希望する需要量より多くなってしまって，交渉がまとまりません。やむを得ず次郎くんは価格を少し下げることに同意し，価格が下がることで，太郎くんは若干需要量を増やすことが可能になります。そうした交渉を繰り返すことで，やがて価格3が2人の希望を満たす価格であることがわかって，交渉がまとまり交換が行われます。このときの価格を均衡価格と表現します。

　一般均衡理論　　このように，ひとつの交換，あるいはひとつの市場だけを取り上げて分析する姿勢を，部分均衡論と言います。しかし，ワルラスはむしろ，ひとつの市場が，他の市場に直接，間接の影響を及ぼすことに注目しました。たとえば，砂糖の均衡価格は，砂糖を原料とする製品の価格，

あるいは砂糖と深い関わりのある財，たとえばコーヒーや煎茶の価格と無関係には決まりません。

仮に砂糖の価格が1キロ1000円になった場合，これを高いと感じる人が多ければ，砂糖抜きでコーヒーを飲めない人たちは，コーヒーへの需要を減らすかもしれません。つまり，食後のひとときは，コーヒーではなく煎茶ですごそうという人が増えてくるかもしれません，そうなると煎茶の需要が増大しますから，煎茶の価格が上がり，それが第2，第3の影響を様々な市場に及ぼし，めぐりめぐって砂糖の需給にも影響を返してくるかもしれません。

このように財と財，市場と市場とは，非常に複雑な相互依存関係を持っています。そうなると市場経済全体では，いつもどこかに不均衡が残されて，絶えず調整過程が続いているようにも思えてきます。しかしながらワルラスは，そうした市場の相互依存関係を認めた上でなお，理論的には，すべての市場で，需要と供給が同時に均衡し，一切の調整過程が消滅しうることを数学的に証明しました。この状態を一般均衡と言います。一般均衡が得られるためには，いくつか大きな前提条件が満たされる必要がありますが，その本質は，人々が互角の競争条件で，自由に，自分の選好体系に従って行動することができれば，その論理的な帰結として，一般均衡が可能になることを示すことにありました。そのため，この理論は自由市場経済の優秀性を証明するものとして，あるいはスミスに代わって，自由放任経済を擁護する理論として，20世紀の市場経済論を代表するもののように扱われてきました。しかしそれは果たして，一般均衡理論への解釈として正当なものだったかどうか。最後の節であらためて検討したいと思います。

5.6 マーシャルの動態的市場理論

静態と動態　ワルラスの一般均衡理論に代表される大陸の新古典派経

済学に対して，それと似て非なる市場経済論を展開していたのが，イギリスの新古典派経済学，特にマーシャルの経済学でした。ワルラスの理論は，すべての市場が同時に需給均衡するための条件を探求したものですが，すべての市場で同時に需給均衡が得られるとしたら，もはや何らかの調整を必要とするような事情は，経済のどこを探しても見あたらないことになります。したがって，すべての市場で，それぞれの均衡価格に対応する，（相等しい）需要量と供給量の交換取引が，ひたすら繰り返されることになります。その意味で，一般均衡理論が描く市場経済は，およそ変化というものがない，静態的な市場経済であると言われます。

これがもし，現実の市場経済の描写であると言うなら，いささか現実味に欠けると誰であっても思うはずです。同じ商品が，同じ価格で，同じ量だけ生産され，かつ同じ量だけ消費されてゆくと言うのですから，これは私たちの日常経験からはかけ離れています。いくら時代が違うとはいえ，まったく新商品というものが現れず，価格もまったく変化せず，生産量も消費量もまったく変化しない，そのような経済を想像することは困難です。そのため，一般均衡理論を継承しようとした人々の最初の課題は，いかにして一般均衡理論に変化の要素を入れ込むか，すなわち，いかにして一般均衡理論を動態化させるかにありました。私たちは，次の章でその最初の，しかもきわめて大きな貢献をなした人物としてシュンペーターを取り上げますが，まさにこの動態性という性質をめぐって，一般均衡理論と似て非なる市場像を展開していたのが，マーシャルなのです。

時代背景　　マーシャルの時代，すなわち，19 世紀末のイギリス経済は，産業革命以来の繊維産業を中心とする軽工業型の経済から，製鉄や造船などを中心とする重工業型の経済へと，急速な転換を迫られつつありました。しかし，重工業におけるアメリカやドイツの追い上げはすさまじく，イギリスはしだいに対外競争力を失い始めていました。したがって，これをいかに回復させるかが，当時最も急を要する時論的課題と考えられていました。と同時に，国内においては，相変わらず貧困問題が後を絶たず，貧困対策，社会

政策，労働者教育の拡充を求める声が，日に日に高まりを見せていました。マルクスは，そうしたイギリスを背景に『資本論』を執筆しました。また，最後の古典派とも言える J. S. ミルは，生産の理論と分配の理論を分けて，生産は科学的な法則性に服さざるを得ないが，分配は，賃金制度などの社会的仕組みに依存する以上，分配構造に人為的な変更を加えることは可能であると論じました。マーシャルは，このミルの思想から大きな影響を受けています。いずれにせよ，時代の風潮は，明らかに自由放任主義からは離れつつあったのです。

　貧困層を間近に見る場所で生まれ育ったマーシャルは，貧困に蝕まれて人間性を崩壊させてゆく人々を見て，貧困の解消こそ経済学の主題であると考えました。本書では詳論できませんが，マーシャル経済学の本当の主題は，いま検討している価格理論を基礎にした所得分配論にありました。ただし，それは所得水準の平準化自体を目的にするものではかならずしもなく，貧困の解消を通して，貧しき人々に人間らしい精神生活を取り戻させることがそのねらいでした。人間に帰着しない経済学ほど，マーシャルにとって無縁なものはなかったのです。しかしそのためには，イギリス経済全体の生産性を向上させ，労働者の所得水準を高めると同時に，対外競争力の回復をはかる必要がありました。マーシャルの市場理論はこのような，経済の動態的変化を主題とする時論的課題を見据えながら，展開されたものだったのです。

代表の概念　　マーシャルは，あるひとつの典型的な市場，あるいは代表的な市場を考え，そのなかで展開されるであろう出来事を丹念に追ってゆきます。そして，ひとつの市場に関心を集中するために，他の条件にして一定ならば（ceteris paribus というラテン語でよく表記されます）という特徴的な仮定を設けます。そのため，マーシャルの理論は，ワルラス理論で言う部分均衡分析に該当するものと見なされ，したがって，ワルラス理論のなかに吸収できるとする解釈がながらく取られてきました。しかし，そのような一面的な解釈をしたのでは，マーシャル理論が持っている動態的要素を正しくつかまえることができなくなります。マーシャルを考えるときには，あくま

図5.3 マーシャルの短期均衡

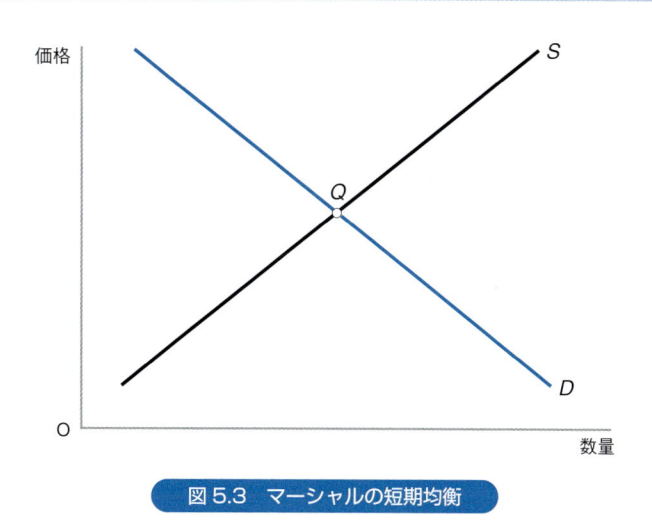

でマーシャルに即して考えてゆく必要があります。

市場構造　マーシャルの市場理論をまず典型的なかたちで表せば，図5.3のようになります。図5.2と一見，まったく同じものに見えます。しかし，この図を使うことができるのは，マーシャル理論の*ある一部分*に限定されます。縦軸に財の価格，横軸に財の数量がとられている点は図5.2と変わりありません。ただしマーシャルは，ワルラスのように，価格を財同士の交換比率としては表さず，普通に，貨幣ではかった値段として考えます。したがって，需要とは文字通りお金を払って財を買うことであり，供給とは財を売ってお金を受け取ることを意味します。

　需要曲線の基礎にある原理は，これまで見てきた，限界効用逓減の法則と大差あるものではありません。価格が高いときは，失う貨幣が多くなる分，それに匹敵するだけの高い限界効用を，その財が持たなければなりません。価格が安くなるのに応じて，限界効用を小さくすることが可能になり，それは（その財への好みそのものが変わらない限り）需要量の増大となって表れ

ます。かくして右下がりの需要曲線（D）が得られます。

　問題は供給曲線です。マーシャルにおける供給曲線（S）は，ワルラスとは違って，文字通り，この財の生産に要する生産費用を表したものになっています。しかも，現在私たちが目にする標準的な教科書では，まず始めに個別企業の費用曲線を導出し，これを企業の数だけ足し合わせることで，市場全体の供給曲線を作るわけですが，これもまた，基本的にはワルラス的な方法論と言ってよいもので，マーシャルの論理とは若干異なります。ワルラス的な市場に登場する企業は，すべて同質的と仮定されています。つまり，ワルラスの世界では，その規模においても，技術水準においても，経営能力においてもまったく差がない，その意味で同質的な企業だけで市場が構成されるものと仮定されています。

　しかし，マーシャルの世界では，規模こそ似たりよったりの小ささですが，技術水準，労働者の熟練水準，経営者の経営管理能力等において，はっきりとした違いを持つ異質な企業群で構成される市場が仮定されます。したがって，同じ財を生産するのにも，個別企業ごとに費用差があって，それを優秀な順に並べたもの，すなわち，費用の低いほうから高いほうへ順に並べたときに出てくる費用表が，ここでの供給曲線なのです。リカードの地代論と，議論の構図がよく似ています。

特定失費曲線と供給曲線　　ただし厳密に言うと，マーシャルはこれを特定失費曲線と呼び，これに，市場規模の影響を加味して得られるのが供給曲線だとして，この2つを区別しています。というのは，たとえば市場規模が小さいうちは，商品自体が消費者に知られていないので，各企業とも大変な宣伝広告費をかけなくてはなりません。しかし，市場規模が大きくなり，商品が一般的に普及し始めれば，その種の広告費もいくらか減らすことができるでしょう。これはある特定の企業の力によるものではなく，市場規模の拡大に由来するひとつの現象です。したがってその恩恵も特定企業に集中せずに，程度の差こそあれ，その市場のすべての企業に及ぶものと言ってよいものです。このような，市場規模の拡大から得られる間接的な費用削減効果

を，マーシャルは外部経済性と呼んでいます。企業にとっては外部の事情が原因で費用が節約されたので外部経済と言うわけです。現在の外部経済性とは若干異なる使い方をしていますが，この外部経済性を特定失費曲線に加えたものが，マーシャルの言う供給曲線になります。

ということはつまり，マーシャルの理論では，市場規模が決まらないと，供給曲線の位置もかたちも決まらないという，複雑な関係が想定されていることになります。通常は，図5.3のように，需要曲線，供給曲線を先に定めて，その交点で，取引量すなわち市場規模が決まると解説されるわけですが，マーシャルの理論では，市場規模と供給曲線は同時決定であって，市場規模が模索されるあいだ，供給曲線の位置もいろいろに動くわけです。ざっくばらんに言えば，生産量が決まらないうちから，先に費用だけ決まることはないという，きわめて現場的な発想がここに盛り込まれているのです。

なるほど現実的にはその通りであって，こうした点に，マーシャル経済学の現実性が発揮されていると言ってよいのですが，これは経済理論の図表的な展開をきわめて難しくします。そのため，今日では，こうした理論手法はほとんど用いられず，現に本書でも，以下では，特定失費曲線と供給曲線を区別せずに，供給曲線として扱うことにします。

このような意味合いの下で，需給均衡点として得られるのが図5.3のQ点です。Q点よりも左側にいる生産性の高い企業ほど，価格と費用の差額が大きく，それだけ大きな利潤を獲得できる可能性があります（正しくは，この差額は生産者余剰ですので，ここから固定費を引かないと利潤にはなりません。しかし，ここではむしろ利潤が差額地代に類する論理で説明されている点に注意してください。マーシャルは，様々なかたちで古典派理論を継承しようとしています）。

４つの時間区分　　さて，先ほど，この図で表現できるのは，マーシャル理論のごく一部だと言いました。マーシャルの言葉で言うと，これは「短期」の市場均衡を表した図表になります。短期とはどういう意味でしょうか。マーシャルには，市場は時間の経過に伴い，自ら変化してゆくものだという

認識があります。そして，その変化を，一時的均衡，短期均衡，長期均衡，超長期という4つの時間区分を使って表そうとします。

　一時的均衡というのは，供給量が一定の下で生じる均衡状態です。魚市場のように，供給量がその日の水揚量に限定されているような市場，あるいは，一般の生産物であっても，生産者が供給量を一定に維持している間に表れる市場状態が一時的均衡です。たとえば，何らかの事情によって，半導体への需要が全体的に増大したとしましょう。図表的には，需要曲線の上方への移動として表現される事態です。一時的均衡とは，それでも企業側が供給量を増加させない場合に生じるものです。

　というのは，企業としても，この需要増大が単に偶発的なものか，それともある程度持続しそうなものかを，まずは見きわめたいと考えるでしょう。持続しそうなら増産してもよいでしょうが，単に一時的なものであれば，へたに増産してしまうと製品があまってしまって，大きな値崩れを起こしてしまうかもしれません。そこで，需要が増大しているにもかかわらず，しばらくは供給を増やさないで様子を見ようとします。この間に生じる市場の状態が一時的均衡です。したがって，半導体の価格は一時的に上昇せざるを得ないでしょう。この場合，供給量は一定のままですから，価格は需要の大きさ，つまり需要曲線の位置次第で決定されることになります。すなわち一時的均衡では，価格はもっぱら需要によって決められるものになります。

　さて，需要増大がある程度持続しそうだと判断されたら，企業は増産を決意するでしょう。ただし，いきなり生産設備そのものまで増やしたのでは，やはり過剰生産の危険がありますから，まずは既存の設備のまま，もっぱら稼働率を引き上げることで，需要の増大に応じようとするでしょう。それでも供給量が増える分，半導体の価格はいくらか下落するはずです。このように生産設備一定の下で得られる均衡状態が短期均衡です。この状態を表しているのが図5.3ということになります。したがって，短期均衡における価格は，需要と供給の両者が等分の影響力を発揮して決まるものになります。そのどちらが主役かを決めることは，「はさみで紙を切っているとき，紙を

切っているのは上の刃か下の刃かを問うに等しい無意味なこと」とマーシャルは言っています。

しかし，需要増大がさらに持続しそうであれば，企業はいよいよ生産設備そのものの増設を決意するにいたります。生産設備の増大を含む段階で生じる均衡が長期均衡です。ただし，マーシャルは，生産力の増大を企業単位ではなく市場単位で定義していますので，生産設備の増加は，既存企業の増設によるものだけではなく，新規企業の創設や新規参入など，企業数の増加によってもたらされる部分も含まれることになります。

経済論理と経済倫理　　この長期均衡論は，マーシャル理論の眼目であると同時に，マーシャル経済学の歴史的性格を考える上でも，重要な論点を含んでいます。先ほど，マーシャルの時代におけるイギリス経済は，重工業型経済への移行期にあたっていると述べました。重工業に対応してゆくためには，企業も相応の規模を持たなくてはなりません。すなわち，経済構造の変革期は，同時に企業構造の変革期でもあるわけです。

ところが巨大な株式会社時代の到来を予見，もしくは確信させるこの時代にあって，マーシャルが，自らの理論の前提に置いていたのは，出資者が同時に経営者を兼ねる，どちらかと言えば古典的な企業形態でした。マーシャルは，現実的な感覚にすぐれた経済学者でしたから，イギリスにおける代表的な企業形態が，規模の拡大を容易にする株式会社形態（正しくは，所有と経営の分離を伴う現代的な株式会社）になるであろうことは，誰よりも強く確信していました。

しかし，同時にマーシャルは，経済を論理的な観点からだけでなく，倫理的な観点からも考えようとする人物でした。「こうなるであろう」という事実判断と，「こうなるべきだ」という価値判断を混同せずに，しかし常に，経済を判断する2つの目線として，相互に交通させなければならないというのが，マーシャルの経済思想でした。「こうなるであろう」という経済論理的な判断としては，マーシャルは株式会社時代の到来を確信し，生産性の向上という観点からは積極的に評価もしていたのですが，それが，経済倫理的

に見ても，完全に望ましいことと言えるかどうかについては，マーシャルは懐疑的でした。

というのは，現代的な株式会社においては，株主は無数の人間に散らばり，経営者には，設立者でも株主でもない人間が任命される可能性が高くなります。そのとき，企業の実態に対する責任を，自覚的に担うのは誰になるのか。株主は株価と配当には注意を向けても，株主総会の一員として，企業の実態への責任意識を強く持ち続けるとは到底思われません。一方経営者はというと，こちらは確かに，法的には企業の実態に責任があります。しかし，任期中会社を預かるだけの経営者に，自身で企業を設立したオーナー経営者と同じような責任意識，あるいは同じような冒険心を期待することができるだろうか，とマーシャルは危惧します。自分で作って自分が切り盛りしている企業であれば，つぶれてナンボという意気込みで，思い切った革新事業に踏み切ることもできるかもしれません。しかし，他人からの預かりものという立場では，そのような危険はおかせないと判断したとしても，無理からぬことと想像できます。

あるいは（若干日本の事情に引き寄せますが），自分の企業であれば，企業の汚名は自分の汚名でもありますから，それが企業活動に一定の倫理的制約を課すことになるかもしれません。しかし，最低でも業界における地位を維持して次の経営者に手渡すことが，預かり経営者の義務だという風潮が出てくれば，多少あざとい経営であっても手を染めなくてはならぬという，倒錯した義務感が出てくる可能性も否定できません。そうした傾向も考えると，所有者と経営者が別々に切り離されてしまうような，現代的な株式会社形態への移行が，イギリス経済の将来にとって果たして望ましいことと言い切れるだろうか，とマーシャルは考えたのです。

この問題は，マーシャルの後継者であるピグー（第7章参照）の世代ともなるといよいよもって現実化し，そうした現実との対決が「厚生経済学」という主題の下，ケンブリッジ第2世代以降の中心課題のひとつになってゆくのですが，マーシャルにおいてすでに，そのことは彼の理論の基礎部分に微

妙な個性として現れています。こうした言わば，経済論理と経済倫理とのジレンマに立って，マーシャルは自己の理論の基礎概念としては，なお古典的な企業形態を維持しました。彼の市場理論は，この企業形態と整合性を維持するなかで展開されています。したがってそれは，彼の理論に一種の歴史的な限界も与えるはずです。マーシャルの理論が一見現実味を帯びていたとしても，彼の理論をそのまま現代に持ち込むことはできません。しかし，私たちは，彼がその歴史的限界を，むしろ自分から選び取っていた形跡があることを無視するべきではありません。いま述べたのは，その理由として考えられることのほんの一部にすぎません。

価格と生産性　　話をもとに戻しましょう。以上のような事情を踏まえると，長期における設備増設は，既存企業の規模拡大よりも，新規創設あるいは新規参入が主力になると思われますが，いずれにせよ，長期において市場全体の供給量は飛躍的に増大します。その結果，半導体価格はさらなる低下を余儀なくされ，各企業の利潤も低下してゆきます。企業は稼働率の調整など，あらゆる手段を講じて費用の抑制をはかるでしょう。

しかし，いかなる企業も，技術的に可能な最小費用以下の価格を受け入れることはできません。企業間の技術水準に大きな開きがある場合には，この過程で多くの企業が倒産するでしょう。それほど顕著な開きがなければ，費用の最小水準に近いところで，市場価格は落ち着くことになるでしょう。マーシャルが想定していたのは，こちらに近い事態と思われますが，いずれにしても，この長期均衡において，価格水準を規定することになるのは，最低費用を定める要因，したがって，（技術水準を含む）供給要因ということになります。

ということはつまり，マーシャルの市場理論においては，4つの時間区分を通して，価格を決める主たる要因が，始めの一時的均衡では需要，次の短期均衡では需要と供給の両方，そして長期均衡では供給，というように需要サイドから供給サイドへ移動してゆくことがわかります。つまり，マーシャルの市場理論は，時の流れとともに変化する市場の姿を描いただけのもので

はなく，その変化を通して，価格を究極的に規定する要因が何であるかを明らかにしようとしているのです。

　そして，マーシャルはこれを供給要因，すなわち生産費の構造に求めたのです。したがって，何らかのかたちで生産性を上昇させ，生産費を引き下げることができれば，不況時のデフレとは異なる，正常状態としての価格の引き下げが可能になります。正常価格の引き下げができれば，時の課題である労働者の生活水準の上昇（マーシャルは物価の変動にくらべて賃金の変動は遅れる傾向があると見ていました。したがって物価が下がるときには，同じ賃金でも生活は少し楽になります。これを実質賃金の上昇と言います）と，対外競争力の向上の双方が可能になるはずです。そしてマーシャルは，そうした生産性向上を促す現実的な要因として市場競争を評価したのです。あるいは，そうした役割を果たす限りにおいて市場競争を是認したと言ってよいかもしれません。ゆえにマーシャルの市場は，ワルラスの市場とは違い，あくまで継続性を本質とする，動態的なものとして描かれているのです。（なお超長期についてですが，これは人口や産業構造など，一切のものが変化を許される市場状態を意味します。ですからこれはもはや均衡状態ではなく，ひとつの趨勢としてマーシャルは捉えています。そのため，従来マーシャルの理論は，長期まではつながっているが，超長期とは切れていると解されてきました。しかし，ここも実は注意が必要です。なぜなら，超長期で変化する要因に，いま述べたばかりの技術水準が含まれているからです。上述の展開は，この技術水準の変化において，長期と超長期が接続する可能性を感じさせるものですが，マーシャル自身はそうした議論を展開していません。ここを，マーシャル理論と整合的にどう理解すべきか。これは，皆さんで考えてみてください。)

5.7 大陸の新古典派とイギリスの新古典派

大陸の新古典派　以上述べてきましたように，一口に新古典派経済学と言っても，その原点に立ち戻ってみると，そこには様々な差異があったことが見えてきます。もちろん，何らかの差異があること自体はむしろ当然で，そうした差異にこだわるより，その共通部分にある理論的有効性を引き出すことのほうが，経済学としての発展につながることも事実です。しかし，新古典派の原像たちが残した差異には，彼らが直面した歴史的課題の違いを伺わせる一面があります。私たちは本書を通じて，時論との格闘のなかで芽生えてくる超時論的認識という観点から，経済学を捉え直そうとしています。新古典派の原像に見られる差異は，この観点から新古典派を考える上で，貴重な材料を提供しています。

そこで，大陸とイギリスの差異に注意しながら，いま一度，彼らの論点を整理してみましょう。メンガーも，ワルラスも，マーシャルも，価格の源泉に効用が関与していることは等しく認めています。しかし，メンガーがそこで力点をおいたのは，今日のような市場メカニズムの話ではなく，むしろ，個々の財が「価値」を有するにいたる過程でした。すなわち，人間が財に欲望を感じるのはなぜか，その欲望はどのような仕方で財の価値に転化するのか，そして効用の付与として現れる財の価値が，いかなる過程を経て，人間の経済生活を合理的な方向へと導くのか，そういった考察に力点が置かれていました。そしてメンガーは，個人の主体性（主観性）の自由な発揮が，近代社会の基盤であるところの，市場経済秩序の源にあることを示すことで，逆に言えば，市場社会を秩序づけるものは，国家の権力でも，古来からの慣習でも宗教でもなく，合理的に行動しようとする個人の意思にほかならないことを間接的に主張していたのです。

しかし，当時のオーストリア社会において，このメンガーのような思想は，

決して一般的なものではありませんでした。ウィーン体制の成立以来，息をふき返した封建的勢力と新しい資本家階級が結びつくことで，オーストリアに限らず，ヨーロッパ各地に排他的な特権階級が生まれ，彼らが政治・経済に君臨するような事態が多々見られました。その一方で，オーストリアは1867年には立憲体制へ移行し，製鉄をはじめとする工業の進展など，近代化の波も確実に迫っていました。メンガーは，自由主義的な思想を感じさせたルドルフ皇太子の家庭教師をつとめ，彼を通して上からの近代化を考えた時期もありました。彼の構想自体は実現しませんでしたが（ルドルフ皇太子は，身分違いの恋愛に悩んで自殺を遂げてしまいます。この事件は『うたかたの恋』として映画化されるなど，ロマンチックな題材にされがちですが，オーストリアの近代化にとっては大きな痛恨事でした），メンガーは，個々人の自由な意思の発揮が，合理的な社会秩序の源になりうることを示すことで，個人の自由をなお阻もうとする保守的思想への，批判を企てていたように思われます。

　同様の性質が，ワルラスの一般均衡理論からも伺えます。彼の理論は，個々人の自由な経済活動の結果が，一般均衡という，調和的で安定的な経済秩序をもたらしうることを示したものです。自由な経済活動などを許したら，社会はバラバラに解体してしまうに違いないという風潮が，いまだ強く残されていた当時にあって，ワルラスの理論は，一人ひとりの自由な経済行動が，全体的な秩序と矛盾しないことを理論的に示そうとしました。それが論理的にあり得ない話であれば追求に値しませんが，論理的に可能であるならば，少なくとも追求してみる価値が出てくるでしょう。したがって，これは当時のフランス経済の現実を，そのまま描写したものではありません。そうした現実がまだできていないからこそ，一種の青写真として市場経済の理論が必要だったのです。ですから，大陸の新古典派におおよそ共通する性質は，個々人の自由の上に成り立つ近代社会の範型を市場経済に求め，その存立可能性を論証することを通して，これから自分たちの社会が向かうべき未来像を示すことにあったと見てよいと思います。

そして，それは結果的に，その実現をなお阻もうとする反動勢力に対して，理論的な批判を企てる足場にもなり得たのです。ですから，大陸の新古典派理論を，そのまま現実経済の似姿として捉えてしまうと，場合によっては大きな誤りをおかす危険性があります。一般均衡理論をもって，自由放任の資本主義経済を擁護するための理論と考えた時期があったとすれば，その当否は今後，厳密に問い直されなくてはならないでしょう（ちなみに，ワルラスは社会主義に近い位置にいました。彼自身には不鮮明なところがありますが，彼の父親のオーギュスト・ワルラス（Antoine August Walras, 1801-1866）はサン・シモン派の社会主義者で，ワルラスは子供のころから父に連れられて，社会主義者の集会によく参加していました。ワルラスは，一般均衡理論を提唱する以前に，土地国有化論を主張したことがあり，地代をすべて税収に変えることで，賃金への課税を廃止することを主張しました。この思想と一般均衡理論を直結させることはできませんが，ワルラス＝自由放任主義者という単純な図式には無理があると思われます）。

イギリスの新古典派

これに対して，イギリスの当時の課題は，まがりなりにも近代的な自由市場経済を，他に先駆けて実践してきたがゆえの諸問題に，現実的に取り組むことでした。ゆえに，イギリスの新古典派経済学は，現実に機能している市場経済の原理を，具体的に解明する必要がありました。現に機能している市場経済の原理を知り，その原理を活用してゆくなかで現実問題の解決をはかるというのが，イギリス新古典派に課された歴史的課題でした。そのため，イギリスの新古典派経済学は，大陸の新古典派経済学よりも，政策論的な指向性が強くなり，理論の内容も現実的になる傾向があります。このことは，マーシャルの理論が，端的に示していると思います。

しかし，これは，イギリス新古典派のほうが，大陸の新古典派よりすぐれているという意味ではかならずしもありません。現実的な理論は，その理論のなかに現実的な要素を多く含むがゆえに，それだけ歴史的な制約も受けやすくなります。本書では，それをマーシャル理論における企業形態を例にし

て考えましたが，同様の問題点は，マーシャル理論の別の側面においても議論できるはずです。この点，大陸の新古典派は，歴史的現実との関わり方が間接的である分，歴史的制約からも相対的に自由な印象を与えます（その印象が正しいかどうかは，また別個の問題です）。後に，新古典派経済学という名称の下に，どちらかといえば，大陸の議論が優勢を占めるようになったのは，いろいろな偶然もありますが，ひとつには，大陸の議論が歴史的な制約から，あるいは状況的な制約から，比較的自由な印象を与えたことも大きかったはずです。

　仮想的理論が持ちうる普遍性と，現実的理論が被りやすい相対性と，この2つのせめぎ合いのなかに，20世紀以降の経済学は置かれることになります。その両者をいかに橋渡しすればよいか，名案はまだありません。そうした一種のジレンマを抱えながら，いかにして経済学が，現実経済の変貌に向き合っていったか。時代はいよいよ20世紀を迎えます。

文 献 案 内

[学習用図書・研究書]

杉本栄一（1981年）『近代経済学の解明』全2巻，岩波文庫

安井琢磨（1970年）『安井琢磨著作集第1巻　ワルラスをめぐって』創文社

田中敏弘・山下博編（1994年）『テキストブック・近代経済学史（改訂版）』有斐閣

菱山泉（1997年）『近代経済学の歴史』講談社学術文庫

松嶋敦茂（1996年）『現代経済学史　1870-1970』名古屋大学出版会

R. コリソン・ブラック他編（岡田純一・早坂忠訳）（1975年）『経済学と限界革命』日本経済新聞社

G. J. スティグラー（丸山徹訳）（1979年）『効用理論の発展』日本経済新聞社

J. K. ホイティカー（橋本昭一監訳）（1997年）『マーシャル経済学の体系』ミネルヴァ書房

八木紀一郎（2004年）『ウィーンの経済思想』ミネルヴァ書房

井上義朗（1993年）『市場経済学の源流』中公新書

[古典]

- C. メンガー（安井琢磨・八木紀一郎訳）（1999年）『国民経済学原理』日本経済評論社
- C. メンガー（八木紀一郎・中村友太郎・中島芳郎訳）（1982-84年）『一般理論経済学』全2巻，みすず書房
- E. v. ボェーム・バヴェルク（長守善訳）（1932年）『経済的財価値の基礎理論』岩波文庫
- W. S. ジェヴォンズ（小泉信三・寺尾琢磨・永田清訳/寺尾琢磨改訳）（1981年）『経済学の理論』日本経済評論社
- P. H. ウィクスティード（川俣雅弘訳）（2000年）『分配法則の統合』日本経済評論社
- L. ワルラス（久武雅夫訳）（1983年）『純粋経済学要論』岩波書店
- A. マーシャル（馬場啓之助訳）（1965-1967年）『経済学原理』全4巻，東洋経済新報社；永沢越郎訳（1985年）全4巻，岩波ブックセンター信山社

第6章

ウェーバーとシュンペーター

●この章のポイント●

1. ウェーバーとシュンペーターにとって「近代」とは何であったか。

2. 彼らは資本主義の本質を,どのようなものとして理解したか。

3. 経済と社会とは,どのような関係にあるか。

■ ウェーバー　　■ シュンペーター

6.1 はじめに

専門化の時代　本章は，他の章と若干おもむきを異にします。これまでの章では，経済学の歴史をおおむね時代順に整理しながら，特に重要と思われる存在に焦点を絞るかたちで，お話をしてきました。次章以降も，同じ手順でお話を続けますが，そうした流れのなかに，どうしてもうまく納まりきらないような存在が，学問の歴史においてはかならず現れます。しかも，それらの存在を抜きにして，経済学の歴史，あるいは社会科学の歴史を語ることは，やはりできないと思われるのです。

　経済学，あるいは一般的に社会科学は，20世紀を迎えるあたりから，急速に専門化の度合いを強めてゆきます。学問の専門化とは，それぞれの学問が高度な原理論を持つようになること，そして，その学問の研究者になるためには，一定期間，高度な専門教育を受けなければならなくなることを意味しますが，それは同時に，ひとつの学問が，非常に小さな専門分野に細分化されることも意味します。しかも，その一つひとつがきわめて高度な内容を持つために，同じ学問の研究者であっても，わずかに専門分野が異なるだけで，まったく話が通じなくなることもめずらしくありません。

専門性と総合性のジレンマ　学問の専門的細分化は，その学問の発達進化の証でもあって，漠然とした印象論から細かく研ぎ澄まされた論理が分化してゆくことには，望ましい一面があります。しかしその反面，あまりに細分化が進むと，学問全体を見渡す能力が弱くなり，学問を総合的に使って，社会的動向や人間的姿勢のあり方に，客観的な判断を下すことが難しくなってきます。あるいはそういうこと自体，そもそも学問的ではないとするような風潮も強まってきます。つまり，総合的な判断力という，本来，学問の目的であったはずの事柄が，ほかならぬ学問の発達が原因で，いわゆるシロウトの言いそうなことにされてしまい，逆にそういうものとは縁を切って初め

てクロウトになれるというような，一種倒錯した学問観が往々にして力を得てしまうのです。

しかし，特に社会科学の場合，そうしたかたちでシロウトとクロウトが縁を切ってしまって本当にいいのか，専門的な知見が一般市民に還元され，日常生活の些細な判断のなかで活かされて初めて，社会科学が発達したと言えるのではないか，そういった反省的意識が，他の学問以上に必要になると思われます。専門性と総合性のジレンマをいかにして克服するか，これは現代にも（いや，現代だからこそいっそう）通じる問題のはずですが，この問題をちょうど，社会科学の専門化が始まろうとする時期に提起していた存在として，本章では，マックス・ウェーバー（Max Weber, 1864-1920）とジョセフ・アロイス・シュンペーター（Joseph Alois Schumpeter, 1883-1950）を取り上げたいと思います。

資本主義とは何か　　両者とも，一方では高度に専門的な仕事を行い，それは今日でもかならず参照しなくてはならない業績とされています。と同時に両者とも，その専門的知見を，「資本主義とは何か」「資本主義社会は将来どうなるのか」という相通じる問題を問うなかで，すぐれて総合的な知見に結晶させました。無論，私たちはこうした学問姿勢を，すでにマルクスが示していたことを知っています。そして，ウェーバーもシュンペーターも，常にマルクスを意識しながら，仕事を進めていたと言われます。しかし，両者とも，マルクスとはまた異なる結論を導き出してきます。それはいかなる内容のものか，本章ではこの点を検討してみたいと思います。したがって，本章は，この２人がそうであったように，学史からは少しはみ出た内容の章になると思います。

6.2　資本主義のエトス

ウェーバー　マックス・ウェーバーは，通常，経済学者とは考えられていません。したがって，経済学史の教科書に登場することも，ほとんどありません。彼は一般的には，社会学者と考えられており，事実，カリスマ的支配などの言葉を定着させた支配類型論や，（後に触れる）官僚制の先駆的研究などは，紛れもなく，現代社会学の古典と言える業績です。しかし，もともとドイツ歴史学派の影響下で育った彼は，まずは歴史研究者としてキャリアをスタートさせました。その研究範囲は控えめに言っても驚くべきもので，「中世商事会社の歴史」（1889年），「ローマ農業史」（1891年），そして891ページの大作「ドイツ・東エルベ地方の農業労働者事情」（1893年）など，法制史，商業史，農業史，経済史と，読んでるこちらが気後れするほど広大な領域の研究を，20歳代で完成させています。

当時，ドイツの大学で学位を得るためには，公開討論で良好な成績を収めなければなりませんでした。学位申請者は，自身の研究成果を口頭で報告するだけでなく，並みいる教授陣から繰り出される厳しい質問の数々に，その場で満足ゆく答えを返さなければなりませんでした。ウェーバーも同様の公開審査を受け，まずは順調に終わるかに見えました。ところが，最後になって，モムゼン（Theodor Mommsen, 1817-1903）というローマ史の教授が，ウェーバーの見解に異を唱えました。72歳の大家モムゼンと，若干25歳のウェーバーとのあいだで白熱した論戦が展開されました。両者とも自説を譲らず，あるいは審査の行方に暗雲を予感させる雰囲気にもなったことでしょう。しかし，モムゼンは最後にこう言いました。「自分は，ウェーバー君の見解に納得したわけではない。しかし，自分がやがて墓場におもむくとき，『槍はすでに，わが腕に重すぎる，わが子，われに代わりて，この槍を持て』と呼びかける相手がもしいるとしたら，それはマックス・ウェーバー君

をおいてほかにない」と。モムゼンはこのとき，目の前の若者が，やがて「知の巨人」と言われる存在になることを，深く確信していたに違いありません。

> **価値自由** しかし，ウェーバーの関心領域は，むしろ学位取得後いっそう本格的に広がり，かつ深まってゆきます。ウェーバーは，経済学にも深い造詣を示しましたが，それは歴史学派の手法にそのまま沿うものでも，ましてや新古典派流の理論経済学につき従うものでもありませんでした。歴史学派の経済学には，国家政策への有効な指針を，歴史経験に求めようとする傾向がありました。それは，いい意味では学問の実践性につながりますが，一歩まちがえると，客観的であるべき学術研究のなかに，国家優先の価値意識を混入させる危険性がありました。ウェーバーは，こうした傾向を何より警戒し，学術研究自体は，いかなる意味においても価値自由であるべきことを主張しました。

これは，ウェーバーの自由主義的な姿勢を示すものであると同時に，国家の価値判断などにはいちいち届かない細かな専門的研究を，ウェーバーが常に尊重していたことを示すものでもあります。つまり，彼は原則として学問の専門化を評価していたのです。最晩年の講演「職業としての学問」(1920年) などを見ますと，細かな技術的知識の習得を経ずに，全体的な認識力の向上だけを学問に求めようとする傾向（これは特に，第1次大戦直前の，ドイツの若者に多く見受けられた傾向でした）を，ウェーバーが厳しく戒めていたことがわかります。

> **方法としての「理解」** しかしながら，ウェーバーは決して，現実の経済的行動や社会的行動が，何の価値意識も伴わずに行われていると考えていたのではありません。むしろその逆で，彼は，普段の何気ない習慣的行動であっても，その根底にはかならず，生理的な欲求とも異なる一種の価値意識が介在していると考えます。ゆえに，その価値意識の正体を突きとめることができれば，社会的現象の歴史的性格を知ることができると同時に，それぞれの社会的行為が担っている意味を理解することができるはずだと，ウェ

ーバーは考えました。ある社会制度の下での特定のメカニズムを分析するだけでなく、その社会制度の存在を人々がなぜ是認しているのか、その価値意識の構造まで把握して初めて、社会なりメカニズムなりを理解したことになるのではないか、ウェーバーの問題意識はこのようなものでした。経済学は現在でも、経済メカニズムの機能面に関心を集中しがちですが、ウェーバーの言う理解学の姿勢は、経済学が今後身につけるべきひとつの方向性を示していると思います。

資本主義はなぜヨーロッパに現れたのか

さて、ウェーバーが「理解」の対象として、特に関心を向けたのが、資本主義経済を支えている価値意識、もしくはその精神についてでした。

資本主義とは「近代」を象徴する経済制度であり、またいったん発生してからは、瞬く間に全世界に普及した制度でした。にもかかわらず、資本主義を自力で生み出すことのできたのは、近代ヨーロッパだけでした。なぜ、資本主義は、近代ヨーロッパにだけ現れたのでしょうか。近代ヨーロッパに固有の何かが、資本主義の発生に必要だったのだとすれば、ではなぜ、資本主義はヨーロッパを越えて、世界全体に広がることができたのでしょうか。これを説き明かすことができれば、私たちは資本主義の本質、ヨーロッパの本質、そしてひいては近代の本質を、より深く理解することができるのではないでしょうか。ウェーバーはこのように考えて、資本主義の精神的起源を求めようとします。これは、様々な角度から繰り返し考察される、彼畢生の課題になりましたが、そのなかでも最も影響力の大きかった論文が、「プロテスタンティズムの倫理と資本主義の精神」(1905年) でした。

近代

「近代」を象徴する理念とは何かと聞かれたら、私たちは迷わず「理性」あるいは「合理性」と答えるでしょう。近代的思考を象徴する啓蒙主義の哲学が、「合理性の哲学」と呼ばれていたことも、皆さんご承知の通りです。一方、合理性の対極にある観念として、私たちが通常想起するものと言えば、やはり呪術であり、迷信であり、あるいは情念といったものでしょう。こうした観念が、社会生活において支配的な役割を演じていたのが

近代以前であり、そうした習慣を内側から打破して始まったのが、理性の時代たる「近代」だ、というのがいまでも一般的な通念でしょう。魔法使いとか指輪とかが出てくるファンタジーの登場人物は、いまだにどこか「中世」を想わせるいでたちで描かれています。

　したがって、近代人の常識的な感覚では、理性と情念、打算と熱狂、営利と献身といった対比は、すべて対立的な関係として理解されるでしょう。ここでひとつ微妙な位置にくるのが宗教です。宗教は、かならずしも呪術や迷信と同列のものではありません。しかし、打算的な合理主義に傾きがちな現代にあって、自分は宗教を持つことでかろうじて精神の平衡を保つことができたという人が少なくないように、宗教にはやはり、近代合理主義と対決する性質を感じさせる、あるいはそう期待させる要素があるはずです。その意味では、近代のもうひとつの顔である資本主義と宗教の関係も、対立的あるいは排他的なものとして、一般的には考えられているはずです。

プロテスタンティズムの倫理

　ところがウェーバーは、近代資本主義の発生と宗教とのあいだに、ある密接な関係があったことを説き明かします。それどころか、宗教が資本主義の母体になった可能性すらあると言うのです。ここで言う宗教とはもちろんキリスト教ですが、ウェーバーが特に注目したのは、新教（プロテスタンティズム）の一派であるカルヴァン派でした。カルヴァン（Jean Calvin, 1509-1564）は、16世紀に現れた宗教改革者で、彼の教えは北ドイツを始め、おもにヨーロッパ北部の手工業者のあいだに広まりました。近代資本主義が、手工業を営む小生産者の両極分解から始まったことを考えれば、なるほど、この関係は気になります。

　カルヴァン派は、新教のなかでも過酷なほどに厳しい教義を持つ一派でした。彼らの教義の中心にあった考え方は予定説と言われました。これは、人間が死んだ後、神の恩寵を受けて救われるかどうかは、神の意思によって、実はその人が生まれる以前から、すでに決められていると説く教義でした。つまり、誰が救われ、誰が救われないかは、その人が生まれる前から予定（決定）されているのであり、救われないと予定された人は、どれだけ善行

を積もうとも，絶対に救われないと説くのが予定説です。したがって逆に，いかなる悪人であっても，救われると予定されている人はかならず救われることになります。これは，信者でない者にとっては，実に不合理な教義に見えます。そこまで決まっているなら，いまさら信仰する必要などないではないかと，理屈のひとつも言いたくなります。しかし，当時の信者たちは，それとはまったく逆の反応を示したとウェーバーは言います。

　まず第1に，この教えは信者たちを震え上がらせた，というより文字通り，恐怖のどん底にたたき落としたと言います。それは想像に難くありません。もし，自分が救われない側に決まっているとしたら…などと想像しただけで，気が変になりそうです。当然，自分はどっちの側にいるのか，是が非でも知りたくなるわけですが，それは神の心中を覗くに等しい行為ですから，カルヴァン派においては，最も冒瀆的な振る舞いとされました。しかし，禁じられたからというので，忘れてしまえるような話ではありません。ゆえに信者たちは，そのことを考えまいとして，必死に何か別の事柄に心身を没頭させようとしました。ここから一種異様なまでの，仕事に対する勤勉性が生じたとウェーバーは言います。勤勉さは，それが利益につながるからでも，誰かに褒められるからでもなく，言わば恐怖を忘れるための，必死の手段として結果的に生まれた習慣なのでした。

　第2に，ウェーバーはこうした習慣が，やはり結果的に個人主義の思想を芽生えさせたと言います。カルヴァン派の信者は，日々不安でたまりません。そのため自らの職業に精を出すことで，何とか不安を紛らわそうとしました。しかし，いくら必死に働いたところで，神がそれに感心して，本来なら救われない者を救われる側に移すということは，絶対にないことだと予定説は言います。なぜなら，もしそのようなことがあるとすれば，それは，人間が神の意思を動かした，つまり，人間が神より強かったことを意味してしまうからです。だったら働いても意味がないと考えそうなものですが，神の力を絶対だとおそれるがゆえに，神の栄光を少しでも高める方向に自分を置いておかないと，それこそおそろしくて仕方がないというのが，追い詰められた人

間の心理だとウェーバーは分析します。

　職業という言葉は，ドイツ語では Beruf，英語では calling などと言われることがありますが，これはプロテスタントにおいては，神からの「詔命」，もしくは「使命」という意味を持ちました。つまり，神から各人への呼びかけが calling すなわち「職業」になって現れるのです。したがって職業とは，神が各人に与え賜うたものと考えられました。この教えは直接にはルター (Martin Luther, 1483-1546) のものでしたが，カルヴァンもこれを継承しました。カルヴァン派が，職業を神に通じるものと考え，それに精進することが，神の栄光を高めることにつながると考えたのは，このためでした。

　ゆえに，自分の家族であっても，仕事をしない怠け者がいると，そういう者が近親者だというだけで，自分はやはり救われない側の人間ではないのかとあらためて不安が増してしまうので，そういう者とは縁を切ろうとする傾向が出てきたと言います。したがって，カルヴァン派の教義は，家族的な共同体をどちらかといえば壊す傾向があり，その代わり，一人ひとりを単独の個人として自覚させる傾向を持ったのです。かくして芽生えた個人主義的勤勉性はしかし，近代資本主義にとっては，格好の労働倫理になりました。

　第3に，カルヴァン派の教義は，資本主義の原動力たる投資を，むしろ促進する傾向を持つ宗教でした。信者は，神の予定が変わることはないと承知していても，少しでも神の栄光を高める行為をしておいたほうが，いくらかなりとも不安を軽くすることができたのでした。カルヴァン派においては，華美をさけること，禁欲を守ることは，当然にも神の栄光を高める行為でした。すなわち，節欲することが，勤勉であることと同じく，信者にとっては必死の選択になりました。節欲は貯蓄に通じます。

　しかもそれだけでなく，カルヴァン派においては，神の与え賜うた機会を怠惰に見逃すことこそ，最も許されざる冒瀆と考えられました。それが仮に商業上のチャンスのようなものであっても，目の前のチャンスは神の与え賜うた機会なのだから，そうした場合には，迷わずその機会を活かさなければ，かえって神の意思に背く行為になるのでした。したがって，カルヴァン派は，

ありとあらゆる方法を講じて，利益拡大を目ざさなければなりませんでした。しかも1回の事業に成功して，それで満足してしまったのでは，それは俗界の享楽にひたることにしかならず，神の栄光を高めることにはなりません。目的は，神の与えた機会を活かすことにあるわけですから，利益を私益に変えるなどもってのほかで，利益はふたたび，（いまで言う）投資に回して，さらなる大きな成功（栄光）へつなげる義務があったのです。

エトス　このように見てくると，カルヴァン派の教義は，それ自体は資本主義と何の関係もない，純粋なそしてきわめて厳格な生活規律を与えたものだったのですが，そこで培われた節欲と勤勉，さらには神の栄光を増すための投資的行為は，資本主義の発生を促す生活感情としても，きわめて有利に作用したであろうことが想像できます。こうした無意識的な，しかしある特定の社会制度を生み出し，機能させうる生活感情のことを，ウェーバーはエトスと呼びました。カルヴァン派を典型とするプロテスタンティズムの教義，すなわち近代ヨーロッパの宗教であるプロテスタンティズムの倫理は，資本主義を支えるエトスとして，きわめて有利な作用を持っていたというのがウェーバーの理解です。なぜ，資本主義は近代ヨーロッパにまず現れたのか，それは，資本主義のエトスとなる精神的基盤を，近代ヨーロッパのプロテスタンティズムが与えていたからなのです。

精神の逆説史　さて，ここで注意したいのが，ウェーバーの歴史の捉え方です。先ほど近代人の常識は，資本主義と宗教を対立的に捉えると述べましたが，ウェーバーが説き明かした関係では，まさしく宗教が資本主義の基盤を作っています。もちろんウェーバーも，宗教が直接，資本主義を作り出したとは言っていません。そこには，マルクスが捉えたような，物資的な条件の成熟も必要だったことは当然強調しています。しかし，物質的な条件だけ揃っても，実際に人間がそれを動かさなくては，歴史は形成されないわけです。エトスとは，そうした人間の動機づけを助ける，もしくは強制する要因にほかなりません。したがって，歴史の転換には，マルクス的な物質的要因も必要なら，ウェーバー的な精神的要因も必要なわけで，そのどちらか

一方が欠けても，歴史の転換は起こらないのです。

　ただし，精神的原動力が合理的なものとは限らない，いや計算づくの合理性とは異質の動機だからこそ，手加減を知らない徹底的な変化が起こり得たのだという見方が，おそらくウェーバーに独特のものです。カルヴァン派の教義は，以上の粗述だけから見ても相当に強烈なもので，これを信じて一生を送るというのは，信者でない者から見れば，かなり不合理な精神に見えます。しかし，そうであるがゆえに，カルヴァン派の日々の精進は，徹底性を持っていました。そしてそれゆえに，資本主義に初めの一歩を踏み出させるだけの力を持てたのでしょう。

　しかし，かくして生まれた資本主義は，いったん生まれてからは不合理性を徹底的に排除する，合理性の権化のような性質を示した点に注意する必要があります。生み出したものと，生み出されたものとが，ちょうど正反対の性質を持ったわけです。ウェーバーはこのように，不合理が合理に転じる，あるいは合理的な社会制度の基礎が，不合理なエトスによって支えられている，そういった精神の逆説史の痕跡を，近代の社会経済制度のなかに次々と読み取ってゆきます。それは資本主義一般に限らず，近代的な企業組織から官僚的政治機構まで，一貫して見出される傾向だとウェーバーは言います。彼の関心方向が，しだいに，社会学へ発展してゆく由縁です。そして，このような歴史認識は，オーストリア学派系の議論に多く見られる順接の歴史認識，すなわち，合理性がさらなる合理化を求める過程として，歴史や制度の変化を理解しようとする姿勢と，鋭い対立をなす部分になると思われます。

6.3　資本主義は「鉄の檻」に囲われる

エトス論の影響　　資本主義，あるいは，資本主義を経済的基盤とする近代社会は，いったん発生してからは，プロテスタンティズムと関わりなく，

世界全体へと波及しました。もちろん，現在でも資本主義に親近性を示さない地域や社会は多数あるわけで，その意味では，資本主義も私たちが思うほど，普遍的なものではなかったわけです。

　しかし，そうした事実もきっかけになって，資本主義が抵抗なく浸透した社会と，そうでない社会との違いはどこにあるのかという問題が，あらためて社会科学のひとつテーマになりました。近代ヨーロッパにおけるプロテスタンティズムの役割を，他の地域では別の宗教が果たしたのではないかというので，ユダヤ教との比較，イスラム教との比較，あるいは日本の場合は儒教がそれではないか，いや朱子学の伝統ではないのか，さらには道教の要素が日本に独特の資本主義をもたらしたのではないかなど，ウェーバーのエトス論は，果てしないほどの知的関心を喚起したのでした。

近代的合理性　さて，宗教との直接的な関わりを絶った後の近代社会は，先にも触れたように，合理性を自ら貫徹させるシステムとして，私たちの生活に浸透してくるものになりました。合理性はもはや，私たちにとって，きわめて身近な判断基準になり，合理性を無視して，しきたりや言い伝えだけでもって，社会生活が仕切られることはまずなくなったと言っていいでしょう。しかし合理性は，単なる漠然とした生活感情とは違います。合理性が社会に浸透してゆくには，合理的な行動が，社会生活のそれぞれの場面で実際に行われなければなりません。そうした合理的行動の集積として，合理的な社会環境が作られてゆくのです。

　合理的に行動するためには，いくつかの条件が必要です。合理的な行動には，まず何より，達成すべき目標がなければなりません。次に，その目標を達成するための手段と方法を考えなくてはなりません。その場合，同じ目標を達成するなら，なるべく無駄のない，効率的な方法が選択されるでしょう。そして，その手段と方法をもとに具体的な計画が立てられ，計画に忠実に従って行動することで，目標の達成がはかられるでしょう。合理的行動とは，おおよそこうした手順を，一つひとつ，きちんとこなしてゆく過程を意味するはずですが，逆に言うと，そうした過程で最も嫌われる要素が恣意性，す

なわち，計画性のない行きあたりばったりの行動ではないでしょうか。

恣意性の排除　　行きあたりばったりの行動には，計画性の欠如からくる不確実性が伴います。不確実性は，計画的な目標の達成にとって大きな脅威となるものです。ですから，近代的な合理主義は，できるだけ不確実性を失くす方向へ，あるいはできるだけ恣意性を排除する方向へ，すべてを整えてゆこうとする傾向を示すことになります。

　恣意性を排除するには，まず何より規則（ルール）が必要になるでしょう。規則がなければ，意思決定や行動に恣意性が混じるのは当然です。次に，行動計画をできるだけ定量的に立てることも，恣意性を排除する重要な要件になるでしょう。たとえば家を建てるとき，天井の高さを「2メートル50センチ」として定量的に計画すれば恣意的になりませんが，「しばらく見上げていると首が痛くなる程度」と言って計画したのでは，相当怪しいものができるはずです。また，家が完成した後も，実際に天井が2メートル50センチあるかどうかを定量的に評価することが重要です。結果を定量的に評価せずに，一見して「うん，こんなもんだ」で終わらせていたのでは，いつか計画にくるいが出るでしょう。

官僚制　　合理的な近代社会においては，こうした規則化と定量化を基本とする恣意性の排除が，生活のいたる所で要求されるようになるとウェーバーは言います。ゆえに近代では，長老や君主による裁量的統治や，名望家の常識感覚に依拠した統治形態が困難になるのです。そしてそれらに代わる，規則性と定量性に基づいた，近代的な管理運営機構を代表するものとして彼が選んだ言葉が官僚制でした。したがって，官僚制とは，文字通り近代の細分化された専門的統治機構を意味すると同時に，それは隠喩的な意味合いで，近代の価値意識と生活形態全般を象徴する言葉でもあるのです。

　官僚制の特徴を，ウェーバーは，次のように整理します。①職務範囲が明確に規定されていること。つまり，権力と責任の範囲が，規則によって明確に規定されていること（権限原則）。②職務上の指揮系統がピラミッド型に規定されていること。③官僚は俸給生活者であること。つまり，物的手段を

自分では持たないサラリーマンであること。④職務上の意思伝達はすべて文書によって行われること（**文書主義**）。⑤官僚は身分によってではなく，自由な雇用関係によって採用されること。それぞれの解説は略しますが，これらの特徴は，何も公務員組織に限らず，現代社会では，たいていの組織に浸透していることがわかると思います。恣意性を排除し，所定の目的を予定通り達成してゆくためには，お役所に限らず，民間企業でも，病院でも，学校でも，ひいては町内会であっても，みな同様の仕組みを持たざるを得ないはずです（近代では教会ですらこうなっていると，ウェーバーは言います）。

　官僚制は，単に組織機構の特徴を言うだけのものではありません。こうした組織のなかで仕事を続けるうちに，先ほど見たような，恣意性を忌避する合理的な思考様式が，個々人の自然な思考様式，あるいは日常的な生活態度にも徐々に，しかし着実に浸透してくるとウェーバーは言います。私たちも，自分の感性をいま一度反省してみれば，大いに思いあたるところがあるはずです。さてしかし，こうした傾向が，生活のすみずみまで浸透してゆく社会というのは，将来的にはいったいどのような社会になるのでしょうか。ウェーバーは，官僚制というシステムに，近代社会の一種の未来像を重ねて見ています。

鉄の檻　　恣意性の排除，あるいは政治における恣意的支配の排除は，個人の権利と自由を守る上でも必要な条件です。それゆえに近代社会は，自らの理念を守る砦として，官僚制を活用してきたのです。しかし，それが生活のありとあらゆる場面に及んでくれば，当初予想していたのとは異なる事態が生じてくるかもしれません。たとえば，官僚制は職務内容の明確化を前提としますが，それはやはり職務内容の細分化と専門化を要求することになるでしょう。その結果そこに，一種の機密性が生じてきます。情報の機密性は，それ自体一種の権力です。それが様々な利権などとつながって，官僚制全体への信頼を大きく損なわせる事件が近年多発していることは，皆さんもご承知のことと思います。

　さらに，行政に限らず，技術の世界でも，学問の世界でも，専門的細分化

はとどまることなく進行し，その結果，全体的な見通しを持てる人がいなくなって，皆がみな細かな専門知識だけを持とうとする傾向が出てきます。ウェーバーはこれを，精神なき専門人の世界と呼びました。さらには，恣意性がまったく許されない世界というのは，果たしてそもそも自由な世界なのだろうかという，素朴にして根本的な問いがあるはずです。先ほども触れたように，恣意性の排除が自由をもたらすこともありますが，恣意性の余地がまったくない世界の住人とは，ある意味では機械性の囚人にすぎないかもしれません。ウェーバーは，近代社会がこうした傾向を強めてゆくであろうことを深く憂慮し，近代はやがて，鉄の檻に囲われるだろうと言いました。

現代への視座　官僚制は私たちの消費生活にも及び始めています。ある社会学者は，ウェーバーの言う官僚制をいま最も典型的なかたちで示すものこそ，ファストフードレストランにほかならないと言っています（リッツァ，1999年）。なにせ「いらっしゃいませ」から「ありがとうございました」までのあいだ，聞かされるせりふは全部同じです。商品もまた見事に規格化されていて，ちょっと多めに…と頼もうにも加減の仕様がありません。そこに恣意性の入る余地はまったくないのです。規則の内面化も無意識のうちに徹底していて，たとえば最後にトレーを片付けるのは，いつのまにかお客の仕事になっているのですが，そのことに文句を言っているお客もまた，なぜか見たことがありません。なるほど，ファストフードレストランには，官僚制の要素がすべて備わっているように見えます。そしてここが，現代人の消費生活を象徴する場であることも，多くの人が認める通りです。私たちが唯一自由だと（あるいは恣意的だと）思っていた消費の過程も，いまや官僚制の支配下にあるのかもしれません。ウェーバーの議論には，古典だと言ってすませるには，あまりに生々しい要素が残されているように思います。

6.4　資本主義のダイナミズム

シュンペーター　ではここで、シュンペーターに目を転じましょう。シュンペーターはウェーバーと違い、生粋の経済学者と言っていい存在です。ウェーバーよりもひとつ若い世代に属しますが、シュンペーターの生年1883年は、興味深いことにマルクスの没年であると同時に、第8章で取り上げるケインズの生まれた年でもあります。もちろん単なる偶然ですが、経済学の主題や方法という面で考えても、確かにこの時期に、ある大きな世代交代があった感じはします。

いまシュンペーターを生粋の経済学者と言いましたが、それでもシュンペーターには、マルクスやウェーバーを想起させるような、広大な視野があります。すなわち、彼は一方では、経済学の守備範囲を厳密に限定して、専門的科学としての要件を満たそうとしました。しかし他方では、経済社会全体の歴史的洞察を伴わない限り、真の意味での社会科学にはなり得ないことを、自らの業績を通して、身をもって示そうとしました。この2つの要素を矛盾だとしてしまわずに、むしろ学問としての経済学、あるいは学問としての社会科学の基礎要件にしようと努力した点で、ウェーバーとシュンペーターの問題意識には、相通じる面があったと思います。

シュンペーターは、旧オーストリア＝ハンガリー帝国領のモラヴィア（現在はチェコ領です）に生まれ、オーストリア学派のベーム・バヴェルクの下で経済学を学びました。当時のウィーンは、俗に「世紀末ウィーン」などとも言われるように、19世紀的な貴族文化の、最後の爛熟期にありました。シュンペーターは、そうしたブルジョア社会の空気によく馴染み、この古き良き時代の資本主義に対する一種の憧れは、彼の生涯を通じて変わらぬものとなります（それは彼の思想を考える上でも、少なからず重要な要素になります）。

シュンペーターも，ウェーバーに負けず劣らず早熟の学者でした。シュンペーターの3部作とも言える作品，すなわち，『理論経済学の本質と主要内容』(1908年)，『経済発展の理論』(1912年)，『経済学史』(1914年) といった重要な作品はみな，彼が20歳代のうちに書いたものです。このほかにも，「社会階級の社会学」(1913年)，「租税国家の危機」(1918年)，「帝国主義の社会学」(1919年) といった重要な論文，さらには本章でも後に取り上げる『資本主義・社会主義・民主主義』(1942年) の原型とも言える論文「今日における社会主義の可能性」(1924年) なども，ほぼ同じ時期に書かれています。

シュンペーターの生涯は，なかなか波乱に富んだものでした。たとえば彼は，1919年オーストリアに誕生した社会主義政権 (カール・レンナー内閣) の大蔵大臣になりますが，ある種の陰謀に遭って，わずか7ヶ月で辞任します。さらに1921年にはビーダーマン銀行という商業銀行の頭取になりましたが，この銀行は3年後に倒産してしまいます。このほかにもいろいろあって，彼はついに新天地を求めてアメリカのハーバード大学に移ります (1932年)。そして，ここで彼が指導した学生たちが，やがて20世紀の経済学を担う重要な存在になってゆきます。ざっと見てみただけでも，ポール・サムエルソン (第9章参照)，ジョン・ケネス・ガルブレイス (第7章参照)，ポール・スウィージー (第7章参照)，リチャード・マスグレイブ (Richard Abel Musgrave, 1910–2007)，都留重人 (1912–2006) など，また教師陣にもゴットフリード・ハーバラー (Gottfried Haberler, 1901–1995)，アルヴィン・ハンセン (Alvin Harvey Hansen, 1887–1975)，ワシリー・レオンティエフ (Wassily W. Leontief, 1906–1999) などが加わって，ハーバード黄金時代を築きました。

資本主義の動態性　さて，シュンペーターが生涯一貫して考え続けた問題もやはり，「資本主義とは何か」という問題でした。そしてシュンペーターは，資本主義の本質をその絶え間ない動態性 (ダイナミズム) に求めようとしました。シュンペーターはオーストリア学派出身でしたが，経済理論

としては，ワルラスの一般均衡理論を最も高く評価していました。彼の第1作『理論経済学の本質と主要内容』は，一般均衡理論を徹底的に分析検討したものでした。しかしシュンペーターは，一般均衡理論にある大きな欠点を感じていました。それは，一般均衡理論の描く経済に，動態性が欠けていることでした。

彼の言う動態性とは，新しい商品や，新しい技術，あるいは新しい経営手法などが次々に現れ，古きものと競争してこれを刷新し，新しい経済社会の風景を作り出してゆくことでした。そして，そうした新旧経済の交替劇として現れる現象こそ景気循環にほかならないとするのが，シュンペーターの基本的な資本主義像です。したがって彼にとって景気循環とは，人体でいう新陳代謝にも等しい正常な生理現象であって，これをいたずらに政策的に抑制してしまうと，経済社会はかえって発展しなくなると考えます。一見すると，強引な自由放任主義にも見えますが，そこには次のような論理がありました。

シュンペーターの動態的資本主義像は，彼の第2作であり主著でもある『経済発展の理論』で展開されました。最近，企業者（アントゥルプルヌール（entrepreneur），もしくは英語読みしてアントレプレナー）とか新機軸といった言葉がさかんに使われていますが，これらはみなシュンペーターのこの本に由来する言葉です。彼の議論を検討するには，まず彼の一般均衡論に対する理解を確認する必要があります。

第5章で検討したように，一般均衡理論は，すべての市場における需要と供給の同時均衡を描くものです。すべての市場で，すべての主体が均衡しているということは，すべての主体が満足しているか，あるいは，いまの状況で行動を変えるとかえって損になると考えていることを意味します。したがって，皆がみないまの状態を維持しようとしますから，少なくとも，この経済のなかから新たな変化が起こることはありません。何か外的な与件条件が変わらない限り，同じ規模で，同じ内容の経済が繰り返されることになります。金太郎飴のような経済が繰り返し現れてくる，それが一般均衡理論の描く世界です。

もちろん一般均衡理論は，かならずしも現実経済の似姿を描こうとしたものではありません。それは前章でも確認しましたし，シュンペーターももちろん承知しています。しかし，一般均衡理論が何ほどか資本主義の本質を表そうとするものならば，そこに資本主義の本性とも言うべき動態性が，何らかのかたちにせよ含まれていないのは，いかにしても不自然だろう，というのがシュンペーターの見解でした。

企業者と新結合

そこで彼が目をつけたのが，一般均衡理論における経済主体の性質でした。一般均衡理論に出てくる経済主体はみな，与えられた条件に自らを適応させることで，効用の最大化をはかろうとする主体です。つまり，経済主体の取る行動は，適応的もしくは受動的な行動だけなのです。これはしかし，経済主体の行動内容として，あまりに一般性を欠いているとシュンペーターは考えました。確かに，与件条件に合わせて消費量や生産量を調整するだけでも，その限りにおける満足を得ることはできるでしょう。しかし，与件条件そのものを変えることができれば，もっと大きな満足や利潤を上げることができるかもしれません。そのためには，安全な適応的行動を越えた，イチかバチかの能動的な行動が必要になりますが，一般均衡理論ではそうした能動的行動を前提的に排除していました。シュンペーターはここに，つまりそうした片面的な人間像に，一般均衡理論の限界を見出しました。そこで彼は，経済主体の行動範疇に，与件条件を自ら変えようとする能動的側面を導入し，それに基づいて，一般均衡理論の動態化をはかろうとしました。この動態的行動性を，彼は企業者精神と表現しました。

企業者とはしたがって，特定の職種をさすものでも，特定の階級をさすものでもありません。生産者であっても，商人であっても，あるいは消費者であっても，それが既存の枠組みを越えようと努力を始めれば，その瞬間，その人は企業者に変わるのです。シュンペーターは，企業者が試みる革新的活動を新結合と表現しました。たとえば生産という活動は，原材料になる様々な物資と，私たちの労働力を結合させることで，それまで存在しなかった何かを生み出す行為です。したがって，さらに新しい何かを作り出すには，こ

6.4 資本主義のダイナミズム

れまでとは異なる結合の仕方，つまり新結合が必要になるわけです。

　これは何も生産に限定される話ではありません。たとえば商業も，生産者と消費者を結びつけてそこから利益を得ているわけですから，一種の結合をその仕事にしているわけです。したがって新たな販路の開拓は，生産者と消費者の新たな結合を生み出すことになりますから，これもりっぱな新結合になるわけです。このように，生産と流通の本質を同じものとして捉える傾向は，オーストリア学派に特徴的な発想です。そして両者の本質的相違を強調するマルクス経済学との，鋭い対立をなす部分です。

　それはともかく，シュンペーターは，新結合の代表的な内容として，次の5つをあげています。すなわち，①新しい商品の導入。②新しい生産方法の導入。これには文字通りの技術革新と，商品の商業的取り扱いに関する新しい方法（たとえば新しいPRの方法など）が含まれます。③新しい販路の開拓。④新しい原料や半製品の供給源の開拓。これには新たな原材料資源の開拓と，新たな原料供給地の開拓の両方が含まれます。⑤新しい組織の実現。これには新たな企業形態，新たな経営管理手法など多様なものが含まれます。シュンペーターがあげたものは以上ですが，これだけでも生産面，流通面，経営・会計面のすべてに議論が及んでいることがわかると思います。

　経済主体の能動性は，シュンペーターによれば，人間の本性に直接根ざすものです。人間は本性として静よりも動を好み，何につけ「より多くをplus ultra」求めるものだと彼は言います。それがよいことかどうかはまた別の問題です。しかし客観的に見る限り，そうした性向はまぎれもなく多くの人間に見られるのであり，それを無視して作られた経済理論に，人間が織り成すものとしての経済現象を説き明かす力はない，とシュンペーターは考えたのです。

　景気循環　　では，新結合が導入されると，なぜ，そしてどのようにして，経済に動態が生じるのでしょうか。経済はまず，一般均衡の状態にあります。そのなかのある一企業，あるいは一部門において，新結合が実行されます。ここではそれを，技術革新による新製品の導入と仮定しましょう。そ

うすると，そこに正常値を超える超過的な利潤が発生します。シュンペーターはこれを企業者利潤と表現しました。他の企業はこの結果を見て，こぞって新技術を導入しようとするでしょう。一歩出遅れているこれらの企業は，先を争うように，一斉に導入に踏み切るでしょう。新技術・新製品の導入を怠った企業は，競争において後手に回り，早晩市場から淘汰されることでしょう。

したがって，後続企業による新技術への発注は同じ時期に集中する傾向があり，新技術を供給した資本財産業は，それだけ活況を呈することになるでしょう。あるいは，これが基幹産業で生じた場合には，経済全体に及ぶブーム，すなわち，景気の好況局面が始まることになるでしょう。

しかしながら，こうして各企業が新技術を導入し，そこから大量の新製品が供給されるようになると，新製品の価格は早晩下落することになるでしょう。好況は，自ら不況に転化するのです。企業者利潤はやがて消滅し，経済はふたたび均衡を取り戻すことになるでしょう。

ただし新しい均衡は，以前の均衡とは中身が違います。すなわち，新しい均衡の下で流通しているのは，レベルがひとつ上がった新しい商品であり，それを生産しているのは，新結合によって導入された新しい技術です。不況とはしたがって，この新しい技術と新しい商品が，経済に普及してゆく過程でもあるのです。言い方を変えれば，好況とは，新しい実りをもたらすための準備期間のようなものであり，その新しい実りの刈り入れ時こそ，実は俗に言う不況にほかならないとシュンペーターは考えます。シュンペーターが，好況も不況もともに必要だと言ったのは，このような論理に基づいています。

かくして，経済はいったん均衡状態に戻りますが，いつまでもその状態にとどまることはないでしょう。経済のどこかに，かならずまた次の新結合に賭ける企業者が現れて，経済はふたたび循環を描きながら，自らを刷新してゆくことでしょう。経済はこのように，均衡→新結合→均衡→新結合という，断続的な変化を繰り返しながら，より新しい姿へと絶えず前進してゆくのです。これが，シュンペーターの描いた動態的資本主義経済の姿です。

信用創造　さてしかし，以上の展開は，実はあるひとつの重要な要素によって支えられています。それは，銀行が持つ預金創造，あるいは信用創造と呼ばれる機能です。これがないと，資本主義の動態は維持されません。もう一度，新結合の発生時点に戻ってみてください。そこでは，ある果敢な企業者が技術革新を起こそうとしています。そのためには当然資金が必要です。また，新技術を生産するための，資源と労働力も必要です。これらを市場から調達してこない限り，新結合は絵に描いた餅に終わります。

ところが，ここで一般均衡の条件が，思わぬ制約になってきます。一般均衡においては，すべての主体が効用を最大化させています。ということは，あまっている資金も，資源も，労働力も，まったく存在しないことを意味します。そういうものが残されていたのでは，効用が最大化しないからです。つまり，一般均衡状態とは同時に完全雇用状態でもあるのです（ここは，現代の一般均衡理論と少し違う点です）。したがって，新結合を行うためには，すでにどこかで使われている資源などを奪ってこなければなりません。しかしまさか強盗を働くわけにもいきませんので，資源等をほかから引き抜くためには，現行よりも高い報酬を提示する以外にありません。他社よりも高い価格で資材を買い，他社よりも高い金利で借金を申し出，他社よりも高い賃金で労働力を募集するわけです。

そうすると，それだけの資金を先に用意しなければなりませんが，一般均衡においては，そうした遊休資本は残されていません。ではというので，銀行に融資を申し出るわけですが，銀行も貸せるお金はすべて貸してあるから一般均衡になっていたはずです。したがって，銀行にも余分な現金は一切残されていません。そうすると一見手詰まりな感じですが，銀行には，信用創造といって，現金自体はなくても，融資を可能にする機能があります。その仕組みの解説は，マクロ経済学あるいは金融論のテキストに譲りますが，いずれにしても，銀行を仲立ちとする信用創造が可能でない限り，新結合は実行できません。したがって，シュンペーターの理論は，銀行の存在を不可欠とします。その意味で銀行は，地主，資本家，労働者に次ぐ，第4番目の経

済主体としての地位を与えられています。銀行が明示的な経済主体として登場する理論体系を構築したこと，これもシュンペーターの果たした，大きな功績と言ってよいものです。

6.5　資本主義は成功するがゆえに消滅する

資本主義は消滅する　そうしたダイナミズムを繰り返すなかで，やがて資本主義はどうなってゆくでしょうか。先に見た通り，ウェーバーは，資本主義がやがて「鉄の檻」に囲われると言いました。すなわち，合理的な計画性が社会のすみずみまで浸透して，やがて資本主義はひとつの機械のような存在になってしまうだろうと危惧しました。ではシュンペーターは，どのように考えていたでしょうか。

彼の結論はこうです。「資本主義は，やがて，自らの成功によって，消滅する」。これは誰であっても，一瞬虚を突かれる文言です。企業者論の展開からすると，シュンペーターは，資本主義の明るい未来を信じて疑わない人のように見えます。ところがシュンペーターは，資本主義はやがて消滅すると言います。しかも，資本主義に何か致命的な欠陥があって，それが原因で消滅するというのならわかりますが，彼は逆に，資本主義は成功すると言います。そしてそれゆえに消滅すると言うのです。この逆説をどのように理解したらよいか。ここにシュンペーターの経済思想，あるいは彼の好んだ言葉で言えば，シュンペーターの経済社会学を理解する鍵があると思います。

この問題を直接論じたのは『資本主義・社会主義・民主主義』です。この本は，彼が大著『景気循環論』(1939年) を完成した後，比較的軽い気持ちで書いた書物とされていますが，まちがいなく，主著のひとつと言えるものです。さて，「資本主義はやがて崩壊する」とはっきり予言したのは，第4章で検討したマルクスでした。しかしマルクスは，資本主義が致命的な欠陥

を持つがゆえに崩壊すると言ったのでした。すなわち，資本主義が進展するに従い，①労働者の生活状態がどんどん悪化する，②利潤率が傾向的に下落する，③かくして不況が恐慌化し，資本主義への敵対行動が表面化する。こうした経緯を経て資本主義はやがて崩壊する，と予言したのがマルクスでした。

これに対してシュンペーターは，まず①については，事実がこれを否定していると言います。すなわち，歴史的に比較してみれば，労働者の生活状態はむしろ良くなっていると言います。②については，利潤率の下落傾向を打破するものこそ新結合であり，マルクスは企業者による断続的な刷新行動を見落としていると言います。さらに③については，不況が恐慌化する必然性はなく，不況は新たな新結合の母体でもあるのだから，これを社会悪のように言う必要はない，と言ってマルクスを批判します。しかし，では資本主義は安泰かというとそうではなく，資本主義は成功するがゆえに，その内部において徐々に形態変化を遂げ，その結果最終的には資本主義をやめて，（ここはマルクスと同じく）社会主義へと自ら転化するにいたるであろう，というのがシュンペーターの見通しなのです。ゆえに，資本主義は成功するがゆえに消滅する，という言い方をしたのです。

ここでひとつ確認しておきますが，シュンペーターの言う資本主義とは，基本的に19世紀的な古典的資本主義，つまりブルジョアジー（資本家階級）によって担われた資本主義を意味しています。したがって，企業者という言葉も，文字通り具体的な個人がいて，その生身の人間が一世一代の勝負に出て，そして時代を画するほどの大成功を収めるという，そういう光景を念頭に置いています。簡単に言えば，シュンペーターの言う革新とは，企業が行うものではなく，あくまで個人のなせる業なのです。この点が，現代の日本に住む私たちには，すでに想像しにくくなっているかもしれませんので，ここで確認しておきます。そして，そういうタイプの資本主義は，やがて消滅せざるを得ないというのが，シュンペーターの言いたいことなのです。

資本主義の独占化

なぜかと言うと，まず第1に，企業の規模と形態

に決定的な変化が生じます。19世紀の終わりともなれば，すでにかなり大きな規模の企業が多数現れていましたが，それでも大部分の企業はまだ，個人企業あるいはパートナーシップで営まれる小さな企業でした。それゆえに，「個人」の要素をより前面に出すこともできたわけですが，相次ぐ技術革新が重化学工業中心の経済を作り上げるに従い，要求される企業の規模は，飛躍的に拡大しました。

その結果，多くの市場で独占・寡占が形成されるようになり，資本主義経済は古典的な競争的資本主義の時代から，独占的資本主義の時代に，必然的に移行するようになりました。古典的資本主義は，自身が生み出した技術の特性によって，その形態を独占的な資本主義に変えざるを得なくなったのです。市場の多くが独占的企業の内部に取り込まれるようになると，組織的な経営に都合のよい計画的要素の比重が，それだけ高められることになります。この点は，ウェーバーの官僚制認識と共通するものです。

企業者の官僚化　企業形態の変化は，企業者機能にも変質を迫ります。すなわち，新結合を，個人の思いつきにまかせておける余裕はなくなり，それ自体企業の計画的な事業の一環として，組織化されるようになってきます。

新しい製品，新しいアイデアの開発は，かつては個人のひらめきがすべてであり，次の革新がいつ起きるかも，まったくの運まかせでした。それゆえに，主体性を賭けた冒険としての一面も持ち得たわけですが，組織化の進展した資本主義では，そうした恣意性は徹底的に排除されます。各企業にいわゆる開発事業部のような部署ができて，何月何日までに次の革新企画を立てることが予定，というより義務づけられてきます。

「予定された革新」とは，どこか形容矛盾を感じさせる言葉ですが，シュンペーターはこれを，「かくて経済進歩は，非人格化され自動化される傾きがある。官庁や委員会の仕事が個人の活動にとって代わらんとする傾向がある」（『資・社・民』，邦訳上巻，240ページ）と表現しています。ウェーバー的表現で言えば，独占的資本主義の時代においては，企業者機能もまた，官僚制の一部に組み込まれるということでしょう。

6.5 資本主義は成功するがゆえに消滅する

資本主義への内在的批判　第2に，資本主義時代を長く経験するに従い，資本主義に固有の欠点や問題点を指摘する知識人が，多数現れるようになります。こうした議論を流通させるのは，おもに新聞，ラジオ，テレビといったメディアですが，資本主義の成功は，こうしたメディアの利用を安価にして，最大数の購買層とも言える労働者階級に浸透させようとします。だからといって，労働者階級が気に入る言説だけが流される必然性はありませんが，しかし，ブルジョア批判，所得分配への疑問，頻発する不況への不満といった，資本主義を疑問視させる言説が，資本主義の進展に伴って，より大量により自由に流されるようになるだろう，そしてこれは，人々の資本主義に対する意識を着実に変えてゆくだろう，とシュンペーターは予言します。

資本主義の大衆化　第3に，企業規模の巨大化を受けて，資本主義はますます大衆化してゆくと言います。

　ここで言う大衆化とは，支配階級としてのブルジョアジーが消滅し，一般の労働者だけでなく，会社の管理職も，重役も，さらには社長までもが給与生活者になる，つまりはサラリーマンになることを意味します。なぜなら企業が巨大化し，資本金が途方もない金額になってくると，その出資者＝所有者を特定の個人，あるいは特定の一族に限定することはますます困難になってくるからです。株式会社という企業形態は，この問題を解決すべく，資本金を広く浅く集めるための方法として定着したものでした。したがって出資者は，無数の人々に拡散することになるわけで，ブルジョア一族の経済的基盤は，かくして掘り崩されることになると言います。

　そうなると，会社を実際に運営するのは，社長以下一般従業員にいたるまで，すべて給与でもって雇われたサラリーマンになります。彼らの生活は給与が定期的に支払われさえすれば維持できるわけですから，その支払い元が資本主義的企業であっても，社会主義政府であっても，本質的な違いはありません。つまり，そうした時代にあって，社会主義への移行が始まったとしても，もはや命がけの抵抗を試みるような者は出てこないだろうと，シュンペーターは言うわけです。マーシャルとは異なる観点から，株式会社がもた

らす経済倫理への影響を捉えています。

　かくして資本主義は，その順調な発展の結果，社会主義を受け入れやすい気質を自らの内に育てるだろう，というのがシュンペーターの言いたいことなのです。ですからこの議論は，実際に社会主義への移行が生じたかどうかで評価すべきではなく，社会主義にも似た，組織化された資本主義への変質が生じているかどうか，あるいは古典的な資本主義とは似て非なる資本主義への自己変容が起きているかどうかで，評価・判断するべきでしょう。私たちがいま住んでいる社会は確かに資本主義ですが，それは果たして古典的な資本主義と同じものかどうか，そしてそれは，シュンペーターの予想していた姿とそれほど違うものかどうか。シュンペーターへの評価は，こうした観点から，むしろ自分たちの社会を見直してみることを通して，行われるべきだろうと思います。

　企業者は鉄の檻を打破するか　さて，ここでウェーバーの議論と比較をしてみましょう。ウェーバーは官僚制の議論を通して，資本主義はやがて「鉄の檻」に囲われると言いました。社会のすみずみまで官僚的計画性が浸透して，恣意的な裁量や自由が許されない，管理されたガチガチの世界になることを危惧しました。これに対してシュンペーターは，それでもなお企業者機能は，機能としては残るという見通しを立てました。したがって，どれだけ組織化が進み，官僚化が進んでも，それは変化のないガチガチの世界にはならなくて，むしろ表面的には活発な変化が繰り返される世界を予想したわけです。その意味では，一見するとシュンペーターのほうが，資本主義の柔軟性を，より楽観的に評価していたようにも見えます。

　しかし，ではウェーバーとシュンペーターはまったく対立的な資本主義像を持っていたかというと，どうでしょうか。ウェーバーが論じたのは，恣意的な支配関係を脱し，自由を得ようとして試みられてきた合理化の過程が，やがて官僚制の肥大を通して，人間を管理するシステムにふたたび転じてゆくという逆説的な傾向への懐疑でした。そうした社会をウェーバーは，目的合理性（あるいは手段としての合理性）だけがあって，実質合理性のない世

界と呼びました。シュンペーターの場合も，革新が消滅することはないにしても，それは先ほども見たように，人間の手から離れた，組織の至上命題として強制されてくる革新にすぎなくなることを喝破していました。それは，「何のための革新か」という実質的な問いを素通りして，生き残るための革新，革新のための革新，そういった手段的な性格をますます強めてゆくような革新でした。

　ですから資本主義は，見た眼にはかつてないほど激しい革新を繰り返す，ウルトラ・ダイナミックな世界になるに違いありません。しかし，そうした動態は，人間にとってどういう意味があるものなのか。シュンペーターはウェーバーとはまた異なる観点から，資本主義社会の行く末に一種の危機感をもっていたのではないでしょうか。シュンペーターは，次のような言葉を残しています。「ある医者が，自分の患者がもうすぐ死ぬだろうと予言したとしても，それは何も，医者がそうなるのを願っていることを意味しない」（『資・社・民』，邦訳上巻，114 ページ）。ウェーバーもシュンペーターも，19 世紀という近代の成熟期を広く見渡しながら，その申し子たる資本主義というシステムが，人間を離れて一人歩きをし始めたことに，近代の末路を感じていたのかもしれません。

　しかし，時はなお流れてゆきます。時代はすでに 20 世紀を迎えています。20 世紀は，ウェーバー，シュンペーターの予想をはるかに越える新しい現実を突きつけてきます。経済学は，その新しい現実にいかに取り組もうとしたか。ふたたび経済学史の本流に戻って，今度は 20 世紀の経済学を見てゆくことにしましょう。

文献案内

（ウェーバーとヴェーバー，シュンペーターとシュムペーターの表記分けは，各書名に従いました）

[学習用図書・研究書]

大塚久雄（1966 年）『社会科学の方法』岩波新書（『大塚久雄著作集』第 9 巻（1969 年，岩波書店）所収）

青山秀夫（1951年）『マックス・ウェーバー』岩波新書
安藤英治（2003年）『マックス・ウェーバー』講談社学術文庫
大野忠男（1971年）『シュムペーター体系研究』創文社
伊東光晴・根井雅弘（1993年）『シュンペーター』岩波新書
塩野谷祐一（1995年）『シュンペーター的思考』東洋経済新報社
G. リッツァ（正岡寛司監訳）（1999年）『マクドナルド化する社会』早稲田大学出版部

[古典]

M. ヴェーバー（大塚久雄訳）（1989年）『プロテスタンティズムの倫理と資本主義の精神』岩波文庫
M. ヴェーバー（富永祐治・立野保男訳/折原浩補訳）（1998年）『社会科学と社会政策にかかわる認識の「客観性」』岩波文庫
M. ウェーバー（阿閉吉男・脇圭平訳）（1987年）『官僚制』恒星社厚生閣
M. ウェーバー（尾高邦雄訳）（1936年）『職業としての学問』岩波文庫
J. A. シュムペーター（大野忠男・木村健康・安井琢磨訳）（1983-84年）『理論経済学の本質と主要内容』全2巻, 岩波文庫
J. A. シュムペーター（塩野谷祐一・中山伊知郎・東畑精一訳）（1977年）『経済発展の理論』全2巻, 岩波文庫
J. A. シュムペーター（中山伊知郎・東畑精一訳）（1962年）『資本主義・社会主義・民主主義』全3巻, 東洋経済新報社
J. A. シュンペーター（八木紀一郎編訳）（2001年）『資本主義は生きのびるか』名古屋大学出版会

第7章

市場と制度

●この章のポイント●

1. 企業の巨大化，市場の集中化，金融の自立化といった現代経済の傾向は，経済理論にどのような変貌をもたらしたか。

2. 「企業」という言葉を聞いて，最初にイメージするのはどのような企業か。それは，経済学が想定している企業と同じものか。

3. 制度の変化は，経済の全体的な性質にどのような影響を及ぼすか。

■ ヴェブレン
■ ロビンソン 
■ チェンバリン 
■ コース

7.1 はじめに

市場経済の構造的変化　新古典派の経済学は，基本的に競争的市場の存在を前提にしています。ここで競争的市場とは，単に企業が競争し合っている市場という意味ではありません。競争的市場とは，企業の規模が非常に小さく，またその数が非常に多いため，どの企業も単独では，市場全体の動向を左右するだけの力を持てないような市場を意味します。

新古典派がそうした市場を想定したのは，イギリス新古典派のように，比較的それに近い現実があって，したがって，代表的な市場構造として，経験的にも妥当性があったという場合と，大陸の新古典派のように，経験的妥当性以上に，これから目ざすべき目標としての意味合いが強かった場合と，多少ニュアンスの異なる2通りの理由がありました。しかし，いずれにしても，初期の新古典派経済学が，競争的市場構造の前提を必要としたことは事実です。したがって，競争的市場構造を前提できないことになれば，新古典派経済学の内容は，大きく変わらざるを得なくなります。

競争的市場構造が，市場の典型的な姿でなくなる傾向は，19世紀の末，したがって新古典派経済学の形成期に，すでに見え始めていたものでした。しかし，市場構造の変化が，国に関わりなく本格化するのは，やはり20世紀を迎えてからと言っていいと思います。アメリカ，ドイツは言うに及ばず，イギリスもフランスも，あるいは私たちの日本であっても，20世紀の初頭には，巨大企業と小企業への両極分解，そしてそれに伴う市場の寡占・独占化，さらには巨大な規模に適した企業形態の定着や，企業金融方法の刷新など，市場経済の構造的な変化が矢継ぎ早に起こります。そうした現実経済の劇的な変化を，経済学がどのように受けとめて行ったか。これを検討するのが本章の課題です。

7.2 完全競争論

実証と規範　この時期の経済学は，きわめて多様な展開を見せます。市場構造の変化に注目するか，企業形態の変化に注目するか，あるいは企業や制度をめぐる，それまでの経済学の考え方を根本的に問い直そうとするか。論者の着眼に応じて，展開される議論の内容にも大きな違いが出てきます。また，そうした新しい現実の吸収とともに，新しい現実をどう評価したらよいかという別個の問題も生じました。つまり，経済はそもそもどうあるべきか，そして現実の経済は，そのあるべき姿からどのくらい離れているか。こうした主観的価値観にも関わる問題提起が，やはりこの時期，集中的に現れてきます。

　一般に，現実経済がどうなっているかを明らかにしようとする姿勢を実証論，それに対して，経済がどうあるべきかを考えようとする姿勢を規範論と言います。実証論は経済の現状を明らかにし，規範論は経済の進むべき方向を考えようとします。いわゆる経済政策とは，この2つの思考が適切に組み合わされて，初めて実行できるものです。経済は本来こうあるべきである（規範論），しかるに現状はこうなっている（実証論），ゆえにこうした政策が必要になる，という段取りで議論を進めてゆくからです。

　規範論的な経済学は，重農主義においても，古典派においても，あるいはマルクス経済学においても，それぞれのかたちで展開されていました。しかし，新古典派体系に純粋に即するかたちの規範論的経済学は，やはり20世紀の産物と言ってよく，その初期の試みを代表するものとして，アーサー・セシル・ピグー（Arthur Cecil Pigou, 1877-1959）の『富と厚生』（1912年）ならびに，その改訂決定版とも言える『厚生経済学』（1920年）があります。ただし，厚生経済学をめぐる問題は，戦後の展開も含めて第10章で論じることにし，この章では，もっぱら市場と企業をめぐる新しい学説について検

討しようと思います（なお本章は，近代経済学に範囲を限定してお話します。マルクス経済学においても，同様の展開があるわけですが，それについては他の解説書に譲ります）。

完全競争市場　そこで，その新しい試みが批判と克服の対象に据えた競争的市場理論について整理しておきましょう。これまでの展開からすれば，これは当然にも，ワルラスあるいはマーシャルの理論になるはずだと思われるでしょう。しかし，大本はそうだとしても，直接的な内容はすでに，彼らのものといくらか違っていますので，ここで，少し長くなりますが，議論を補足しておきたいと思います。競争的市場理論というのは，今日のミクロ経済学で言う，完全競争の理論にほぼ該当するものです。したがって，その厳密な内容については，ミクロ経済学の教科書を参照する必要がありますが，学史的観点から重要なのは次の2点，すなわち「完全競争」という言葉の定義と，その下における「生産者均衡」という概念です。

　完全競争というのは，基本的に次の5つの条件を満たす市場を言います。すなわち，①経済主体（消費者ならびに生産者（＝企業））の規模が非常に小さく，かつ無数に存在していて，そのなかのどの主体も，市場価格ならびに取引数量に，それとわかるような影響を及ぼす力はない（経済主体の無数性）。②各経済主体は，自分の目標にのみ従って行動する独立的な主体であって，他の主体から何らかの影響を受けることはない（意思決定の独立性）。③市場で取引される財は，どの企業が生産したものかまったくわからないほどによく似ている（財の同質性）。④経済主体は全員，取引に必要なすべての知識や情報を持っている（完全知識の前提）。⑤新規企業の参入・退出や，労働者の転職などを阻む要因はまったく存在しない（資源移動の無費用性）。この5つの条件をすべて満たすものが，完全競争と呼ばれる市場です。完全競争市場はしたがって，現実には存在するはずのないものです。これはあくまで，市場の本来的な性質を純粋に取り出して作った仮想的，もしくは理念的概念として考えられるべきものです。

完全競争の効率性　しかし，この5つの条件が揃うと，市場は最高度

の効率性を発揮するものになります。なぜなら，①の条件によって，価格は市場メカニズムによって決定されざるを得ないものになり，②の条件によって，カルテルのような共謀的行動はすべて事前に排除され，③によって，財同士は価格以外の競争手段を持てなくなると同時に，一物一価の原則も保証されます。なぜと言って，財のあいだにまったく違いがないのですから，1円でも高い価格をつけたら一瞬でお客を失ってしまうからです。したがって必然的に，同じ財は，同じ価格を持つようになります。

そして，その価格がもし，生産原価以上の超過利潤を許すような水準にあると，④の条件から，他の市場でぎりぎりの経営をしている企業が，一瞬にしてそのことを察知することになります。ならば，こちらの市場に鞍替えしたほうが得だというので，それらの企業はいっせいに店をたたみ，こちらの市場へ参入してくるでしょう。そうした行動が，いつでも自由に行えることを保証しているのが⑤の条件です。

したがって，こちらの市場では，企業数がいっぺんに増えて，供給が増大します。この間，財の需要が一定であれば（需要が変化する必然性がない場合は，とりあえず一定と仮定します），同じ需要に対して供給が増えるわけですから価格は下落します。どこまで下落するかと言えば，生産原価ぎりぎりのところまで下落するでしょう。というのは，この参入は超過利潤に誘われて生じたものですから，価格が原価ぎりぎりにまで落ちて超過利潤がなくなれば，それ以上の参入も起こらなくなるからです。かくして供給の増加もとまり，価格もそれ以上は下落しなくなるわけです。

かくして完全競争市場においては，誰が命令したわけでもないのに，消費者は，生産原価ぎりぎりの価格で商品を提供してもらえるという，最も有利な状態に自然と導かれることになります。言い換えると，完全競争市場では，すべての商品が，供給可能な最低価格で生産・販売されるようになるわけです。その意味で，完全競争市場は，最も効率的な市場であると言われてきたのです。

こうした市場概念は，ワルラスやマーシャルが直接語ったものではありま

せん。ワルラスに生産費用に基づく供給曲線論はありませんし，マーシャルは生産費用を問題にはしましたが，彼の供給曲線は市場単位のものであって，いまの議論のような，個別企業の費用曲線ではありません。完全競争論は，ワルラスやマーシャルの理論をもとに，第2世代以降が加えた様々な発展が，総合化されてでき上がったものと考える必要があります。

　なかでも影響力の大きかった存在に，スウェーデンのクヌート・ヴィクセル（Johan Gustaf Knut Wicksell, 1851-1926）がいます。ヴィクセルは，新古典派の諸学説を総合化して発展させることに，非常に大きな貢献をした人物です。今日の標準的な経済理論には，新古典派の開祖よりも，ヴィクセルに由来するものが少なくありません。また，彼を起点とするスウェーデン学派（北欧学派，あるいはストックホルム学派などとも言われます）の影響は，想像以上に大きなものがあります。そのなかには，為替レートの決定理論である購買力平価説（次章で検討するケインズも同様の理論を提唱しました）を唱えたグスタフ・カッセル（Karl Gustav Cassel, 1866-1944），財政学・公共経済学の基礎を作り，一般均衡理論の動学化にも独特の知見を示したエリック・リンダール（Erik Robert Lindahl, 1891-1960），さらには，赤字財政による反循環政策の提唱者であると同時に，動態的な貨幣的経済理論の基礎，ならびに（後に触れる）累積的因果系列論という独特の経済認識も提唱したカール・ギュンナー・ミュルダール（Karl Gunnar Myrdal, 1898-1987）など，多彩な存在が含まれています。

　生産者均衡　　さて，もうひとつ注意する必要のあるのが，生産者均衡という概念です。これもワルラス，マーシャルに端を発する概念ですが，後世の議論もかなり加えられています。たとえば，これを端的に表すものとして，現在，どの教科書にもかならず登場する図表が周知の図7.1ですが，これもワルラスやマーシャルが直接描いたものではありません。一般にU字型費用曲線と言われるのがこれで，不完全競争論などを説明する際にも，この図表は使わざるを得ません。これがワルラスやマーシャルの真意を表しているかどうかには疑問もあり，その由来についても諸説あるのですが，ひ

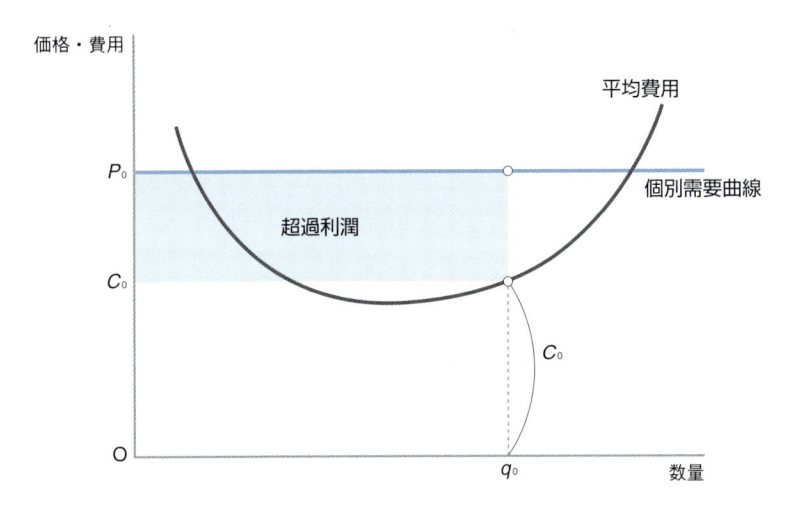

図7.1　平均費用曲線と完全競争下の個別需要曲線

とつは，マーシャルの学生でもあったA. W. フラックス（Alfred. W. Flux, 1867-1942）という経済学者が著した教科書が，その出自ではないかという説があります。

　フラックスという人は，ウィクスティードの限界生産力分配理論を，オイラーの定理を使って定式化したことでも知られていますが，そういった話はともかくとして，この図は，生産物1個あたりの費用（平均費用と言います）が，生産量の増加とともに，どのように変化するかを示しています（より重要な概念に限界費用がありますが，ここでは割愛します。ミクロ経済学の要になる概念ですから，そちらでかならず修得してください）。始めのうちは，生産性が上昇して平均費用は低くなってゆきますが，ある点を境に生産性は低下し始め，平均費用は生産量とともに上昇してゆくものと，この図では考えられています。

どうしてそのようなことが起こるのかは，本当は大きな問題です。特に，後半の生産性の低下部分について，リカードの収穫逓減法則（差額地代論の論理です）と同じ理屈だと説明したものが以前はありましたが，これはまったく違います。リカードの議論は，生産性の源である土地自体が追加される場面を論じていて，地力の優れた土地から順に使われる結果，地力の低下に伴って収穫逓減が生じると言っていたわけです。しかし，この図はマーシャルの言う短期を前提していますから，生産性の源である生産設備は一定のままです。そして，その稼働率を上げて生産量を増加させると，生産原価が上昇すると論じているのです。

現代的な機械工業の下で，生産量を増やすと経費が余計かかるようになるというのは，私たちの経験に反する気がします。しかし，もしそうであるなら，生産量を増やすとかえって競争力を失うわけですから，誰も生産規模の拡張，あるいは企業規模の拡張をはかろうとはしないでしょう。なるほどそれなら，完全競争条件の①，すなわち「無数の小さな企業」が維持されるのも頷けます。したがって，理論上の整合性は確かにあるわけですが，その現実的基礎はどうなのか。この問題は，（いまも現役の）この理論に適用限界があることを示唆する重大な問題ですが，ここでは深入りできません（この問題も，それだけで一個の経済学史が書けるほどの歴史を持っています。章末の参考文献，ならびに拙著（1999 年），拙稿（中村ほか，2001 年所収）なども参照して頂ければ幸いです）。

さて，完全競争市場では，先の③にあったように，価格が 1 円でも高くなると，需要が一挙にゼロになってしまいます。逆に，①にあるように，この企業は市場規模にくらべてごくごく小さな企業，言わば大海の一滴のような企業にすぎませんから，市場価格を守りさえすれば，お客はいくらでも現れます。つまり無限大の需要に直面しているわけです。それを図で示せば，この企業に向けられる需要曲線は水平に近いかたちになるはずです（あくまで，この企業だけが直面する需要曲線です。市場全体の右下がり需要曲線と混同しないでください）。そうすると，もしいまの価格が図 7.1 にある P_0 円で，取

価格・費用

P_e

平均費用

O　　　　　　　q_e　　　　　　数量

図 7.2　完全競争市場の効率性

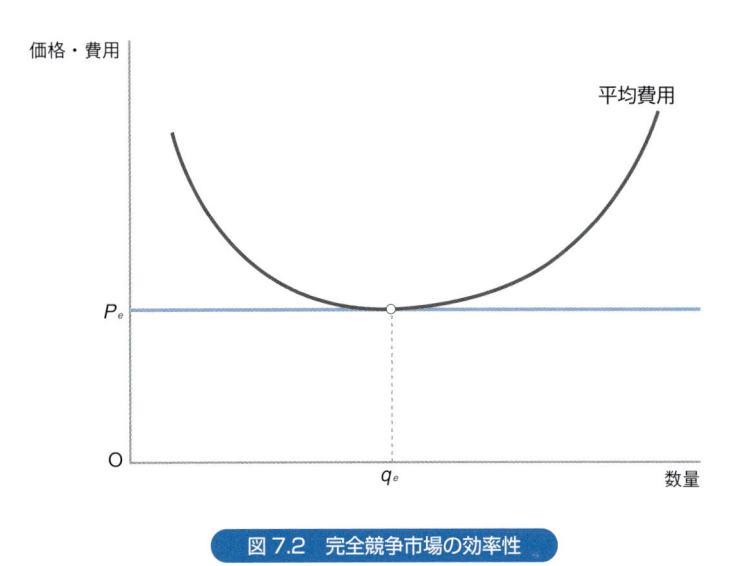

引数量が q_0 個であるとすると，平均費用が C_0 円のものを P_0 円で販売できるわけですから，図の青色部分の大きさだけ超過利潤を手に入れることができます。そうすると，先のような参入が生じて価格が下落し，このような利潤がなくなるまで価格が下がるとすれば，やがて図 7.2 のような状態になるはずです。すなわち，いまの技術で可能な最低の価格水準が実現されます。かくして図 7.2 は，完全競争市場の効率性を表すものになるわけです。

7.3 不完全競争論

完全競争論の受けとめ方　完全競争論は，市場の本質的要素を仮想的に取り出すことによって，市場の本来的機能を理論的に説き明かそうとしたものです。したがって，これは現実の市場経済を，経験的に描写しようとしたものではかならずしもありません。完全競争論はむしろ，基本的には規範論的な性格が強い理論です。現実に属さない概念であるがゆえに，現実からの影響を被ることなく，現実をはかる尺度としての役割を果たすことができるのです。こうした発想は，大陸合理主義の哲学に，ひとつの伝統として備わっているものです。ですから，完全競争論は，どちらかと言えばワルラス的な，大陸の新古典派に近い方法論を予感させるものです。

　ところが，20世紀の経済学を振り返ってみると，完全競争論は，かならずしもそのような意味合いで受けとめられてきたようには見えません。確かに現実の市場経済は，完全競争論通りにはならないにしても，それが現実経済の本質であるならば，大なり小なり，あるいは遅かれ早かれ，現実の市場も同様の傾向を見せてくるはずだ，したがって市場経済は現実的にも効率的なのだ，あるいは完全競争論に描かれているような，自由放任的な経済が結果的には望ましいのだ，そういった意味合いで受けとめられた，あるいは利用されてきたことが多かったように見受けられます。

　こうして完全競争論は，20世紀初頭の段階から，むしろ実証論的な意味合いで受けとめられるようになりました。したがって，実証論的な性格の強いイギリスやアメリカの経済学においても，マーシャルが他界するころには，前提的な市場理論としての地位を占めるようになりました。そのためか，完全競争論への強い批判も，大陸より先にイギリスやアメリカにおいて生じてきます。

　この時期の完全競争論批判は，きわめて多面的な内容を持つものであり，

それを整理するだけでも，ゆうに一冊の大きな本が書けるくらいです。しかし，まず初めに知るべき議論として，本書では，イギリス・ケンブリッジ大学のジョーン・ロビンソン（Joan Violet Robinson, 1903-1983）による『不完全競争の経済学』（1933年）と，アメリカ・ハーバード大学のエドワード・チェンバリン（Edward Hastings Chamberlin, 1899-1967）による『独占的競争の理論』（1933年）を取り上げたいと思います。この2つの理論は，内容が一見よく似ています。そのため一時期は，この2つの理論に本質的な差異はないとまで言われましたが，その微妙な差異が，いまとなっては重要な論点に成長しています。本書でもこの点，注意してゆきたいと思います。

不完全競争　まず，ロビンソンの不完全競争論から見てゆきましょう。ロビンソンの本来の関心は，市場理論の現代化よりも，彼女が定義する不完全競争の下では，利潤と賃金の分配に，いかなる変化が生じるかを明らかにすることにありました。すなわち，不完全競争論の真の主題は，所得分配論にあったと言っていいのです。ロビンソンは，この当時すでに，次章で検討する「ケインズ革命」の推進母体となった，ケインズ・サーカスと呼ばれるグループの有力な一員であり，戦後は「異端の経済学」を自ら唱えるなど，主流的経済思想に対する反逆精神を終生維持したユニークな存在なのですが，しかし，市場理論というものを，あくまで分配問題に引き寄せて考えていた点などには，マーシャル，ピグー以来の，ケンブリッジ正統を思わせる一面があります。しかし，そのロビンソンの議論もやはり，所得分配論よりは，不完全競争市場の効率性を問題にしたものとして，もっぱら注目を集めてきたように見受けられます。

ロビンソンは，先の完全競争論の③と⑤に，主たる批判を向けます。すなわち，財の同質性と資源移動の無費用性についてです。彼女は，財の完全な同質性とはいかにも非現実的な前提であって，どんな商品にも，企業ごとに品質やデザインの差，あるいはわずかな好みの違いに対応した差が，かならず存在することを認める必要があると言います。さらに，消費者はかならず，何らかの地理的制約を受けていることも強調します。

たとえば，完全競争論の⑤によると，東京に住んでいる人が，北海道で10円安い豆腐が売られていると聞いたとたん，ただちに北海道へのり込むという構図が描かれているように思われます。しかし，実際には，そういうことは起こらないでしょう。なぜなら，北海道へのり込むには交通費や時間といったコストがかかりますが，それは当然10円では収まらないからです。したがって，東京と北海道の豆腐市場は，同じ豆腐市場でも，事実上別個の市場として考える必要があります。すなわち，豆腐市場は，完全競争的な一枚岩の市場ではなく，実際にはいくつかの市場に分断されていると考える必要があります。あるいは，自転車でわずか10分ほど離れているだけであっても，いつもと違う店に行くのは面倒であるという気持ちが，市場の分断化をもたらすこともあるでしょう。したがって，現実の市場では，わずかな価格差に対して，消費者がその都度瞬時に反応して，価格差が一挙に解消されるとは考えにくいわけです。ロビンソンは，このように市場が地理的要因，あるいは心理的要因によって分断されている状況を，不完全競争と定義しました。

右下がりの個別需要曲線 では不完全競争市場は，理論的にはどのように表現されるでしょうか。ロビンソンは，これを各企業が直面する，需要曲線のかたちの違いとして表現しました。図7.3を見てください。この図は図7.1とほとんど同じですが，需要曲線が水平ではなく，右下がりに描かれている点だけが異なっています。完全競争市場で個別需要曲線が水平に描かれたのは，商品価格が1円でも高くなると，即座に需要がゼロになってしまうからでした。しかし，いまの豆腐の例にあるように，不完全競争市場では，価格が高くなったからといって，即座に需要がゼロにまで落ちこむとは考えにくいわけです。確かに，消費者のなかには店を変えたり，別の商品に変えたりして，この企業から去ってゆく者も現れるでしょう。ですから需要は，いくらかは減少するでしょう。しかし，この企業のデザインなり味なりが気に入っている人もいれば，単に面倒くさい人もいて，価格が上がってもなお，この企業の商品を買い続ける消費者が，一定数は残るでしょう。

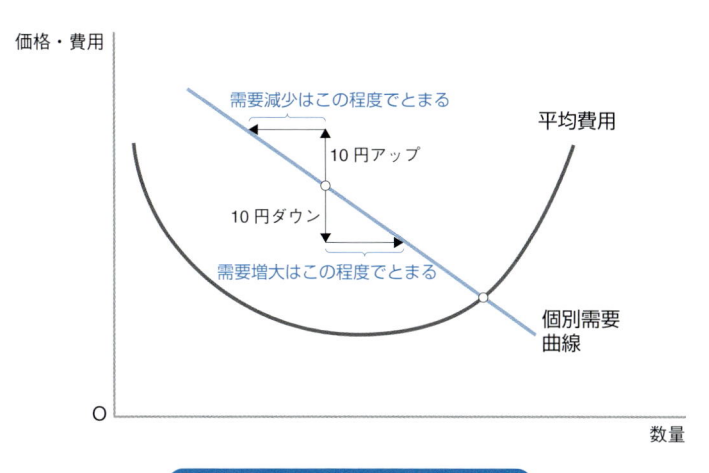

図中のラベル:
- 価格・費用
- 需要減少はこの程度でとまる
- 平均費用
- 10円アップ
- 10円ダウン
- 需要増大はこの程度でとまる
- 個別需要曲線
- 数量

図7.3 不完全競争下の個別企業

したがって，価格が上昇したとき，需要は減りはしてもゼロにはならないでしょう。あるいは，他の企業の商品に，愛着を感じている消費者も当然いるわけですから，こちらが値下げをしたからといって，無限大の需要増を獲得できるわけではなく，需要は増えはしても，一定程度で頭打ちになると考えるべきでしょう。こうした性質を備えた個別需要曲線を図示すると，それは右下がりのかたちを示すはずです。

不完全競争の帰結　さて，そうすると，以下の展開はどうなるでしょうか（ここで本来ならば，限界収入という，同書のなかで最も重要な概念を導入して，生産量の決定理論を説明しなくてはならないのです。しかし，これもミクロ経済学の教科書にかならず出てきますので，そちらに譲ります）。

図7.4（a）を見てください。この企業の生産量がいま，q_0 に決まったとすれば，図の青色部分の超過利潤が発生します。そうするとやはり，この利潤を目あてに参入が生じ，完全競争と同じように，やがて価格は平均費用と一致します。そうなれば利潤はなくなり，参入も停止して市場は安定化しま

図7.4 不完全競争下の均衡

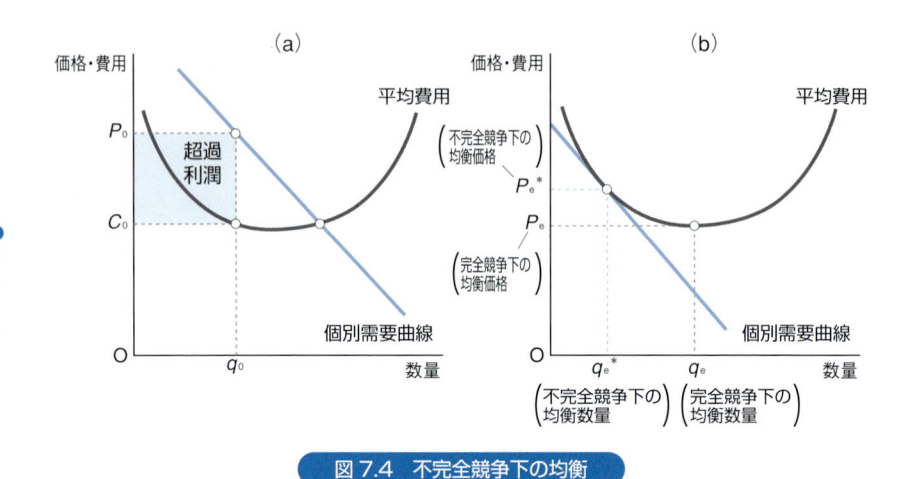

す。ロビンソンはこの状態を，完全均衡と表現しました。

ところが，同じ最終状態でも，完全競争と不完全競争とでは，その持つ意味合いに違いが出てきます。完全競争では，平均費用の最低点で市場が均衡したので，最も効率的な生産が可能になると論じられたのでした。しかし，不完全競争では，図7.4 (b)にあるように，需要曲線が右下がりのため，市場の調整は平均費用の右下がり部分，すなわち，まだ平均費用が下がりきっていないところで終了してしまいます。したがって，完全競争とくらべて生産量はいくらか少なく，価格はいくらか高くなっています。つまり，完全競争よりも一歩現実に近づけた不完全競争の下では，市場は効率的な結果を自動的にはもたらさないのです。これは，近代経済学における市場経済像に，基本的な反省を迫る結論でした。不完全競争の想定は，現実的にはきわめてありふれた想定です。その程度のものを導入しただけで，市場経済の効率性には早くも限界が見えてしまうのです。この結論は，自由放任主義経済への懐疑を，ひとつ根拠づけるものでした。

以上は，効率性の観点から見た不完全競争論ですが，この理論の本来の関

心,すなわち,所得分配への影響は次のように議論されます。すなわち,生産量が完全競争とくらべて小さくなれば,それだけ労働需要も減少します。次章で見るケインズ経済学では,労働需要の減少は,雇われる人の数の減少として現れる,すなわち,失業者の増大として現れると考えますが,ロビンソンは,ここではまだ新古典派の流儀に従って,これはまず労働者の賃金下落として現れると論じました。しかし他方で,価格は上昇しているのですから,結果として労働者の実質賃金が下落し,その分利潤の取り分が増えることになります。不完全競争は,資本側に有利な経済環境をもたらすことがわかります。

不完全競争論の限界　このようなかたちで,不完全競争論は,近代経済学の市場理論にひとつの画期をもたらしました。ただし,ロビンソンの議論にも問題はありました。というのは,不完全競争の前提は,いずれも現実的な,無理のないものに見えますが,考えてみれば,消費者がえり好みをするとか,遠くの店へ行くにはお金や時間がかかるとかいった事情は,何も20世紀になって初めて現れたものではないはずです。そのような事情は,19世紀でも18世紀でも当然存在していたはずです。したがって,ロビンソンの議論は,企業の巨大化や市場の変化といった,20世紀に固有の事情が市場経済に及ぼした影響を,正しく見抜いたものとはかならずしも言えないと思われます。

　むしろこの議論は,完全競争論を現実の判断にそのまま持ち込むことの危険性を指摘したものとして評価すべきで,これだけで,新しい市場経済の性質を把握したことにはならないと思います。それはたとえば,完全競争から不完全競争への変化を,もっぱら需要曲線の変化として,つまり消費者行動の変化としてのみ捉えていて,企業側の行動を示す費用曲線に関しては,完全競争論とまったく同じものを使っている点にも現れています。つまり不完全競争論は,企業側の変化をかならずしもうまく捉えていないと思われるのです。

7.4 独占的競争論

独占的競争　そこで，今度はチェンバリンの独占的競争理論を検討してみたいと思います。チェンバリンの議論も費用曲線自体は同じものを使っているので，一見ロビンソンの議論と似ているのですが，結論から言うと，チェンバリンの議論は，企業が消費者に積極的に働きかけて，自己に有利な市場環境を作ろうとする傾向，すなわち企業の主体的行動を何とか捉えようとしています。この点は，ロビンソンの議論との大きな違いと言えます。

完全競争論においては，企業は消費者の需要に適応することで，利潤を上げることになっています。すなわち，消費者の好みは動かせないのであって，企業はあくまで，生産量をそれに合わせることで，利潤の追求をはかるのです。ロビンソンの議論は，消費者の好みやデザインの違いを強調しましたが，その違いもまた与件であって，それらを宣伝・広告などを駆使して自分から作り出そうとするような，能動的な企業行動が描かれていたわけではありません（もっとも，マーシャルには独特の広告論がありました）。これは，いわゆる消費者主権の発想を，その根底に持つものです。まず消費者が，自律的に自分たちの好みを形成して，企業はこれに合わせて生産物を提供するという，そういう認識が前提にあります。この認識は，本来そうあることが望ましいと言う意味で，規範論的な認識と考えるべきものですが，戦後の経済学においては，実証論も含めて，経済理論全体の基調になってゆきます。

2本の需要曲線　これに対して，チェンバリンの議論では，企業が積極的に自社製品と他社製品の違いを消費者にアピールする，すなわち積極的な製品差別化を行うことが，議論の出発点に置かれています。そして製品差別化が行われると，チェンバリンは，各企業が直面する需要曲線が2本になると言います。図7.5を見てください。傾きの比較的大きいDと記された需要曲線と，傾きの緩やかなdと記された需要曲線の2本が描かれていま

```
                価格
                 |   自社だけ値上げすると，需要量は大きく落ちこむ
                 |＼
                 | ＼    他社も同時に値上げしたときは，
                 |  ＼   需要量の減少も小幅にとまる
                 |   ＼
                 |  ←──＼── 値上げ
                 |      ＼   自社だけ値下げすれば，需要量は大きく伸びる
             Pa  |- - - -○─────────
                 |  値下げ ＼────────
                 |  ──────→＼
                 | 他社と一緒の値下げでは，＼
                 | 需要量はそれほど伸びない。＼       d
                 |                           ＼ D
                O|─────────────────────────── 数量
```

図7.5 2本の需要曲線

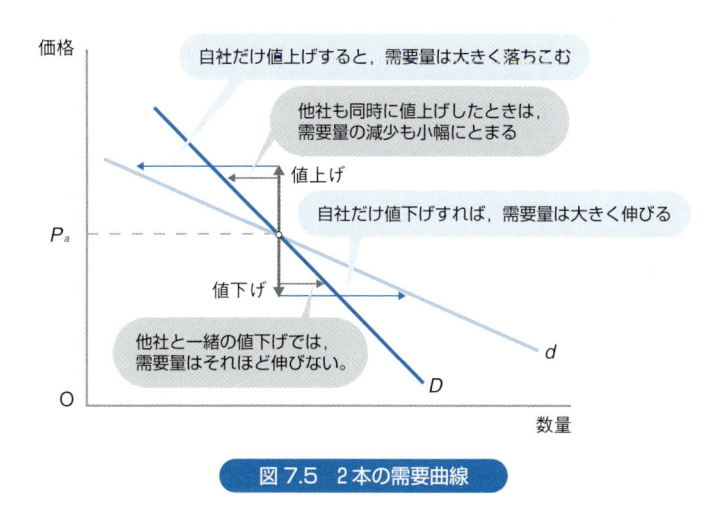

す。D 曲線は，ライバル他社と自社とが，歩調を合わせて行動したときに，自社が直面するであろう需要曲線，d 曲線は，自社だけが単独で何かの行動を起したときに直面するであろう需要曲線です。主体的な企業行動の変化を，その結果直面するであろう需要量の変化を通じて，間接的に表現しようとしています。

D 曲線と d 曲線の傾きの違いは，次のように説明されます。いま仮に，価格が2つの需要曲線のちょうど交点 P_a にあるものとしましょう。製品差別化が存在していますから，ここから値上げをしたとしても，需要量が一挙にゼロになることはないでしょう。しかし，他社と歩調を合わせての値上げと，他社が価格を据え置いているとき，自社だけが単独で値上げを行った場合とでは，需要量の減り方に違いが出てくるでしょう。当然，単独値上げをした場合の方が，需要量の落ち込みは大きくなるはずです。そのことが，交点より左上の部分の位置関係によって示されています。逆に，交点の価格から値下げをした場合はどうでしょう。他社と歩調を合わせての値下げの場合は，それほど競争力に差が出ませんから，需要量の増大もそれほどではない

でしょう。しかし，他社を出し抜いて，自社だけが単独で価格の切り下げに成功すれば，需要量もそれだけ大きく増やせるでしょう。こうした関係を表現しているのが，交点より右下の部分です。

したがって，チェンバリンの世界では，各社が自社製品の個性を梃子に，常に腹の探り合いのような競争関係を作り出していることが，間接的なかたちながら表現されています。こうした市場構造を，チェンバリンは独占的競争と表現しました。各社は，差別化された自社製品においては，一種の独占状態を作り出していますが，だからといって競争を排除できるほどではなく，価格も競争の影響をまだ強く受けますので，その両方の性質を持つものとして，独占的競争という一見形容矛盾な語彙が選ばれたものと思われます。

独占的競争の帰結　では，独占的競争市場の帰結は，どのようなものになるでしょうか。チェンバリンの議論は，企業が，他社と異なる単独行動を取ろうとする点に特徴がありますので，そこに焦点を絞りましょう。図7.6 を見てください。まずは，D 曲線を前提に利潤追求が行われ，超過利潤の発生を契機に参入が生じ，D 曲線の下では利潤の出ない A 点に到達したものとしましょう。ロビンソンの言う完全均衡状態であり，不完全競争論では，議論はここで終わりでした。

しかし，独占的競争論はむしろここから始まります。もはや他社と歩調を合わせていたのでは，これ以上の利潤を追求できないと悟ったこの企業は，差別化された自社製品の個性を梃子に，単独での価格切り下げを決意します。この瞬間，需要曲線は D 曲線から d 曲線へ切り替わります。単独値下げの効果で売上げ量が増え，それがたとえば q_1 になったとすれば（q_1 はランダムな結果ではなく，限界原理によって理論的に決定されます。チェンバリン自身は限界原理を使っていませんが，利潤最大化は限界原理に行き着かざるを得ません。この点については皆さんで考えてみてください），図中の青色部分にあるような利潤を，この企業が単独で取得することになります。イチかバチかの成果とも言えるものです。

しかし，ライバル他社が，この状態を放置しておくとは考えられません。

図 7.6　単独価格切り下げの効果

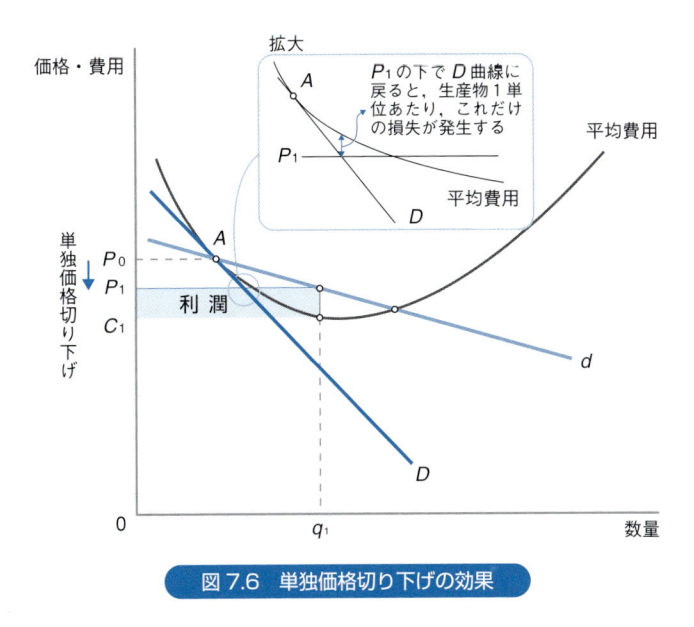

一歩出し抜かれた彼らも，この事態を見て，早晩価格の切り下げを実行するでしょう。そうなると，ふたたび需要曲線は D 曲線に戻ることになりますが，いまの価格の下では損失が発生しますから，この市場から退出する企業が出てきます。かくして企業数が少なくなれば，各企業に回ってくるお客さんの数も多くなりますので，需要曲線もその分右上方へ移動し，損失はやがて解消されるでしょう。そこからさらに単独価格切り下げに踏み切るか，それとも協調行動を維持するかは，需要曲線の傾きなどを考えて，その都度考えなくてはなりません。

しかし，単独行動に再度踏み切るとしても，図 7.7 のように，d 曲線が平均費用曲線と接する B 点に到達したら，もはや利潤は出なくなります。ところがこれが終点かというと，この点は D 曲線と費用曲線との接点ではないので，協調行動に戻れば，なお利潤獲得の可能性が残されています。独占的競争論は，通常は B 点の実現をもって終了すると語られ，チェンバリ

価格・費用

図7.7　独占的競争の帰結

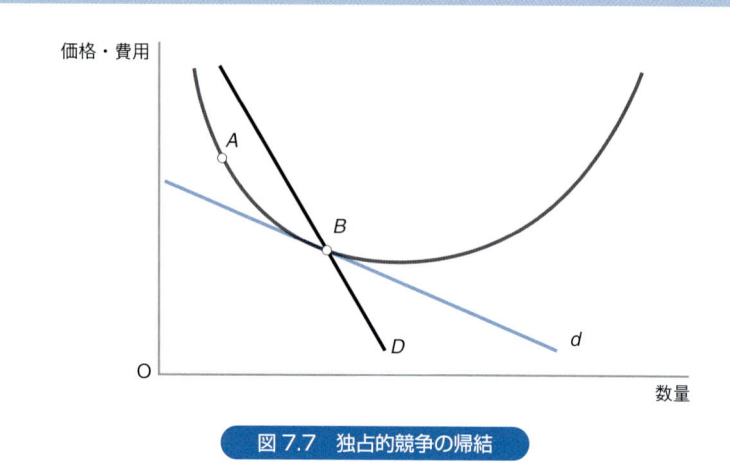

ン自身も一応，ここを終点として議論していますが，この理論は，理屈の上では，いまのようなさらなる展開を，含みとして残す内容になっています。

不完全競争論と独占的競争論　ここでロビンソンの議論と，チェンバリンの議論の比較を行っておこうと思います。ロビンソンの議論は，近代経済学における市場認識を，完全競争論から一歩先へ進める，あるいは一歩現実へ近づけるという意味では画期的なものでした。しかし，そこにはなお，基本的な限界も見られることは先に述べた通りです。

これに対してチェンバリンの議論は，図表こそロビンソンのものとよく似ており，また，A点で均衡しようとB点で均衡しようと，完全競争にくらべて不効率な結果が出てくる点では変わりありませんが，彼の議論の意義は，企業行動の主体性，あるいは企業行動の多様性をいったん認めたら，市場の帰結は，従来のものほど明白なものでなくなることを，先駆的に示した点にあると思われます。このような分析主題は，近年，ゲーム理論と呼ばれる手法によって飛躍的に発展しました（第11章参照）。チェンバリンの議論は，現代経済学から見ても，なお興味深い示唆を多く残していると言えるでしょう。

7.5 寡占論と価格理論の転機

価格の硬直性　チェンバリンの議論は，さらに別様の影響を後続の議論に与えました。私たちはこの章で，企業の巨大化や，市場の寡占化といった20世紀的な経済環境の出現に対して，経済学がどのような対応を示してきたかを見ようとしています。もちろん，それは20世紀全体を通じて取り組まれる事柄ですから，以下の章のすべてが，この問題への取り組みを示すものであり，この章で扱えるのは，その導入期の議論にすぎません。しかしそれにしても，まだ20世紀的傾向には，ほど遠い内容のものに見えると思います。

特に問題なのは，20世紀経済の基本的特徴と言われてきた，価格の硬直性という現象が，これまでの議論ではまったく問題にされていないことです。価格の硬直性とは基本的に，需要や費用の変化があるにもかかわらず，価格が変化しないような現象を意味します。もちろん，財の種類によって，あるいは対象とする地域や時代によって，価格の硬直性は強く出る場合も，そうでない場合もあります。農産物などは，現在でも比較的伸縮的な（つまり，上下に変化しやすい）価格を維持していることは，私たちも承知しています。しかし，他方で工業生産物については，価格は基本的に（特に下方に対して）硬直的であり，変動する場合も，需要・供給の変化に応じて，機械的な変動を繰り返すのではなく，一定期間硬直していたかと思うと，にわかにとめどもなく下落するようなことがあります。

こうした現象を読み解こうとした初期の試みに対しても，チェンバリンの議論は重要なヒントを与えていました。そしてこれを行ったのが，アメリカのポール・スウィージー（Paul Marlor Sweezy, 1910-2004）の屈折需要曲線論（1939年）と，イギリスのホール（Robert Lowe Hall, 1901-1988）とヒッチ（Charles Johnston Hitch, 1910-1995）の共同研究によるフル・コスト原

則論（1939年）です。

屈折需要曲線 スウィージーは，企業同士が腹の探り合い的な競争関係にある，すなわち，推測的相互依存関係にある典型的な市場として，寡占市場を考えました。そして，寡占市場において，価格が硬直性を帯びるようになる理由を，次のように考えました。スウィージーは，チェンバリンの2本の需要曲線を別々に使い分けるのではなく，ある仕方において1本に統合します。図7.8を見てください。いま，価格は2本の需要曲線の，ちょうど交点 P_0 にあるものとしましょう。そして，チェンバリンの場合と同様，ある企業が，ここから価格を単独で切り下げるかどうかの決断を迫られているとしましょう。

価格を切り下げた場合，ライバル他社が追随してくれば D 曲線に，追随してこなければ d 曲線に直面することは，チェンバリンのところで検討しました。しかし，スウィージーはこの場面で，その2つのケースが両方とも起こりうると考えることに，現実的な意味合いがあるだろうかと問います。特に，他社が追随してこない場合の d 曲線ですが，このような事態は現実に起こりうるでしょうか。この場合，この企業はひとり勝ちを収めることができるわけですが，ライバル他社は何を考えて，ひとり勝ちを許したのでしょうか。寡占市場では，互いの行動を逐一観察しているわけですから，そのなかの1社が価格切り下げを行ったならば，よほど特別な事情がない限り，すぐさま他社も価格切り下げによって，応戦してくると考えるべきではないでしょうか。いや少なくとも，価格切り下げを行おうとする企業は，すぐに他社が応戦してくることを念頭に置いて行動を決める，と考えるべきではないでしょうか。もしそうなら，価格切り下げに関して，事実上 d 曲線を考える必要はないのではないでしょうか。スウィージーは，このように議論を進めてゆきます。

しかし，価格を切り上げる場合には，いまと正反対のことを考える必要があるでしょう。すなわち，自社が価格を切り上げた場合には，他社は，今度は追随せずに，そのままほったらかしにするでしょう。なぜなら，そうして

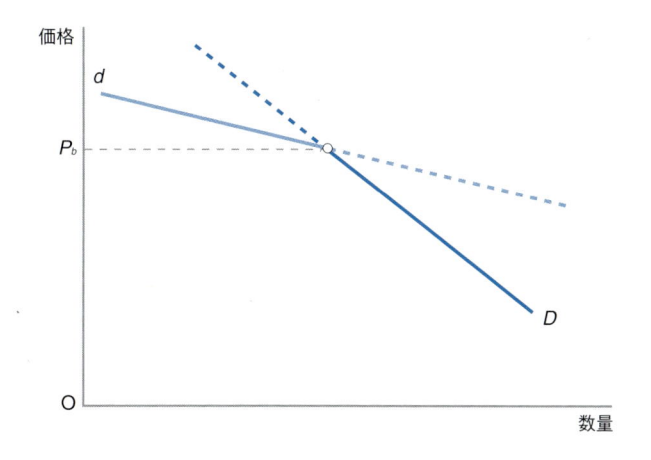

図 7.8　屈折需要曲線

おけば，他社は自動的に割安の価格を提示することになるわけですから，その分，自動的に競争力を高めることができるからです。棚からぼたもちのような話になるわけです。したがって，この場合は，単独行動の需要曲線，すなわち d 曲線だけが生きるかたちになって，D 曲線が現れる事態は考えにくいでしょう。

　そうすると，現行価格よりも高い価格に対しては d 曲線が，現行価格よりも低い価格に対しては D 曲線が現れてくるのが，寡占市場の姿ということになります。したがって，寡占市場における需要曲線は，現行価格を境にポキンと折れたようなかたちになるので，スウィージーはこれを屈折需要曲線と表現しました。これは，現実の需要曲線そのものというよりは，寡占的な競争関係を自覚している企業が，自らの直面している事態として想像する需要曲線と考えたほうがいいものです。しかし，企業がこうした需要曲線を想像するとなると，価格の振る舞いにも大きな違いが出てきます。

たとえば，いま何らかの事情によって，この企業の費用水準が，わずかながら上昇したとしましょう。通常の，滑らかで連続的な需要曲線を想定できる場合には，費用の上昇した分，わずかに価格を引き上げても（寡占市場では，完全競争条件の①が満たされません。そのため，価格は企業自らが設定すると前提されます），それによって極端な需要減少を被ることはないでしょう。しかし，いま直面しているのは屈折需要曲線です。屈折需要曲線の下で価格を引き上げると，d 曲線にいきなり直面する結果，通常の場合よりも需要の落ち込みが激しくなります（と，少なくともこの企業は想像するはずです）。ならば，ある程度の費用上昇については，むしろ価格を据え置いて，極端な需要減少を回避したほうが賢明だと考えるでしょう。そして，同じような判断は，ライバル他社も行うはずですから，彼らも同じように価格を据え置こうとするでしょう。かくして市場全体に，価格の硬直性が見られるようになります。つまり，寡占という特殊な市場環境の下では，価格を固定しておいたほうが，利潤追求において有利になることがあるのです。屈折需要曲線論は，このようにして，寡占市場における価格の硬直性を説明しました。

フル・コスト原則　しかしスウィージーの議論は，価格が現行価格から動かなくなることは説明しましたが，その現行価格がどのようにして決まったかについては，説明しませんでした。そしてここを，ちょうど埋めるかのような議論が，オックスフォード経済調査の結果をもとに展開された，ホールとヒッチのフル・コスト原則論でした。

オックスフォード経済調査とは，1936 年以来，オックスフォード大学を中心に行われた企業行動に関するアンケート調査です。イギリスの主要200社にアンケート調査を行い，現実の企業はどのようにして価格を決めているのか，あるいは何を指標に設備投資を決めているのか，などについて詳細な調査を行いました。その結果，企業は価格決定に際して限界費用を念頭に置くことはせず，平均費用に利潤マージンを付加して価格を決めるフル・コスト原則に従っていることがあらためて確認されました。これによって，理論としての限界概念が無意味になったわけではありませんが，少なくとも平均

概念の現実的な意義が確かめられたことは大きな成果でした。しかしながら，それは同時に，価格理論に大きな難問を残すことにもなりました。

というのは，フル・コスト原則が現実の姿であるとすれば，価格水準を議論するとき，利潤マージンの大きさを知ることが，きわめて重要になってきます。しかし言うまでもなく，利潤マージンとは，各企業の内部で決定されるものであって，外部の何らかのメカニズムによって決まるものではないはずです。メカニズム論が使えないとなると，果たして価格理論というものが，今後成り立つのかどうか。フル・コスト原則論は，価格理論の将来に，期待以上の不安を与えるものになりました。

新古典派経済学が市場原理を評価してきたのは，価格が需要と供給の状況に敏感に反応し，それがシグナルの役割を果たすことで，個々人の自由な経済活動を許しながらも，資源の社会的な適正利用をはかることができると考えてきたからでした。しかし，寡占市場の理論が正しいとすれば，この確信は大きくぐらつくことになります。しかも，その寡占市場が，競争的市場構造のなかから出現してきたとすれば，これまでの，競争的市場の認識自体に，何か大きな見落としがあった可能性も出てきます。寡占論の出現は，新古典派経済学のみならず，市場経済の認識全般にとって，大きな転機を与えるものになりました。

7.6 制度への目線

制度学派　　ここまではおもに，市場構造の新しい捉え方を中心に，20世紀初頭の経済学を展望してきました。しかし，市場の変化は，企業の変化と無関係に生じるものではありません。そして20世紀初頭の経済学は，企業という概念についても，あるいはより一般的に，経済学における制度の捉え方についても，後世に大きな影響を残す，新しい考え方を生み出していま

した。

　経済学における「制度」の捉え方には，大きく2つのアプローチがあります。ひとつは，制度という概念を非常に広く捉えて，企業制度や金融・財政制度に限らず，私たちの生活習慣一般にまで，検討の範囲を広げようとするものです。もうひとつは逆に，経済に直接関係する制度，すなわちいまも触れた企業制度や，金融・財政制度の成り立ちや機能にさしあたり対象を限定し，これらに対して経済学的な分析を加えようとするものです。後者はさらに細分できますが，まずはこの2つの制度主義の存在を知っておく必要があります。

　と言っても，ごく最近にいたるまで，一般に制度主義と言ったら，いまの第1のアプローチをさすのが普通でした。その主な担い手は，ソースタイン・ヴェブレン（Thorstein Bunde Veblen, 1857-1929），J. R. コモンズ（John Rogers Commons, 1862-1945），ウエズリー・ミッチェル（Wesley Clair Mitchell, 1874-1948）といったアメリカの経済学者たち（ヴェブレンはノルウェー出身ですが）であり，彼らの学風を制度学派と呼ぶようになったことが，この名称の始まりでした。ただし，「学派」という言葉から連想されるイメージとは裏腹に，彼らのあいだには，新古典派のような共通の原理論や，共通の方法論といったものは存在せず，一人ひとりが実に個性的な問題意識を持ち，それぞれの問題に独自の方法論を持って，単独で思考を進めてゆく人々でした。本書で何度も強調している，株式会社における所有と経営の分離も，制度学派に近い経営学者アドルフ・バーリ（Adolf Augustus Jr. Berle, 1895-1971）とガーディナー・ミーンズ（Gardiner Coit Means, 1896-1988）の共著『近代株式会社と私有財産』（1932年）によって問題提起されたものです。

　進化論的経済像　ですから「学派」という呼称は，彼らの場合あまり適当ではないのですが，ただ，いずれも市場経済の存在を自明視せず，それを現在のようなかたちで成り立たせている制度的基盤，それはたとえば私たちの生活感情や思考習慣であったり，文字通りの法的制度であったりするわ

けですが，そうした基盤的要因と経済現象との関わりに深い関心を寄せた点に共通点がありました。

したがって彼らは，それら基盤的要因の変化とともに，経済現象の内容や経済原理の中身も変化して当然と考えましたから，それとは逆の発想を持つ新古典派，すなわち，あたかも自然現象のような普遍性を経済に前提し，ゆえに経済学も普遍的な科学たりうると考える立場に対しては，いきおい批判的な姿勢を示すものになりました。見方を変えると，制度学派には，経済を歴史的現象として捉えようとする傾向が強くあって，時の流れとともに不断に変化してゆく性質こそ，経済現象の本質と考えることから，自らの姿勢を進化論的と表現することがありました。

進化論は，19世紀後半以降の西欧文明圏にとっては，宗教の存在理由とも関わる最も重要な思考様式でしたから，これとの関係を示唆する動向は，決して珍しいものではありませんでした。たとえばイギリスでも，マーシャルと同時代に，イギリス歴史学派という存在があって，1870–80 年代にかけては，新古典派よりもむしろ主流に近い位置にありましたが，彼らも（特に中心人物であったウイリアム・ジェイムズ・アシュリー（William James Ashley, 1860-1927）などが）自らの姿勢を進化論的経済学と呼びました。またマーシャル自身，自らの経済学を「経済生物学」と称したぐらいで，そのエヴォルーショナルな側面を，彼独自の動態論として展開していたことは，前々章で検討した通りです。ヴェブレンは，マーシャル経済学のそうした側面を適格に把握しており，大陸系の新古典派経済学とは，この点ではっきり区別していました（そもそも「新古典派」という名称を使い出したのがヴェブレンでした）。

経済を，変化の相において捉えようとする進化論的発想は，第2次大戦後，一般均衡理論が主流になるに及んで，一時期は異端に近い立場になりましたが，近年ふたたび注目されるようになり，1990 年代以降は，現代経済学における，ひとつの中心的な方法論になりつつあります（この点については，第 11 章でお話します）。

ヴェブレン　　ヴェブレンの経済学は，市場経済のメカニカルな原理を追求するものではなく，市場経済をごく自然に支えている現代人の生活習慣や生活感情が，どれほど特殊な性質のものであるかを抉るように摘出して見せる，すぐれて批評的な性質のものでした。

たとえば，現代人の消費行動は，新古典派の言うような生理的な効用最大化ではなく，ブランド志向などに典型的に見られるように，ある商品を持っていること自体が，その人の所得階層や社会的地位を示すシンボルになる，それを示すことが目的で買うようなものであって，商品自体の便利さや機能性などは二の次になっていると言います。そしてヴェブレンは，このような見せびらかしのための消費が，現代人を特徴づける消費行動の本質にほかならないと喝破します。

おそらくヴェブレンは，20世紀における（特にアメリカの）大衆社会への変貌に，敏感に反応したのだと思います。ヴェブレンは，現代人はもはや，新古典派が自明視するような，その内面に確固たる目標を持って邁進してゆくような自律した個人ではないと考えます。現代人は，物品の好みから人生の目標にいたるまで，漠然たる他人に合わせて決めようとする，したがって少なくとも，社会の平均水準にだけは遅れまいと必死になる，そういう「さびしい群衆」（アメリカの社会学者デビッド・リースマン（David Riesman, 1909–2002）の言葉）たちの織り成す世界として現代の経済社会を捉えようとしたのが，ヴェブレンだったと思います。

そのため，『有閑階級の理論』（1899年）『営利企業の理論』（1904年）『製作者本能論』（1914年）といった彼の著作は，いずれも20世紀固有の経済現象に光をあてた書物であったにもかかわらず，これらはいずれも社会学の書物として扱われました。経済現象を，人間の本能に直結する現象とは考えず，その時々の経済の性質が，そのなかで生活している人々の精神構造に何ほどか独特の個性（あるいは歪み）を与え，それが集積されることで，経済にもまた，その時代に固有の性質が備わるようになる，とヴェブレンは考えます。経済主体の行動が原因で，あるひとつの経済現象が生じるわけですが，

その経済現象をいざ経験してみると，原因をなした人々の生活感情や行動目標に，微妙な変化が生じることがあります。そうすると，それが再度集まって生じる現象は，もはや厳密には，以前と同じものではなくなり，それがふたたび経済主体に変化をもたらして…というかたちで，経済主体と経済現象のあいだに，際限のない相互影響の繰り返しが生じます。これを，累積的因果系列と表現します。

こうした発想をもとに，均衡論とは別種の経済把握を試みようとしたのが，ヴェブレン以降の制度学派だったと言っていいと思います。こうした発想は，戦後もジョン・ケネス・ガルブレイス（John Kenneth Galbraith, 1908-2006），カップ（第10章参照），ミュルダール，カルドア（第9章参照）といった人々によって，直接の分析課題は異にしながらも受け継がれ，今日にいたっています。

新古典派的制度論　さてしかし，企業という概念の見直しについては，特に現在の経済理論への影響を考えると，先の第2のアプローチのほうが大きな痕跡を残しています。なかでも，その契機となったロナルド・コース（Ronald Harry Coase, 1910-2013）の企業論（1937年）が重要です。この議論あるいはアプローチの仕方を制度主義と呼ぶ語法は当時にはなく，これは1970年代半ば頃から，コースの考え方に再注目したO. E. ウィリアムソン（Oliver Eaton Williamson, 1932-）らが新制度主義を名のるようになって以降の，比較的新しい語法と見る必要があります（ところが，先に触れたガルブレイスたちのことも，一時期新制度主義と呼んだことがあったので，制度主義という言葉は今日多分に誤解を招きやすい名称になってしまいました）。

企業はなぜ存在するのか　コースの議論は，広い意味では新古典派的な方法論に反するものではありませんが，その着眼，あるいは問題意識は，それまでの新古典派にはない要素を持っていました。

コースは，私たちが市場を使うときに，実はある目に見えない特殊な費用がかかっていると言います。そして企業組織とは，そうした費用の節約措置として生まれるものだと言います。したがって，その市場を使うときの費用

が何であるかがわかれば，企業の本質を理解することもできるはずです。そこでコースは，次のように議論を展開してゆきます。

　そもそも企業とは何でしょうか。企業とは，その組織の内部において，人員や資源を適切に配分して，何らかの目的を達成しようとするものでしょう。ということは，企業もひとつの資源配分機構として捉えることができるはずです。しかるに新古典派経済学では，市場メカニズムをもって，最も効率的な資源配分機構だと論じてきました。しかし，もし市場メカニズムが，それほど完全な資源配分機構であるなら，なぜそのなかに企業という，市場とは別個の資源配分機構が存在しているのでしょうか。市場が完璧な資源配分能力を備えたものならば，市場メカニズムをいったん遮断したところで，あらためて資源配分を行う必要などないはずです。しかし，現に企業は存在しているのですから，経済学における市場の捉え方には，何か重大な見落としがあるのではないでしょうか。コースはこのように，資源配分機構としての側面から，つまり市場メカニズムを補完するものという観点から，企業を捉え直そうとします。

取引費用　　考えてみれば，それまでの経済学において，そもそもなぜ企業が存在するのか，などという問いが発せられたことはありませんでした。企業の役割とか，企業の変貌などは論じられましたが，企業が存在すること自体は，事実上自明視してきました。コースはそこを鋭く突いたわけです。さて，新古典派の市場理論が前提してきたのは，完全競争論がそうであったように，不確実性のない経済での単発の市場取引です。したがって，同じ商品を買い続けるような継続的取引についても，単発取引の繰り返されたものとして理解してきました。

　たとえば，私たちが同じメーカーのシャンプーを使い続けているとしても，それは何も一定期間買い続けると約束したからではなく，たまたま買い替えの時に，同じ商品を選択してきたにすぎません。つまり，単発取引を繰り返してきただけです。そして，シャンプーの品質が新しくなって，その分価格が高くなるときは，私たちはその点を踏まえて，続けて買うか買わぬかをい

ま一度考え直すことができます。新製品の発売というかたちで，品質の変化が明示されるので，そのこと自体は単発取引を難しくするものではないわけです。逆に言うと，単発取引ですべてことをすませるには，取引時点ごとに，取引商品の品質や価格が明示され，取引当事者がその点に，不安や不確実性を感じないことが，最低限の条件になるわけです。

　もし，商品に不確かな点を感じたら，価格が適正かどうかを見きわめるまで，取引を中断することになるでしょう。その場合は，商品について様々な情報をかき集めなくてはなりません。それには時間もかかれば，精神的な負担もかかります。もちろん，様々な実費もかかるでしょう。こうした負担をまとめて取引費用と表現します。取引費用は，市場取引を納得して行うために必要な費用です。したがって，不確実性が高くなればなるほど，取引費用も高くなります。

　新古典派は不確実性のない（完全知識前提の）市場を想定してきましたから，そこには取引費用が存在しません。ゆえに，どんな商品であっても，単発取引が可能だと考えてきました。しかし，現実の市場世界には，大なり小なり不確実性があります。したがって，現実の市場を使うときには，（意識していなくても）取引費用がかかっているのです。そして，取引費用があまりに高くなりそうなら，私たちは通常，取引自体をやめているでしょう。ところが，取引をやめるわけにはいかないのに，扱う商品の性質が，きわめて高い取引費用を予想させるものがあります。

単発取引の限界　　その最たる例が労働力です。労働者の能力は，当然，人によって千差万別です。あるいは同じ労働者であっても，その能力は決して機械のように一定ではありません。年齢によって，あるいはその日の体調によって，さらには同じ一日であっても疲労の度合い等によって，労働能力には大小の変化がつきまといます。つまり労働力という「商品」は，実はきわめて取引費用の高い「商品」なのです。

　そうした労働力商品に対して，仮に上記のような，単発市場しか存在しなかったらどうなるでしょう。たとえば，労働契約が1日しか有効でなく，終

7.6 制度への目線

業とともに解消されるとしたらどうなるでしょう。各企業は1日ごとに従業員を募集し、あらためて面接をしてメンバーを決め、ようやく事業を開始しては夕方また解散し、ふたたび翌朝…というような事態を繰り返すことになります。これは明らかに非常識な事態ですが、こういう非常識な事態が事前に回避されている点に、企業の本質があるとコースは言うのです。

こういう事態を想定しても、毎日同じメンバーを揃えれば、別に問題ないではないかと思うかもしれませんが、しかし、企業の事業内容というのは、一見同じことの繰り返しに見えて、実は日々微妙に変化するものです。したがって、最も適性ある労働者の顔ぶれも、本当はその日ごとに、いや極端な話をすれば、毎時毎分ごとに微妙に変化してもおかしくはないのです。したがって、もし労働者の能力に不確実性がなく、その採用決定について、手間も費用も全然かからないのであれば、事業内容の微妙な変化に応じて、その都度メンバーを変えたほうが、本当はより効率的になるはずです。単発取引の効率性とは、このようなことを言っているわけです。

企業の発生

しかし、実際には、先ほども触れたように、労働者の能力は不確実性に満ちています。したがって時間も手間もかけずに、メンバーの変更を一瞬で行うことは不可能です。もし無理にでも行おうとすれば、大変な取引費用がかかって、事実上事業の継続が困難になるでしょう。ならばむしろ単発取引をやめて、別の方法を考えたらどうでしょう。つまり一定期間、雇用を継続する契約関係を（あるいは暗黙の契約を）結び、労働者の能力の変化に応じて、配置や部署の転換を行う裁量権を企業側に認める一方、労働能力が変わっても、その都度賃金を上げ下げしたり、人を変えたりするようなことはしないと取り決めをするのです。これは企業側にとっては、単発取引に伴う膨大な取引費用を節約でき、労働者にとっては、収入や雇用の不安定性をある程度回避できることから、双方にとって有利になります。かくして発生したのが「企業」なのです。

したがって、企業とは基本的に、取引費用の節約措置だということになります。市場という、取引費用のかかる資源配分機構から、企業組織という、

取引費用のかからない資源配分機構へ切り替えることによって，より合理的な資源配分が目ざされることになります。企業とは，市場に代わる第2の資源配分機構であるわけで，あくまでこの観点から企業や制度を捉えようとしたのが，コースの議論の特徴です。したがって，資源配分あるいは効率性の追求をもって経済問題を捉えている点では，コースの議論は，やはり新古典派経済学を補完するものであって，先の第1の制度主義が見せたような，新古典派と対立する姿勢を示すものではないと考えておくべきでしょう。

　こうしたコース的な企業観は，労働力商品化の自明視はおろか，企業における労働者の立場を，あたかも労働者自らが望んで実現させたかのように論じている点で，マルクス経済学者ならずとも，ある種の偏りは感じざるを得ないでしょう。しかし，その評価はともかくとして，この発想は，現代経済学における，ひとつの中心的発想になりつつありますから，その論理の立て方については，客観的に理解しておく必要があるでしょう。

危機の時代へ　　さてしかし，こうした1920年代から1930年代の過渡期の議論が展開されつつあるなかで，資本主義の現実は，より厳しい課題を経済学に突きつけてきます。時代は，近代経済史上，最も困難な時期に入ろうとしています。資本主義とは，あるいは市場経済とは，人間にとっていかなる意味を持つものなのか。これまでの経済常識を一切覆すような出来事が生じてきます。1930年代，経済学に最大の危機が訪れます。

文献案内

[学習用図書・研究書]

新野幸次郎（1968年）『現代市場構造の理論』新評論
宮崎義一（1985年）『現代企業論入門』有斐閣
間宮陽介（1993年）『法人企業と現代資本主義』岩波書店
高哲男（2004年）『現代アメリカ経済思想の起源』名古屋大学出版会
O. E. ウィリアムソン（浅沼萬里・岩崎晃訳）（1980年）『市場と企業組織』日本評論社

井上義朗（1999 年）『エヴォルーショナリー・エコノミクス』有斐閣
中村達也・八木紀一郎・新村聡・井上義朗（2001 年）『経済学の歴史』有斐閣
[古典]
A. C. ピグウ（気賀健三他訳）（1953–55 年）『厚生経済学』全 4 巻，東洋経済新報社
J. ロビンソン（加藤泰男訳）（1957 年）『不完全競争の経済学』文雅堂書店
E. H. チェンバリン（青山秀夫訳）（1966 年）『独占的競争の理論』至誠堂
T. ヴェブレン（小原敬士訳）（1961 年）『有閑階級の理論』岩波文庫；高哲男訳（1998 年）ちくま学芸文庫
T. ヴェブレン（小原敬士訳）（1965 年）『企業の理論』勁草書房
A. A. バーリ= G. C. ミーンズ（北島忠男訳）（1958 年）『近代株式会社と私有財産』文雅堂書店
R. H. コース（宮沢健一他訳）（1992 年）『企業・市場・法』東洋経済新報社
以下の 2 点には適当な翻訳がないので，原文をあげておきます。
P. M. Sweezy (1939), 'Demand under Condition of Oligopoly,' *Journal of Political Economy*. vol. XLVII, pp. 568–573.
R. C. Hall and C. J. Hitch (1939), 'Price Theory and Business Behaviour,' *Oxford Economic Papers*, No. 2, May, pp. 12–45.

第 8 章

ケインズ経済学

●この章のポイント●

1. ケインズ経済学の時論的課題は何か。

2. ケインズ経済学と新古典派経済学の違いはどこにあるか。

3. ケインズ経済学において、経済と社会はどのような関係にあるか。

■ ケインズ

8.1 はじめに

戦間期の世界経済　1914年から始まった第１次世界大戦は，世界の歴史を大きく変えました。私たち日本人には，第２次世界大戦のほうが大きな出来事に感じられますが，世界史全体を考えるとき，第１次世界大戦の影響を軽視することは到底できません。この戦争は何より，戦争の意味を変えました。この戦争は，軍事力と経済力が，もはや表裏一体の関係にあることを，世界中の人々に見せつけました。軍事力とは，先端技術を凝縮した兵器力と，無尽蔵の弾薬補給を可能にする生産力を意味するのであり，兵士とはそうした兵器を運び，戦地で稼動させるための，一個の部品に等しくなりました。第１次大戦での死傷者が，あたかも消耗品のような勢いで増えていったのは，こうした戦争の性質の変化と，決して無関係なことではなかったはずです。

　第１次世界大戦はまた，それまでの国際秩序を根本から変化させました。戦後，直接の戦場となったヨーロッパの経済的地位は，いやがおうでも後退しました。特に，敗戦国ドイツの人々は，巨額の賠償金と「天文学的」とまで言われたインフレーション（ドイツの物価上昇率は，一時期数千パーセントにも達し，パン１個に数億マルクなどという途方もない値段がつけられました）に苦しめられました。あるいは，かろうじて戦勝国側に残ったイギリスの人々にも，この戦争は癒しようのない傷跡を残しました。なかでも10歳代20歳代の若い世代が心に負った傷は深く，イギリスではこの世代のことを，ロスト・ジェネレーション（失われた世代）と呼ぶことがあります。

　こうしたヨーロッパの国々とは対照的に，名実ともに世界経済の覇権を握ったのがアメリカでした。アメリカの今日的地位は，この1920年代にほぼ固まったと言ってよいものです。それは鉄鋼，自動車など重化学工業を中心とする大量生産経済によって支えられたものでした。ただし，大量生産経済とは，単に工場の規模を大きくすることではなく，それだけの数の従業員を

管理できる企業形態と,巨額な資金集めを可能にする金融制度の発展とが相まって,初めて可能になるものです。私たちは,第5章と第7章で,こうした変化を特徴づけるひとつの指標として,所有と経営の分離した近代的な株式会社の普及を考えましたが,その導入が遅れていたイギリスでも,ついにこの1920年代に,ほぼ全面的な導入がはかられます。

また,大戦末期の1917年にはロシア革命が起こり,ソヴィエト社会主義共和国連邦ができました。さらに,日本について言えば,大戦景気の終焉とともに国内経済が低調をきたすなかで,軍部主導の下,中国大陸への侵略をはかる動きが1920年代後半に台頭してきます。つまり1920年代の国際社会は,戦後復興を急ぐヨーロッパ,独力での繁栄に自信を持つようになったアメリカ,突如として出現した大国ソ連,そして軍部の発言力をますます強めてゆく日本など,表面的には大戦後の繁栄を享受しながらも,ある意味では,きわめて不安定な構造に入ろうとしていました。

世界恐慌　その不安定さが露呈するのに,それほど時間はかかりませんでした。1929年10月24日木曜日,アメリカのニューヨーク株式市場で株価が大暴落し,瞬く間に全世界に波及しました。世に言う暗黒の木曜日です。資本主義経済は,世界的な規模で不況に突入したのです。

このときの不況は,それまでのものとは様相を異にしました。景気の浮き沈み自体は何も今回が初めてではなく,いつもその都度,数ヶ月もすれば回復してきたのでした。しかし,この29年からの不況では,いつまでたっても回復の兆しが現れませんでした。倒産,破産は後を絶たず,失業率はみるみる上がり,アメリカでは最高25パーセント,イギリスでも最高20パーセントに達しました。これはいままでの不況とは何かが違う…。人々の不安は日増しに強くなり,不安はやがて恐怖に,恐怖はやがて絶望に変わろうとしていました。近代経済史上最大の危機,世界恐慌が始まったのです。

1930年代は,1920年代とは対照的に,世界恐慌期あるいは大不況期と呼ばれています。街は大量の失業者であふれました。彼らは職を失くし,家を失くし,子どもに食べさせるパンだけでも手に入れようと,昼夜街をさまよ

い歩くのでした。こんな貧しい時代は終わったはずでした。つい最近まであれほど豊かだった社会に，なぜこれほどの貧しさが舞い戻ってきたのでしょうか。人々は経済学からの回答を待ちました。経済問題を専門とする知性からは，かならずや適切な処方箋が示されるに違いないと期待したのでした。

ところが，彼らが得た答えは意外なものでした。「仕事をしていないあの人たちは，自分から望んでそうしているのだ」。それが経済学からの回答だったのです。

8.2　なぜ失業者が現れるのか──新古典派の考え方

新古典派の失業観　「仕事をしていないあの人たちは，自分から望んでそうしているのだ」。経済学からのこの回答は，経済学の専門家でない人々にとっては，まったく驚くべきものでした。街は，食べるものもなく，住む家も失くした失業者たちであふれているのです。そういう彼らを見て，あれは自分で好きでそうしているのだとは，通常の感性を持った人間には考えられない理屈でした。これは実は，経済学者にとっても驚くべき結論でした。彼らも感覚的には，そんなはずはないと感じていました。しかし，当時の経済学に従う限り，結論はそうなってしまうのです。ゆえに，どこか変だと思いながらも，経済学者たちはみなしぶしぶと，この結論を支持したのでした。

ところがここに，そこまで理論と現実が食い違うのなら，おかしいのは現実認識のほうではなくて，経済理論のほうではないのかと，正面切って疑問を呈した人物が現れました。イギリス・ケンブリッジ大学の経済学者で，マーシャル経済学の正統的な継承者でもあったジョン・メイナード・ケインズ (John Maynard Keynes, 1883–1946) です。ケインズは，自分自身そのなかで育った新古典派経済学を，その前提条件にまでさかのぼって徹底的に再検

図 8.1　新古典派の労働市場分析

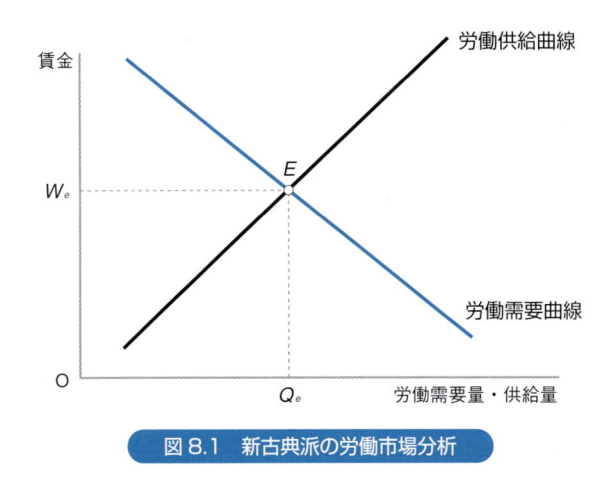

討しました。その結果ケインズは，新古典派の経済学者が下したこの結論には，ある特殊な前提条件が，暗黙のうちに含まれていたことを発見しました。

労働市場の機能不全　新古典派経済学が使う基本理論は，第 5 章でも検討した，いわゆる需給均衡理論です。市場経済では，市場ごとに，需要と供給の均衡メカニズム，すなわち市場メカニズムが機能していると考えるのが，新古典派の基本的発想です。そうすると，いま生じているのは失業問題すなわち雇用問題ですから，新古典派はこれを，労働市場の問題として考えました。つまり，労働市場に何らかの機能不全が生じたので，大量の失業者が発生したのだと，ごく自然に考えたわけです。そうすると，そこから下される診断は次のようになります。

図 8.1 を見てください。これは，通常の需給メカニズムを労働市場について描いたものです。縦軸に賃金をとり，横軸に労働力の需要・供給量をとっています。労働力を需要する，つまり労働力を雇おうとするのは企業ですから，労働需要曲線は企業の行動を表すものになります。新古典派経済学では，企業は利潤最大化を目標に行動するものと考えています。賃金率が高い

ときに多くの労働者を雇えば，それだけ利潤が少なくなりますから，高い賃金率の下では，企業はあまり多くの労働者を雇おうとしません。逆に，賃金率が低いときは，機械設備に代えて，その分人間の労働力でもって補おうとするでしょう。ゆえに，労働需要量は，賃金率に対して右下がりの関係になると考えられます。

　一方，労働力を供給するのは労働者です。したがって，労働供給曲線は，労働者の行動を表すものになります。新古典派経済学では，労働者も効用の最大化をはかろうとすると想定します。労働供給から得られる効用とは，賃金から得られる効用を意味します。たとえば時給1000円の場合，その1000円を何かに使うことで得られる効用をもって，1000円の効用と考えるわけです。時給が上がるに従い，1000円のありがたみ，すなわち1000円の限界効用は逓減する可能性がありますが，いまは単純化のため，貨幣の限界効用は一定と仮定します。そうすれば，労働に伴う効用を，金額表示で間接的に示すことができます。これを図示したものが図8.2の青い棒グラフです。労働時間が増えるに従い，時給分ずつ効用が追加されるのがわかります。

　しかし，労働には疲労が伴います。疲労は肉体的なものであれ，精神的なものであれ，一種の苦痛であるからには，これは効用を減じるもの，つまりマイナスの効用（不効用と表現します。もっともマイナスの効用を直に表すには不効用ではなく，負効用と表記したほうがよいように思います）になると考えられます。しかも，この疲労の度合いは，労働時間が増すにつれ，しだいに大きくなるというのが，日ごろの私たちの経験でしょう。新古典派的に表現すれば，追加的な疲労すなわち限界負（不）効用は，一般に逓増するものと考えられるわけです。これを図示したものが図8.2の灰色の棒グラフです。

　そうすると，労働者が得る真の効用は，賃金から得られる正の効用と，疲労から生じる負の効用の差額分になります。そして，この差額が出るあいだは，労働者としては労働供給を増やしたほうが得になります。1時間労働時間を増やすと，同額の正の効用と，しだいに大きくなる負の効用を，同時に得ることになりますが，それでもなお正の効用が上回っているあいだは，労

図 8.2　労働者の効用最大化

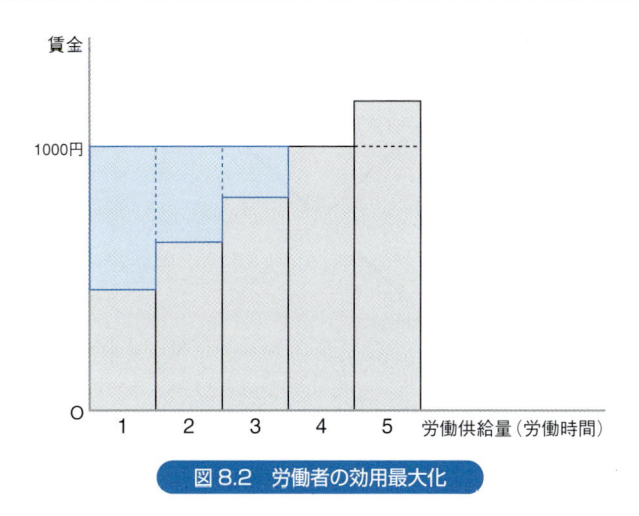

働時間を増やしたほうが得になるわけです。

したがって、図 8.2 で言えば、労働者としては労働供給を 4 時間にしたいと考えるはずです。この時間までは差し引きプラスの効用を得られますが、5 時間目に入ってしまうと、負効用が正の効用を上回ってしまい、損失が発生するからです。ゆえに、右上がりの限界負効用表は、賃金が与えられたとき、労働者がどれだけの労働供給を希望するかを示す図表になります。かくして、この限界負効用表を滑らかに一般化した右上がりの曲線が、労働者の労働供給曲線になるわけです。このように新古典派の世界では、労働者が自ら労働時間を選んでいます。新古典派経済学に、マルクス経済学的な階級認識は存在しません。

自発的失業　　以上の議論は、一企業の労働需要曲線、あるいは一労働者の労働供給曲線にすぎませんが、新古典派経済学における社会とは、個人の集合にほかなりませんから、あとはこれを企業の数だけ、あるいは労働者の人数分だけ足し合わせれば、社会全体の労働需要曲線、労働供給曲線が求められます。それが図 8.1 になるわけです。そうなると、労働市場の需給

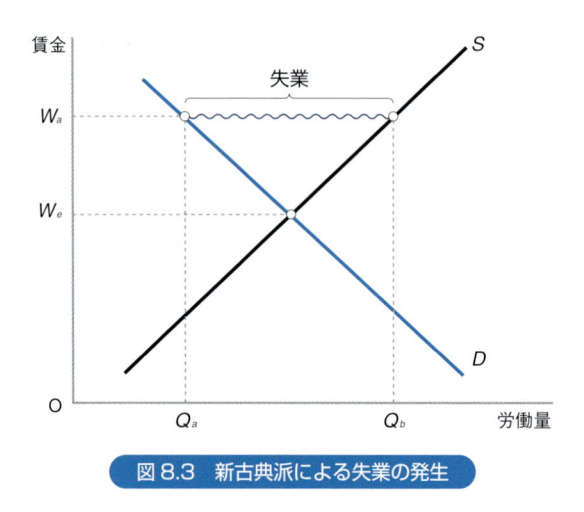

図 8.3　新古典派による失業の発生

均衡点は E 点で与えられます。賃金が W_e という水準にあれば，その下で働きたいと考える労働供給量と，その下で企業が雇いたいと考える労働需要量が Q_e で一致して，労働市場は均衡するはずです。すなわち，失業者は出ないはずなのです。

ところが，もし何らかの理由で，賃金が図 8.3 の W_a のような高い水準で高どまりしてしまうと，何が起きるでしょうか。このような高い賃金率の下では，企業は Q_a のような少ない労働力しか雇おうとしません。しかしその一方で，W_a という高い賃金の下では，Q_b のような大きな労働供給が発生します。その結果，図中に波線を引いた $Q_b - Q_a$ の部分に，労働力の過剰供給が発生します。これが失業であると，新古典派経済学では考えます。と言うより，この理論図式の枠内では，これ以外に説明のしようがないのです。

しかし，もしこの考え方が正しいとすると，失業の原因は，高すぎる賃金率に求められることになります。もし賃金率がちゃんと W_e にまで下がっていれば，失業は発生しなかったはずなのです。したがって，失業がいつまでも解消されないとすれば，それは何かが賃金率の下落を阻んでいる，つまり

何かが労働市場のメカニズムを邪魔しているとしか考えられません。

　そこで持ち出された論理のひとつが，労働組合などによる賃下げ反対の行動でした。企業側からの賃下げ提示に対して，労働組合がストライキ等の手段をもってこれを阻んだ結果が，図8.3のような状態をもたらしたというのです。ゆえに，この失業はある意味で，労働者たちが自ら招いた結果とも言える，という理屈になります。あるいは，現に雇用されている人々が，自分たちの既得権益を守ろうとした結果が，他の労働者の雇用機会を奪ったのだとも言えるわけです。ゆえに，大恐慌の下とはいえ，現に発生している失業者は，労働者たちが自ら招いた結果という意味で，自発的失業者であると考えられたわけです。先のせりふは，これを多少皮肉っぽく言い換えたものにすぎません。

8.3　なぜ失業者が現れるのか──ケインズの考え方

新古典派の前提批判　ケインズは，こうした議論に，まず何より直観的に不当なものを感じました。当時の理論では，確かにこうなってしまいます。しかし，明らかにおかしな話だとケインズは直観したのです。そこで彼は，いまの論理をもう一度たどり直してみました。そうすると，労働需要曲線については，これは結局「企業は利潤最大化を目標にする」という一言を言い換えたものにすぎませんから，こちらに問題があるとは思えないと判断しました。しかし，労働供給曲線についてはどうでしょうか。これも一見，自明の理を言っているだけのように見えるのですが，ここでケインズは，はたと気がついたのです。

　いま問題にしているのは，経済全体の労働量だったはずです。そこで，新古典派はまず個人のものを求め，これを人数分足し合わせることをしたわけですが，その個人が行っていたことは，先に見た通り，労働時間の選択でし

た。ということはつまり，この人は，すでに職を得ていることにならないでしょうか。すでに職を得ているから，次の問題として，具体的な労働時間の選択を考えることができたのではないでしょうか。しかし，もしそうだとすると，そういう人たちだけ集めて足し合わせてみても，その結果得られるのは，すでに・雇・用・さ・れ・て・い・る人たちの（労働時間に関する）供給曲線にすぎないのではないでしょうか。しかし，いま聞きたいのは，・雇・用・さ・れ・て・い・な・い人たちがなぜ現れるのか，という話だったはずです。そういう話をしようというときに，肝心のその人たちを，初めから視野の外へ置いてしまったのでは，議論がことの本質に届かないのはあたりまえではないか，とケインズは考えたのです。そこで彼は，次のように議論を切り替えました。

一般的な労働供給曲線　　いま問題にしているのは，あくまで社会全体での労働量です。社会全体の労働量とは，働いている人数×一人あたりの労働時間，で定義されるはずです。そうすると，たとえば社会全体での労働供給量を増やすという場合，次の2つの方法が考えられるでしょう。すなわち，①働く人の数を一定にしたまま，一人あたりの労働時間を増やす方法，②一人あたりの労働時間は一定のまま，働く人の数を増やす方法。このどちらの方法をとっても，社会全体の労働供給量を増やすことはできるわけです。では，両者のあいだに何の違いもないかというとそうではありません。

　ここで図8.4を見てください。いま現在の賃金率が W_0 であったとし，ここから労働供給量を増やすことを考えてみましょう。もし①の方法がとられた場合は，一人ひとりの労働時間を増やすことになりますから，各労働者の限界負効用も増加します。ゆえに，この場合は賃金を上げる必要が出てきます。したがって労働供給曲線は，労働供給の増加とともに右上がりになるはずです。逆に，①の方法に従って労働供給を減少させる場合には，労働時間を減らす分，限界負効用も小さくなるので，賃金を引き下げることも可能になります。ゆえに，①の方法がとられた場合の労働供給曲線は，先の新古典派の議論と同じように，右上がりのかたちをとることになります。

　では，②の方法がとられた場合はどうでしょうか。②においては，一人あ

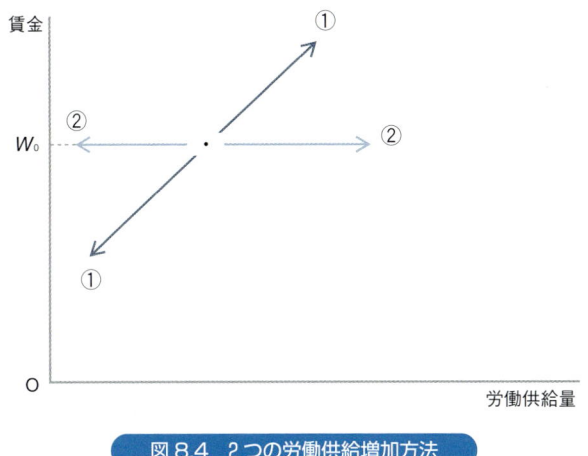

図8.4 2つの労働供給増加方法

たりの労働時間を一定にしたまま，現在失業中の人を新たに雇うことによって，社会全体の労働供給を増加させることになります。いま労働者間の質の違いは無視しましょう。そうすると，新たに雇用された人も，労働時間はすでに雇われている人と同じですから，限界負効用も同じになるはずです。ということは，賃金も同じ水準でよいことになります。したがってこの場合は，同じ賃金率 W_0 の下で，労働供給が増加することになります。また，同じく②に従って労働供給を減らす場合は，いわゆる解雇によって，労働供給を減らすことになりますが，残った人々の労働時間は一定のままですから，この人たちへの賃金を引き下げることはできません。したがって，②の方法は，図の上では，水平の労働供給曲線を生み出すことになるのです。

では，①と②のどちらの方法が，実際にとられるでしょうか。①は賃金を上げなくてはなりませんが，②ではそうする必要がありません。したがって，②が可能なうちは，まずこちらが選択され，W_0 で働く意思のある人が全員雇われてしまって，後は労働時間の延長しかないという段階になって初めて，①の方法がとられるのではないでしょうか。これが一般的な順序だとすれば，

現実の労働供給曲線は，現行賃金で働く意思のある人が全員雇われるまで，つまり，完全雇用に到達するまでは水平で，完全雇用到達後に初めて右上がりに変わる，そういうかたちになるのではないかとケインズは考えました。

非自発的失業の発生　　これが正しいとすれば，労働供給曲線は図8.5のようになるはずです。そこへ右下がりの労働需要曲線が入ってきます。しかし，それがどの位置にくるかはわかりません。D_1のような場合もあれば，D_2のような場合もあれば，D_3のような場合もあるでしょう。もし初めから，D_3のような位置に労働需要曲線がきていれば問題ありません。労働需要曲線と労働供給曲線の交点で決まる現実の雇用量N_3は，すでに完全雇用量N_fを越えているからです。しかし，もしD_1のような位置に労働需要曲線がきていたらどうなるでしょう。需要と供給の交点である雇用量N_1は，完全雇用量N_fのはるか手前です。しかもN_1は，これはこれで需給均衡点ですから，労働市場は自らの調整能力をすべて出し切った後であって，もはや何の調整能力も残していません。したがって，この状態は，これはこれでひとつの均衡状態として，自らを維持してしまいます。

ゆえにN_fとN_1の差の部分も，そのまま残されることになります。そして，この差の部分が何を意味するかといえば，これはW_0の賃金で働く意思のある人がN_fだけいるにもかかわらず，実際の労働需要がN_1しかなかったために，働く意思を持ちながらも仕事にあぶれた人々になります。この人たちはしたがって，賃金に不満があって自ら失業したわけではありません。社会全体での労働需要が少なかったために，働く必要がありながらも失業してしまった人々です。ケインズはこうした人々を，非自発的失業と定義しました。そしてこれこそが，真の意味での失業者だと考えました。

有効需要の原理　　では，こうした人々を失くすにはどうしたらいいでしょうか。労働市場はすでに均衡状態に入っていますから，労働市場のなかには，この状態を変えようとする力は残されていません。ならば，市場の外から何らかの力を投入して労働需要曲線を移動させ，その交点を最低限N_fよりも右側に持ってゆく以外にないでしょう。ここに経済政策の必要性が出

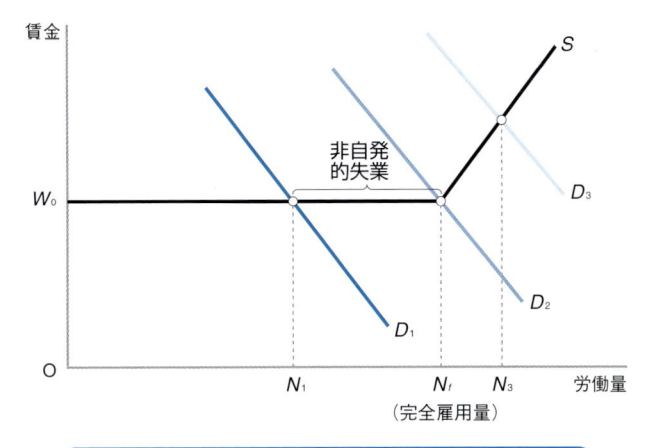

図8.5 　一般的な労働供給曲線と非自発的失業の発生

てきます。市場メカニズムに委ねるだけでは，つまり自由放任の下では，N_1 以上の雇用を実現させることはできないのです。

　では何が，労働需要曲線の位置を決めるのでしょうか。労働力とは，財の生産に必要な分だけ需要されるものです。したがって，財の生産量を決めている要因がわかれば，それを政策的に動かすことによって，労働需要を増やすこともできるはずです。では，何が社会全体の生産量を決めていたかというと，なるほど新古典派経済学には，この論点が欠けていたことがわかります。

　繰り返しになりますが，市場単位で財の生産を論じるときには，その財が生産されること自体は前提されていますから，すでに何らかの需要が存在していることになります。もちろん，価格しだいで，その需要が他の市場へ逃げ去ったり，逆に入ってきたりすることはありますが，とにかく何がしかの需要は前提されているわけです。ですから各市場の合計を取った場合も，すでに何がしかの需要が社会全体で，前提的に存在することになります。ゆえ

に，その決定原理をことさら問題にすることがなかったのです。ここに確かに，新古典派の盲点がありました。ケインズはこのようにして，これまでの経済学では，社会全体における生産量の決定理論が欠落していることを見抜きました。そして，この社会全体での生産量を決定する原理を有効需要の原理と呼んだのです。

　有効需要の原理が解明されれば，有効需要を政策的に上昇させることによって，非自発的失業を解消することができるかもしれません。しかしながら，有効需要の原理は，それまでの新古典派経済学に欠けていたある部分を，事後的に補えばすむというものではありませんでした。それはケインズ自身，当初の予想をはるかに越える困難な過程になり，結果的には，新古典派を根底から覆すほどの理論を打ち立てることになりました。ゆえに，ケインズ経済学の出現を，今日ケインズ革命と呼ぶのです。

一般理論　　ときに，図8.5をもう一度見てください。そして図には書き入れてありませんが，労働供給曲線がちょうど右上がりを始める点を原点にして，そこから新たに縦軸，横軸を引いてみてください。そうするとその右上方に，どのような図が現れますか。それはちょうど図8.1と同じものになるはずです。労働供給曲線が①に切り替わった後ですから，新古典派の原理がそのまま復活しているわけです。しかし，注意する必要があるのは，この領域はすべて，完全雇用到達後の領域に含まれていることです。つまり，新古典派は，暗黙のうちに，あるいは気づかぬうちに，完全雇用以後の経済を前提にしていたことがわかります。ゆえに，完全雇用以前の経済を描けなかったわけです。このようにしてケインズは，新古典派への全面批判を開始しますが，それは新古典派を全面的に拒否するものではなく，新古典派が完全雇用以後の経済を描いていることを明らかにし，それを特殊ケースとして内に含むところの，より一般的な理論の構築を目ざしてゆきます。ゆえに，彼は自らの本を『雇用・利子および貨幣の一般理論』（*The General Theory of Employment, Interest and Money*）（1936年）と命名したのです。

8.4　有効需要の原理

『一般理論』の体系　それでは，ケインズ『一般理論』の内容に入りましょう。次章で見るように，ケインズの理論は，今日のマクロ経済学の基礎理論になっています。ある時期までは，マクロ経済学＝ケインズ経済学でした。しかし，これは新古典派経済学をミクロ経済学と位置づけて，両者の融合をはかろうとした姿勢（新古典派総合と言います）のなかでのケインズ解釈であって，ケンブリッジ大学におけるケインズ直系の経済学者たちは，こうしたケインズ解釈には批判的でした。そこで，本章ではまず，マクロ経済学としてのケインズ経済学ではなく，あくまで『一般理論』そのものにおけるケインズ経済学を素描してみようと思います。新古典派総合については，次章以降であらためて取り上げます。

　余談になりますが，『一般理論』は大変難しい書物です。何の解説書もなしにいきなり読み始めたら，チンプンカンプンになること請け合いです。いまでは著名なある経済学者が，大学院時代に，夏休みの研究として『一般理論』を読んでみたいと当時の指導教官に申し出たところ，一言「やめよ」と言われたそうです。この本がそれほどまでに難しいのは，ケインズの文章力に問題があったからではありません。彼はむしろ文筆家として，世界中にその名を轟かせていました。本書では触れられませんが，彼の政治・経済評論集である『説得評論集』（1931年）や，マーシャル，アインシュタイン，チャーチルなど彼の知己の人々や多くの傑出した人物を論じたエッセイ集『人物評伝』（1933年）などを読むと，翻訳を通してでも，稀代の名文の雰囲気が十分に伝わってきます。

　にもかかわらず『一般理論』が難解なのは，ケインズが意図的に難しく書いたからなのです。ケインズの課題は，新古典派の経済学者たちに，彼らが気づいていない暗黙の前提を，まず悟らせることにありました。それを悟ら

せた上で，新たな理論への切り替えを真に納得させる必要がありました。しかし，その新たな理論だけをあまりに明晰に語ったのでは，おそらく新古典派の人々は，これは自分たちとは関係ない，新手の理論の登場だと受け流してしまうに違いない。それでは，雇用問題に社会全体で取り組む気運を作り出すことはできない。そう考えてケインズは，プロの経済学者でも頭をひねるような，真剣に取り組まないではいられなくなるような文体を，わざと選んだというのです。そうすることで，新古典派の人々が苦労しているうちに はたと，自分たちのこれまでの足場の弱さに気がつくように仕向けてゆく，それがケインズの戦法だったと言われています。

　したがって，初学者にとっては，この本ははた迷惑なほどに難しいのです。そこで，ケインズのそうした意図を承知した上で，ここではきわめてシンプルに『一般理論』の主要部分だけを述べることにします。読者の皆さんは，ぜひいつの日か『一般理論』の本体に自力で挑戦してみてください。スミス『国富論』，マルクス『資本論』とともに経済学3古典と称されるこの本の味わいは，やはり原典にあたらなければわかりません。本章以下の叙述は，そのためのほんの入口にすぎません。

　そこで，『一般理論』の体系をあらかじめ図示してみると，おおよそ図8.6のようになると思われます。この図は，左から右へ進むに従って，ひとつ上の原因にさかのぼるように書かれています。『一般理論』の目標は，経済全体での雇用量の決定原理を明らかにすることですから，雇用量は一番左側に置かれています。雇用量が何によって決められるかというと，これは明らかに，経済全体での財（サービスも含まれます）の生産量です。資本主義経済における労働力は，あくまで生産活動に必要な分だけ雇用されるのです。では，経済全体の生産量を決めるものは何かというと，これが有効需要です。

　有効需要とは，購買力の裏づけを持って示される需要のことを言います。欲しいという気持ちだけなら，つまり心理的な需要だけなら，どんな社会においても無限大に存在するでしょうが，それらが購買力（お金）を持っていなければ，実際に生産物を買い取ることはできません。つまり，生産活動を

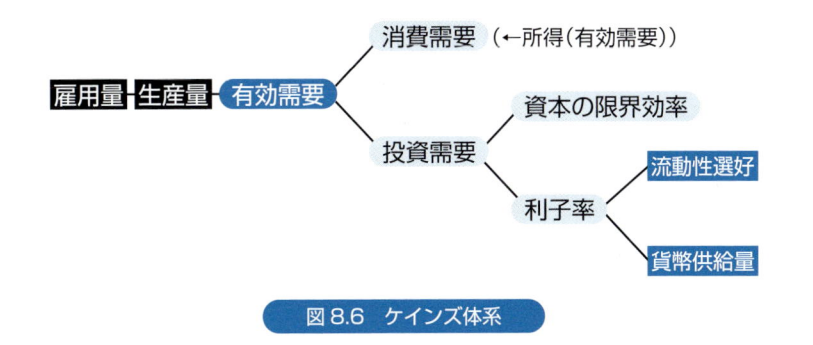

```
雇用量 ← 生産量 ← 有効需要 ┬ 消費需要 （←所得(有効需要)）
                          └ 投資需要 ┬ 資本の限界効率
                                     └ 利子率 ┬ 流動性選好
                                              └ 貨幣供給量
```

図8.6　ケインズ体系

支えるのに有効な需要にならないわけです。ですから生産量が，有効需要を上回ってしまうと，その超過分はただ単に売れ残りになってしまいます。生産量は有効需要の大きさによって制約を受けるわけです。したがって，雇用量を決めるのも，結局は有効需要の大きさになります。有効需要が大きければ完全雇用も可能になりますが，有効需要が小さいと，非自発的失業が発生する可能性が出てきます。

したがって，雇用問題を考えるときには，新古典派が当然視していたように，これを労働市場の問題としてのみ考えたのではダメなのだということが見えてきます。もちろん現実の雇用量に対して，労働市場の制度などが影響することは多々あります。しかし，経済全体の雇用量を左右するのは有効需要です。つまり雇用量全体を論ずるときには，財市場の状況を考えなくてはならないのです。

合成の誤謬　　今日でも，雇用の改善のためには，何より賃金の抑制が必要だとする議論が繰り返し現れ，それを支持する声も決して小さくありません。これが新古典派の発想に近いことは明らかですが，要するにこれは，雇用問題を，あくまで労働市場の問題として考えていることを意味します。確かに，1社2社だけが賃金を切り下げ，他社の賃金が一定のままなら，人件費負担が軽くなった分，これらの企業は従業員を増やせるかもしれません。

ただしそれは，他社が賃金を維持したことで，商品の全体的な売上げが落ちなくてすんだからです。しかし，人件費を軽くしたいのはどの企業も同じですから，この方式がとられる場合，実際には大部分の企業がいっせいに賃下げをするでしょう。大部分の企業で賃下げが行われれば，大部分の労働者の収入すなわち購買力が減ることになります。したがって，財市場における有効需要もそれだけ低下することになります。しかし，そもそも財の売上げがふるわなかったから失業者が出ていたはずです。そこへさらに，消費需要の低下が加わるのですから，売上げはさらに落ちて，雇用状況は改善するどころか，むしろ悪化するでしょう。

　雇用問題を労働市場のなかだけで考えようとすると，こうした矛盾を引き起こす可能性があるのです。個々の立場から見て正しいことと，全体を見渡したとき初めて見えてくることを正確に区別すること。有効需要の原理が主張していることは，ある意味でこの一点に尽きると言っても過言ではありません。注意する必要があるのは，これは個々の企業の行動が不合理だと言っているわけではないということです。個々の企業が人件費負担を軽くしたいと考えること自体は，利潤最大化原則からすれば十分理解できること，すなわち同感できることです。しかし，個について妥当性を持つ事柄が，全体についても妥当性を持つとは限らないのです。個について妥当する事柄が，社会全体でいっせいに行われると，個の場合とは別様のメカニズムが働いて，結果はむしろ正反対になることがある。ケインズはこれを合成の誤謬と表現しました。

　ところで皆さんは，これとよく似た論理を前に見た記憶がないでしょうか。まさしくこれは，アダム・スミスの「同感の原理」＋「見えざる手」の論理にほかなりません。実はスミスのところで示した例（40ページ）は，ケインズの有効需要論だったのです。スミスの方法論が，経済学の基軸になることを強調した由縁です。有効需要の原理とは，ケインズによって再現された「同感の原理」＋「見えざる手」の論理だと言っても誤りにはならないと思います。

8.5 消費，貯蓄，乗数

有効需要の中身　話をもとに戻しましょう。以上の議論からわかるように，雇用量は，財市場における有効需要の大きさに左右されます。そこで，いま一度図 8.6 に戻り，では何が有効需要の大きさを決めるのか，いよいよ有効需要論の中身に入ることにしましょう。

図 8.6 では，有効需要は大きく 2 つの項目，すなわち，消費需要と投資需要で構成されると記されています。ごく大雑把に言えば，消費需要とは家計から出てくる需要，投資需要とは企業から出てくる需要だと考えればイメージしやすいと思います。つまり，消費需要とは，一般家計の経済活動から生じるもので，食料，衣料，家電製品，自動車などなど，私たちが日ごろ消費している財貨への需要は，ほぼすべてこの消費需要に含まれます。他方，投資需要というのは，企業が生産活動のために必要とする財貨，すなわち，機械設備や原材料などへの需要を意味します。

したがって，目下のところ，政府はまだ登場しません。また外国との貿易取引も考えません（これを単純閉鎖体系と言います）。国内の民間企業と家計だけで構成される，最も基本的な経済を想定して，そのなかで有効需要の原理を説明してゆくわけです。さてしかし，消費需要と投資需要のあいだには，その中身や担い手の違いとは別に，重要な性質の違いがあります。消費需要は，先ほども述べたように，私たちが収入，あるいは所得を得ない限り，現実には発揮し得ないものです。ではその所得の源は何かと言うと，これも結局は有効需要なのです。

何度も繰り返すように，経済全体では，有効需要の大きさだけ財の生産が可能になります。有効需要の大きさだけ財が販売され，その販売金額が企業の手元に入ります。そのお金が賃金，利子，配当，地代などのかたちで人々に分配され，それが人々の所得になるわけですから，結局所得の総額は有効

需要の大きさにほかならないわけです。

消費関数　消費需要が有効需要を作るのですが，その消費需要がまた，有効需要（＝所得）によって支えられています。したがって，この2つは，どちらかがどちらかを一方的に決めるという関係ではなく，いわゆる相互依存関係として捉える必要があります。そこでケインズは，この関係を消費関数として表しました。一般的には所得を Y，消費を C とするとき，消費関数は $C = f(Y)$ として表されます。あるいは，1次関数を使って $C = A + aY$ などのようにも表記されます。A は所得水準に依存しない部分（生存に必要なギリギリの金額と考えればいいでしょう），a を限界消費性向と言います。

限界消費性向については，少し説明が必要でしょう。消費関数から両辺の増加分を求めると，$\Delta C = a\Delta Y$ を得ます（ここで Δ（デルタ）は増分を表します。この関係を得るには，Y よりも少し小さな Y' を考えて $C' = A + aY'$ と置き，$C = A + aY$ から辺々を引くことで $C - C' = a(Y - Y')$，そして $C - C' = \Delta C$，$Y - Y' = \Delta Y$ と置き換えれば先の関係を得ます）。このとき a は，所得の増加分 ΔY のうち，消費の増加分 ΔC に回る割合を示すものになります。追加的所得のうち，追加的消費に回る割合を示すという意味で，限界消費性向と呼ぶわけです。所得のすべてを使ってしまう人は稀でしょうから，一般的に a は，$0 < a < 1$ のあいだの値を取るものと思われます。

そして，所得のうち消費に回らなかった部分を貯蓄と定義します。ですから，ケインズ経済学（この点は，現在の国民所得統計でも同じです）で言う貯蓄は，かならずしも意図的な貯蓄に限定されないことになります。所得のうち，まだ消費されていない部分はすべて貯蓄に数えますから，たとえば，いま皆さんのお財布にあるお金は，この後消費されることが決まっていたとしても，実際に使われるまでは，貯蓄に分類されるのです。

投資と貯蓄　さて，この a の値，すなわち消費と貯蓄の割合は，たとえば所得が増えてゆくとき，どのように変化するでしょうか。消費する割合のほうが大きくなるでしょうか，あるいは一定を維持するでしょうか，それとも逆に，貯蓄のほうが大きくなる傾向を持つでしょうか。個々人について

見れば，いずれのパターンも考えられるでしょう。しかし，経済全体での平均的な傾向としては，おそらく所得水準が上昇して生活が楽になってゆくに従い，消費支出の割合はしだいに頭打ちになり，その分，貯蓄する割合が増えてゆくのではないでしょうか。

もしこれが一般的な傾向だとすると，限界消費性向には逓減の傾向があることになります（つまり a の値が逓減するわけです。ただこれは $C = A + aY$ のような，簡単な1次関数による表記を難しくします。そのため多くの教科書では，限界消費性向一定を仮定しています。それによって，以下の議論が致命傷を受けることはありませんが，消費関数の本来の意味合いは知っておいてください）。しかし，消費は有効需要の一部ですが，貯蓄は何も買わないわけですから，それ自体は有効需要に含まれません。有効需要に含まれない部分，つまり有効需要から漏れてしまう部分が，社会が豊かになるに従い，より大きくなってゆくわけです。

豊かさの中の貧困　そうすると，やや話が先走りますが，次のような事態が考えられます。社会が豊かになるに従い，消費需要はしだいに頭打ちの傾向を見せます。しかし，他方で増えてゆく貯蓄は，それ自体は有効需要ではありませんから，有効需要を維持するためには，消費以外の有効需要項目で，これを吸収する必要があります。すなわち，貯蓄されたお金を，何か別のかたちで購買力に変えないと，現在の有効需要すら維持できなくなるわけです。では，消費以外の需要項目は何かというと，目下のところは投資しかありません。人々が貯蓄したお金を企業が投資のために借り入れ，そのお金を支出して初めて，ようやく現在の有効需要を維持することができるわけです。

ところが，社会が豊かになるに従い，投資のチャンスもまた狭まってきます。皆がみな満ち足りた物質生活を送るようになると，モノを作ってもなかなか売れなくなります。ゆえに投資もしだいに頭打ちになって，貯蓄を吸収しきれなくなる可能性が出てきます。そうなると，社会全体の有効需要が小さくなり，所得水準の縮小が起こります。どこまで小さくなるかというと，結局，投資に吸収されなかった貯蓄分がなくなるまで，つまり，貯蓄が投資

にふたたび等しくなるまで縮小するでしょう。しかし，有効需要が小さくなるからには，この間倒産する企業なども出てくるでしょう。かくして，豊かな社会であるにもかかわらず（いやむしろ，それゆえに）失業が出てくるのです。豊かさのなかの貧困とは，こうして生じる現象なのです。

乗数効果　　しかしながら，いまの話からすると，投資が増えて貯蓄を吸収できれば，所得も下がらず，失業も出ずにすむはずです。ゆえに投資の大きさが決定的に重要になってきます。投資が問題全体の鍵を握ると言ってもいいくらいです。そこで，投資の話にすぐ進みたいわけですが，その前に，仮に投資が増えた場合，所得水準にどれだけの影響が出るかを見ておこうと思います。これは数量的に決定されます。

少し数学的な展開になりますが，何度も繰り返すように，有効需要すなわち所得水準は，消費需要と投資需要の和です。消費関数の記号を使って，所得を Y，消費を C，そして新たに投資を I で示すことにすれば，$Y=C+I$ と書けます。したがって，$\Delta Y=\Delta C+\Delta I$ です。ところが $\Delta C=\alpha\Delta Y$ でしたから，これを代入すると $\Delta Y=\alpha\Delta Y+\Delta I$ となり，整理すれば，$\Delta Y=\dfrac{1}{1-\alpha}\cdot\Delta I$ となります。仮に所得の9割が消費される，すなわち α が0.9であるとすると，ΔI の係数 $\dfrac{1}{1-\alpha}$ は，$\dfrac{1}{1-0.9}=10$ になります。すなわち，1億円の投資増加は，同額の1億円ではなく，その10倍の10億円の所得増加をもたらすことをこの式は示しています。これを乗数効果と言い，$\dfrac{1}{1-\alpha}$ の値を投資乗数と言います。

なぜそのようなことが生じるのかと言うと，1億円の投資増加は，まず同額だけ所得を増やしますが，所得が増えたことで消費がその α 倍，したがって0.9億円増えますから，これが有効需要に加わって所得をさらに増加させ，それがさらに次の消費増加（0.81億円，追加額は $\alpha<1$ なのでだんだん小さくなってゆきます）をもたらして…というかたちでグルグルと所得が増加してゆき，その結果10億円になるわけです。乗数効果は消費関数と表裏一体の関係にありますが，その値を見誤ると，不必要に大きな投資拡大を求めることにもなりますので，政策当局としては注意が必要です。

8.6　投　資　と　利　子

投資　　現在の統計などを見ると，所得のうち，消費が占める割合は大体 6 割，それに対して投資が占める割合は 2 割にも足りません。しかし，その投資が，経済全体にとっての，エンジンの役割を果たしています。ここで言う投資は，設備投資に代表されます。つまり，経済全体の供給能力を高める投資を意味しています。私たちが通常イメージするような，株や債券への投資というのは，その持ち主が変わるだけで，経済全体の生産力を増やすわけではありませんから，ここでの投資には含まれません。ただし，株・債券をめぐるお金の動きが重要でないと言っているのではなく，それどころか，そうした投機をめぐる経済行動が，経済全体に及ぼす効果を論じたのがケインズ経済学だと言ってもよいのです。しかし，この点については，全体の結論につながる論点として後で検討します。

　設備投資を担うのは，企業家もしくは経営者です。彼らは利潤最大化を目標に，投資の規模を決定します。しかし，投資決定には，商品の生産量決定とは若干異なる事情が関わってきます。というのは，商品については，比較的短期間で結果を知ることができますが，機械設備は何年間にも渡って使い続けるものになりますから，購入した機械設備の種類や数が適切であったかどうかは，だいぶ後になってからでないと，本当はわからないわけです。しかし，それらの購入決定，すなわち設備投資の意思決定は，いまこの時点で行わなければなりません。したがって，投資は長期的な予想に大きく左右されるものになります。

利子　　他方で，企業家は利潤の全額を自分のものにできるわけではありません。一般的な企業は，投資資金を自己資金だけでまかなうことはできず，通常は，銀行などの外部資金から融資を受けています。したがって，借金に対する利子を支払わなくてはなりません。利潤から利子を差し引いた残

りが，企業家の手にする純利潤になります。利子とは利潤から支払われるもの，つまり利潤の一部であって，売上げからあらかじめ差し引かれる費用とは区別されます。利子を利潤の一部と考える習慣は，古典派経済学以来のイギリス経済学の伝統です。ワルラスなど大陸の経済学では，利子はやはり費用として扱われています。しかし，利子が利潤から支払われないのなら，利潤が利子を下回ってはいけない理由もなくなるはずですから，多くの教科書に見られるような，ワルラス的な体系を前提にしながら，利潤（＝資本の限界生産力）と利子の均衡をもって，投資決定を説明しようとする議論には，若干疑問も感じられます。

　資本の限界効率　　それはともかく，企業家の予想する利潤率（これをケインズは資本の限界効率と表現します）は，投資が大きくなるに従い，しだいに低下するものと考えられます。これは，投資規模が大きくなるに従い，商品の供給能力も大きくなるので，近い将来かならずや価格が下落して，ゆえに利潤も圧縮されるだろうという（平均的な企業家の）予想に基づいています。

　ここでまた寄り道をしますが，資本の限界効率逓減の理由は，あくまで供給増加→価格下落というシナリオに基づいているのであって，これもまた多くの教科書に見られるような，資本の限界生産力そのものの低下ではありません。資本の限界生産力と言ったら，追加的資本設備の物理的生産力を意味します（これに価格をかけて価値表示にしたものは，資本の限界価値生産物と言わなければなりません）。資本の限界生産力逓減が，資本の限界効率逓減の理由だとすると，企業家は機械設備を買い足すときに，わざわざ物理的生産力の劣る機械を選んで購入していることになります。しかし，この企業家はいったい何を考えてそういうことをするのでしょうか。ケインズが言っていたのはそうではなく，各企業家はむしろ，なるべく生産力の高い設備を導入しようとするだろうから，その分，市場全体での供給量も増えるので，価格のほうは下がってしまうと予想するだろうという，そういう話をしているのです。

　ただし，そうした予想をするからには，価格はあくまで，需要と供給の関

図8.7 投資関数

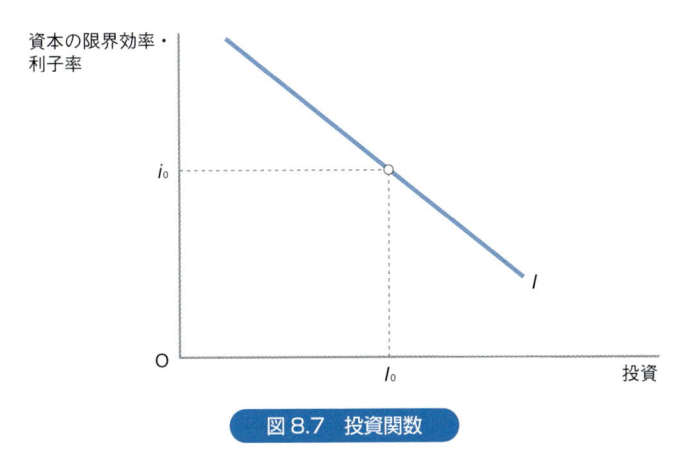

係で変動するものでなくてはなりません。つまり、ケインズ経済学のミクロ的基礎は、あくまで競争的な市場なのです。この前提を崩したら、資本の限界効率逓減も確かなものではなくなります。よくケインズ経済学は、市場メカニズムが作動しない市場を前提したことで、失業の発生を説明したというような解釈を見かけますが、それがいかに誤りであるかは、これだけをとっても明らかでしょう。むしろ、ケインズ経済学には、純粋競争市場の仮定が必要なのであり、逆に言えば、現代的な寡占市場を前提できない点に、ひとつの限界をこそ見出すべきなのです。

投資関数　かくして、図8.7のような、資本の限界効率（予想利潤率）を表すグラフが得られます。図8.7は、同時に利子率も縦軸にとっています。現在の利子率が高い水準にあると、予想利潤率もそれだけ高くしないと、差し引き赤字になる危険性が出てきますから、投資の規模は小さくせざるを得ません。逆に、利子率が低ければ、それほど過剰供給をおそれずに、企業家は投資規模を拡大できるでしょう。したがって、資本の限界効率表は、そのまま投資関数の役割を果すものになるわけです。たとえば、現在の利子率が i_0 であるとすると、その下で可能になる投資の大きさは I_0 になるこ

とをこの表は示しています。

不確実性　　ただし，この関数は，企業家の抱く予想収益しだいで，その位置を変えます。しかも，この予想は先にも述べたように，相当の長期間に及ぶ予想ですから，ことの性質上，かなり漠然とした，あるいは心理的・主観的なものにならざるを得ません。将来の動向を予想するとき，私たちはよく確率的な現象という言葉を使いますが，確率的な現象というのは，起こりうる現象の顔ぶれはだいたいわかっていて，そのなかのどれが起こるかについては，確率的にしかわからないという場合を言うでしょう（天気予報など）。

しかし，未来とは本来，もっと漠然としたものです。どれが起こるかわからないが，起こるとすればA，B，Cのうちのどれかである，と言えるのはむしろ稀なケースのはずで，そもそも何が起こるかがわからないというのが，私たちの日々直面する未来でしょう。ケインズは，そうした未来に直面して，人々が漠然たる不安に置かれている状況を不確実性と表現し，確率計算が可能な不確定性と区別しています。そして，何が投資収益や雇用状態に影響を及ぼすかはわからないのですから，経済主体はみな不確実性の下に置かれていると考えます。経済行動とは，不確実性下における意思決定にほかならないのです。

資本の限界効率も，不確実性にさらされています。そうしたなか，何らかのきっかけで，収益が全般的に向上しそうだと企業家が予想したら，各投資水準から期待される利潤率も上昇するわけですから，投資関数は全体的に上方へ移動するでしょう。逆に，図 8.8（点線の部分は 231 ページまで無視してください）のように，収益が全般的に悪化しそうだと弱気になれば，それだけで投資関数は下方に下がってしまいます。そうなると，いくら利子率を i_1 のように低くしても，その下で実行される投資は小さな水準 I_1 にとどまらざるを得ないでしょう。資本の限界効率表が，このような低位置にきているときは，金融政策によって利子率を引き下げても，あまり効果は期待できないわけです。この図表が，1990 年代の日本経済に，そのままあてはまる

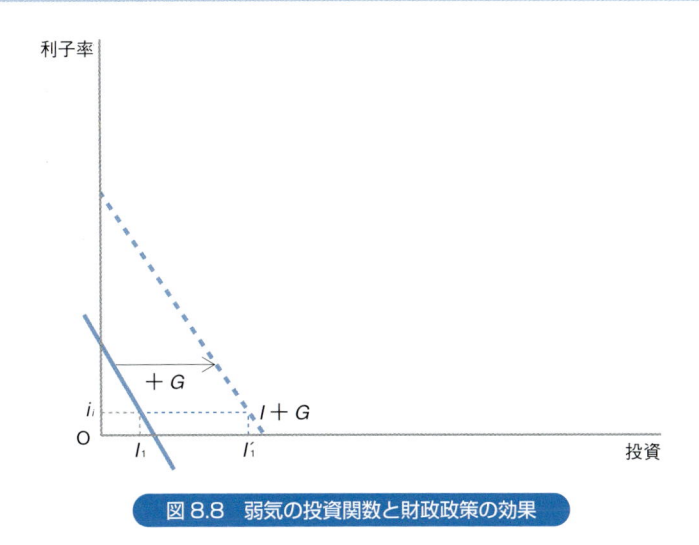

図 8.8 弱気の投資関数と財政政策の効果

かどうかはわかりませんが、よく似た症例を示すものとして、参照できる内容を持っていると思います。

8.7 流動性選好説

投資と利子　資本の限界効率表は、不確実性下での長期予想に基づいています。そうした場合、人は短期的な見通しがはずれるたびに、いちいち長期予想を修正するようなことはしなくなるとケインズは言います。長期予想は、その期間にもよりますが、言わば、将来への漠然とした見通しのようなものですから、昨日今日の出来事のたびに、その見通しをすべて再考していたのでは、それこそ日々の精神安定に支障をきたします。したがって、長期予想はいったん形成されると比較的安定し、しかしまた、変わるときには一遍

に変わる，そういうものだとケインズは考えます。ここは人によって，あるいは異論があるかもしれません。しかし，こうした人間洞察と，経済理論の内容が密接にリンクしているところが，ケインズ経済学の大きな特徴です。

そこでいま，ケインズに従って，資本の限界効率表は，いったんその位置を決めたらしばらくは安定的になると仮定しましょう。そうすると，投資の大きさは，利子率によって決められることになります。しかし，利子率の決定原理については，まだ何も検討していません。そこで，私たちはいよいよ図8.6の右端に進むことになります。

貸付資金需給説　利子率に関しても，新古典派には新古典派の理解がありました。図8.9がそれですが，新古典派はこの場合も，投資資金をめぐる需給均衡原理によって，利子率が決定されると考えていました。したがって，この右下がりの需要曲線は，投資関数（I）そのものになります。そして，これについては，ケインズもそのまま継承しています。

次に，供給曲線ですが，これに該当するのは貯蓄関数（S）になります。社会全体での貯蓄が，投資資金の源泉になるわけです。資金需要が資金供給より大きければ，より高い金利でも資金を借りたいとする企業が現れて，利子率は上昇します。資金需要が乏しいときは，金利を下げないと借手を見つけられなくなるので，利子率は低下します。こうした調整を経て，需要と供給が均衡する水準に，つまり投資と貯蓄が均衡する水準に，利子率が決まると考えるのが新古典派の利子理論でした。これを，貸付資金需給説と言います。

ケインズの批判　さて，ケインズは，この理論にも暗黙の前提が隠されていると言います。

第1に，この理論では，投資と貯蓄の不一致があって利子率が調整される場合，投資曲線，貯蓄曲線はその位置を不変に維持しなくてはなりません。ところが図8.9にあるように，利子率がたまたま均衡利子率（i_e）よりも低いi_0のような水準にあり，その下での投資需要I_0が，仮に実行されたとしてみましょう。貯蓄を越える資金需要は満たしようがないと，新古典派では

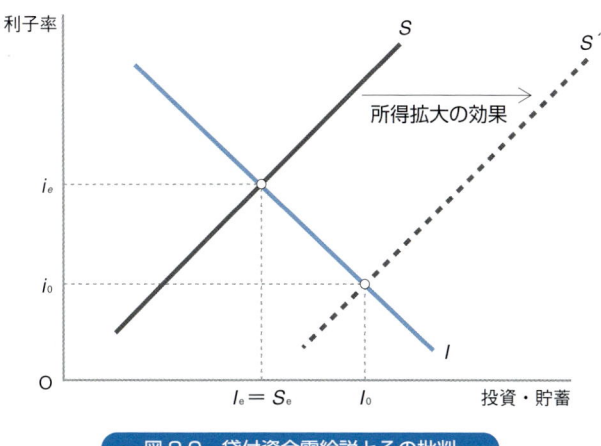

図8.9 貸付資金需給説とその批判

考えていたわけですが，貯蓄曲線はあくまで意図的な貯蓄を表すものです。しかし，現実の経済では，たとえば銀行の信用創造（第6章参照）などを通じて，通貨量を増やすことが可能です。そうなると，意図的な貯蓄を越える投資も実行される可能性があり，その場合には有効需要が増大して所得も増大します。所得が増大するなら，貯蓄も増大します。つまり，貯蓄関数自体が右方向へ移動するわけです。どこまで移動するかと言えば，投資と貯蓄がふたたび均衡するまで，したがって図8.9の破線の位置まで移動するはずです。

しかし，i_0 という利子率は，いま適当に与えたものにすぎませんから，したがって図8.9は，他所から与えた利子率の下で，投資と貯蓄はいつでも均衡可能であることを示すものになって，利子率決定理論としての資格を失うことになります。これがケインズによる批判ですが，新古典派が貯蓄関数を不動と考えたのは，労働市場での前提と同じく，ここでも暗黙のうちに，完全雇用を前提していたためでしょう。完全雇用であれば，所得はそれ以上増加できませんから，貯蓄関数の移動もあり得ないわけです。

しかし，この議論には，もうひとつ見落とせない新古典派の特徴が表れて

います。この議論は結局，消費と貯蓄の割り振りが，利子率を指標にして行われると論じています。なぜと言って，ある一定の所得水準の下で，利子率が上がると貯蓄が増える（＝消費が減る）と論じているわけですから。つまり新古典派の世界では，利子率が上がると，たとえば食品でも化粧品でもひとつ安い商品に切り替えて，そこで浮いたお金を銀行へ持って行って貯蓄を増やすことになります。しかしケインズは，われわれは普通そういうことをするだろうか？と問うたのです。所得のうち何割を消費し，何割を貯蓄に回すかは，ほとんどの場合習慣的に決めているのではないか，そしてもし消費レベルを落とすとすれば，それは所得が減った場合であって，利子率が上がった場合ではないだろうと彼は言います。ゆえに彼は，消費と貯蓄の割合については，消費性向という習慣的な値を想定したわけです。

貨幣とは　しかし，いったん貯蓄する金額が決まったら，今度は，それをどのようなかたちで貯蓄するかを考えなくてはなりません。普通預金にするか，定期預金にするか，あるいは株式にするか債券にするか。こうした選択を考えようとすると，今度は利子率が重要になってくるでしょう。人々は利子率を見て，預金の種類なり，資産の種類なりを考えるはずです。したがってケインズは，新古典派は貯蓄の「額」を決めるときに利子率が関与すると考えたけれどもそれはまちがいで，利子率が関与するのは貯蓄の「種類」を決めるときだと主張したのです。そして，その貯蓄形態のなかに，実は貨幣も入ってくるとケインズは言います。ここから始まるのがケインズの新しい利子理論，すなわち流動性選好説です。

新古典派は，貨幣のまま持っていたのでは利子がつかないので，貨幣は資産形態に含まれないとしました。つまり，貨幣のまま保蔵するのは不合理だと考えていたわけで，したがって貨幣機能のなかに，貨幣のまま貯蓄する機能，すなわち，価値保蔵機能というものはないと考えてきました。すなわち貨幣の機能は，財の価値の尺度としての尺度機能と，財の交換の仲立ちをする交換機能の2つだけだと考えてきました。これは古典派経済学も同様で，古典派，新古典派の経済学を考えるときは，貨幣機能としてこの2つだけを

前提にしていることを，あらかじめ承知しておく必要があります。

　これに対してケインズは，3つ目の貨幣機能として，価値保蔵機能を加えました。しかもそれは，人間は不合理な生き物だから，利息を損するのを承知の上で，ついついお金を手元に置いておきたくなる，というような話ではなくて，合理的に考えても，貨幣のまま持っていたほうが，資産として有利になりうることの証明に基づくものでした。したがって，ここでもケインズは，新古典派の貨幣観を内に含む「貨幣の一般理論」を求めています。そして，その貨幣観に基づく利子論であるがゆえに，流動性選好説は「利子の一般理論」になるのです。かくして，『雇用・利子および貨幣の一般理論』が完成します。

流動性選好説

　ではその中身ですが，いま仮にあなたが1000円持っているとして，これをある債券に代えるか，貨幣のまま手元に残すかで迷っているとしましょう。この債券は額面1000円，額面に対する確定利回り10％，つまり年々100円の確定利息がつくことを条件に発行されるものとします。もしこの債券を買いたければ，あなたはいま持っている1000円で買うことができます。そして年々100円の利息を確実に手に入れることができます。ならば，現金のままにしておくはずがないではないかと一瞬思うわけですが，証券市場の論理とは，そういうものではありません。

　債券はいったん発行された後は，債券市場で売買が可能になります。しかし，その際の売買価格は，債券市場での需給関係で決まる市場価格になるのであって，額面価格とは関係なくなるのです。人気のある債券なら1000円以上で売れるでしょうし，人気がなければぐっと価格を落としてしまいます。株や債券を買う人というのは，年々の配当や利子が目あてではなく，この価格の上下変動を利用して，安く買って高く売る，そしてそのときの利ざやを稼ぐ，そういういわゆる投機を目的とすることが多いのです。

　そうすると，この債券を買うか否かは，この債券の市場価格をいくらと予想するか，それにかかってくるはずです。これは裏から言うと，将来の市場金利を何％と予想するかに等しくなります。なぜならこの債券の場合，利息

が100円とあらかじめ決まっていますから，市場価格が額面の1000円と異なる値をつけるときには，当然対応する金利も変わってくるからです。

もう少し具体的に言うと，市場価格をR，市場金利をrとすれば，この債券については$R×r=100$円というしばりが出てくるのです。したがって$R=\dfrac{100}{r}$となりますから，将来の金利をいくらと予想するかによって，間接的に将来の市場価格を予想することができるのです。

そこで1年後の状況を予想してみましょう。現在の市場金利は，発行条件と同じ10%だとしましょう。それが1年後には何%になっているか。投機家も企業家と同様，不確実性の世界にいますから，同じだけの情報を持っていても，解釈・判断には個人差が出てきます。たとえばAさんという人がいて，この人は1年後の金利は9%に下落すると考えたとしましょう。ということは，この人は債券の市場価格が$\dfrac{100}{0.09}=$約1111円になると予想したことになります。これに利息の100円がつきますから，合わせて1211円，つまりAさんは，この債券の1年後の価値を1211円と見積もったことになります。したがって，Aさんは，この債券を買おうとする（貨幣を手ばなそうとする）でしょう。

しかしBさんは，逆に1年後の市場金利は11.1%にまで上昇すると予想したとします。この人はしたがって，1年後の債券価格を$\dfrac{100}{0.111}=$約900円と予想したわけで，これに利息を加えれば，1年後の債券価値はちょうど1000円になります。したがってBさんは，買うか買わないかの判断がつかないことになるでしょう。あるいはさらにCさんのような人がいて，この人は金利が12%にまで上昇すると予想したとしましょう。そうすると$\dfrac{100}{0.12}$=約833円となって，利息を加えても933円にしかなりません。つまりいま債券投資をすると，債券時価が暴落してかえって損をすると判断したわけです。こういう人は債券を買いません。あるいはすでにこの債券を持っているなら，いまのうちに売っておこう，つまり貨幣に代えておこうとするでしょう。ということは，このCさんのような人は，ひとつの資産形態として貨幣を，しかも合理的な経済計算の結果，積極的に選択したことになります。

図8.10　流動性選好説

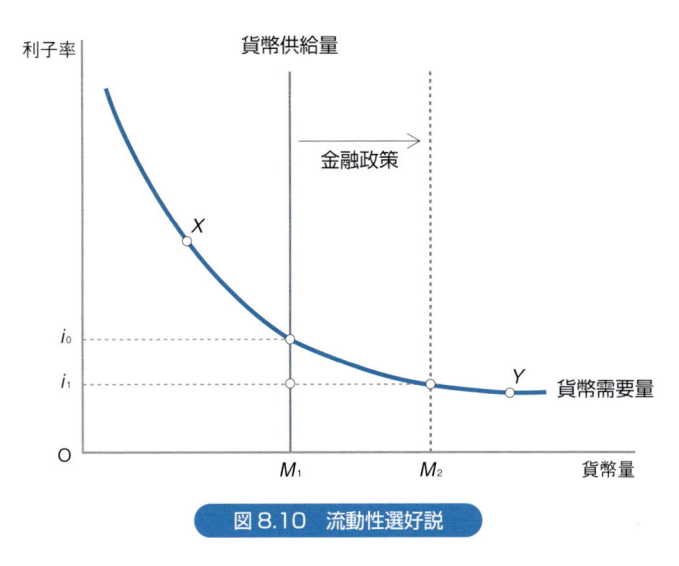

こういう行為を，ケインズは流動性選好と表現しました。

図8.10は，この流動性選好表を表しています。縦軸にとった現行金利がたとえばX点のようにすでに高い水準にあると，来年にかけて金利は下がる可能性が高いと判断する人が多くなるでしょう。ということはいまのAさんのような判断をする人が多くなるということですから，いまのうちに債券を買って貨幣を手ばなす人が多くなり，横軸にとった貨幣需要量は小さくなります。逆に，Y点のように現行金利が低い水準にあると，金利は近い将来上がるだろうと判断するCさんのような人が増えて，債券需要が減り，その分貨幣需要が増えるので，低い金利には大きな貨幣需要が対応します。これに，新古典派も認めていたような支出用の貨幣需要を加えたものが，経済全体での貨幣需要量になり，これと，経済全体の貨幣供給量（M_1，M_2は次節まで無視してください）が均衡するところで市場金利（i_0，i_1は次節まで無視してください）が決まります。これが流動性選好説による利子率決定理論です。

8.8 ケインズ政策とは

ケインズ経済学再論　　以上が，ケインズ経済学の概要です。そこで図8.6に戻って，もう一度，その骨子をたどり直してみましょう。まず右端の金融（資産）市場において利子率が決定されます。利子率が決定されると，それと資本の限界効率が等しくなるところで投資が決定されます。投資が決定されると，乗数過程を経て有効需要の水準が決まり，そのとき同時に消費の水準も決まります。有効需要が決まれば，それと等しい大きさの生産が行われ，その生産に必要な人数だけ労働者が雇用されます。その雇用量が完全雇用に届くかどうかは，やってみなければわかりません。仮に完全雇用に届かなくても，この状態は均衡状態として出現しますから，経済にはもはや何の調整能力も残されていません。かくして，完全雇用量と現実の雇用量の差の部分は，非自発的失業として残されることになります。これがケインズによる，不完全雇用均衡の理論です。

金融政策　　したがって，非自発的失業をなくすためには，何らかの政策的介入が必要になります。その第1のものが，いわゆる金融政策です。ケインズ体系において，最終的な原因部分をなすのは金融市場ですから，まずここから手をつけるわけです。金融政策によって利子率を引き下げることができたら，資本の限界効率も同じだけ低くすることができますから，投資の拡大が可能になります。投資が拡大すれば，その乗数倍の所得が発生し，それに等しい大きさの生産増加が生じるので，それに応じて雇用量も増えるわけです。

金融政策によって利子率を引き下げるためには，流動性選好説（図8.10）に従う限り，貨幣供給量を増やす必要があります。現代の管理通貨制の下では，貨幣供給量の増減を決めるのは中央銀行の役割とされています。たとえば中央銀行が，市中の債券等を購入し，その代金として貨幣を市中に

供給すれば，これは経済全体の貨幣供給量を増加させることになります。こうした手法を公開市場操作（オープン・マーケット・オペレーション）と言います。こうしたことが行われると，図8.10の点線の位置に貨幣供給量が移動（$M_1 \to M_2$）するので，均衡利子率がi_0からi_1へ低下し，先ほど述べたような連鎖反応を通じて，雇用量が増加するわけです。これがもし，かつての金本位制のように，その国が持っている金塊の量で，貨幣供給量が決まってしまうということになると，こうした政策が打てなくなります。ケインズが金本位制離脱を強く主張したのはこのためです。

財政政策　　しかし，仮に利子率を引き下げることに成功しても，これも先に述べたように，たとえば資本の限界効率表が図8.8のような低い位置にとどまっていると，利子率だけ低くしても，投資はほとんど拡大しません。そういう場合の，言わば非常手段として用いられるのが，第2の手段である財政政策，特に政策的な公共投資を中心とする財政政策です。これは，財政支出分を，民間投資に加えることで，経済全体の投資規模を大きくするという政策です。つまり，民間投資を表す資本の限界効率表に公共投資（G）を加えることで，図8.8の破線（$I+G$）のような位置に投資関数を移動させ，社会全体の投資規模をI_1からI'_1へ移動させるわけです。

この政策手法に対しては，近年非常に評価が分かれています。特に日本の場合は，この政策を多用してきたために，財政負担が限界にきていると言われています。というのは，公共投資の財源の大部分は，通常の税収からではなく，国債の発行によって調達されます。つまりその分，政府が借金をするわけです。その借金が積もりに積もって，その総額が700兆円ともそれ以上とも言われる額に達し，その金利支払いだけで，予算の何割もが失われるという状態になっています。ゆえに，財政政策はまちがった政策だった，あるいは有効需要の原理そのものがまちがっていたという議論が，近年非常に強まっているのです。

この事態は確かに，放置しておいてよいものではないでしょう。日本の場合はこれまで，国債をおもに引き受けてきたのは，銀行などを中心とする特

別なシンジケート団であり，それらは外国のようには，国債を市場で自由に売買することはしませんでした。しかし，この先情勢の変化を受けて，国債が制限なく売買されるようなことになれば，供給量の多さから考えても，国債の価格は暴落する危険性が大であり，そうなると，流動性選好説のところで見た通り，利子率は逆に跳ね上がってしまいますから，有効需要が一挙に収縮してしまうおそれがあります。また，国民が平均的に国債を持っていれば，仮に国債償還時に増税が行われたとしても，その分は国債償還金として戻ってきますから，それほど大きな脅威にならずにすんだかもしれませんが，日本では国債の所有者が一部に偏っているため，増税される人と，還付金を受ける人（ほとんどは法人）がきれいに分かれており，それだけ不公平感が強まっているのです。

財政政策は不要か

しかしながら，財政政策については，ケインズに即して考えても，いくつか守るべき鉄則があります。そもそも，ケインズ経済学においても，財政政策は非常手段の位置にあるのであって，常備薬のようにいつでも使っていいというものではありません。ただ，そうは言っても，不況の下では，資本の限界効率表が低い位置にあることは珍しくありませんから（と言うより，そもそも資本の限界効率表の低下が，不況の原因であることが多いですから），金融政策だけでは多くの場合不十分になるでしょう。

その場合，公共投資を使うのであれば，借金の返済方法をあらかじめ考えておくのは，政策の一環として当然のことです。反循環政策とも呼ばれるこの政策（ケインズ自身は，かならずしも反循環政策論者ではなかったのですが，以下の議論は知っておく必要があります）をとる場合は，経済が完全雇用に近くなったら，財政収支が（ようやく均衡するのではなく）黒字になるように，租税率をあらかじめ定めておく必要があります。そうすることで，不況時に国が負った借金を，景気が回復した際の黒字でもって償還し，後に借金だけ残すような事態は避けるよう制度を組んでおく必要があるのです。これをやらずに，財源余裕が見え始めた途端，それをさらなる景気刺激策などに使ってしまったら，赤字が増えてゆくのはあたりまえです。

また，日本の場合，10年ものの長期国債は，5回の借換えが可能とされていますので，返済期限は実質60年先ということになります。さらに，減税も頻繁に行われてきた結果，日本ではいま完全雇用になっても財政黒字は出ないと言われています。こうした制度的環境をそのままにして，果たして有効需要の原理がまちがっていたという議論が成り立つものかどうか，冷静に考えてみる必要があると思います。

　そしてもし，裁量的な公共支出政策を一切使えなくしたとき，もし経済の性質が新古典派的なものに回帰していなかったら，つまり依然として，有効需要の原理があてはまる経済だったらどうするつもりなのか，という根本的な問題があります。もちろん，公共投資の具体的内容については，常に見直しが必要です。無用な事業を延々と続けることが経済合理性に反することは言うまでもありません。しかし，だからというので，財政政策が原理的に見ても不必要かどうかはわかりません。政策の失敗と原理の破綻を混同すべきではありません。ケインズ経済学の検討は，現実の経済把握と深く切り結ぶところで進める必要があるのです。

8.9　ケインズ経済学の思想

人物ケインズ　　本章では，ケインズの世界を，あくまで経済学という「窓」から見てきましたが，ケインズを真に語るためには，本当はこの窓ではいささか間口が狭すぎます。おそらく経済学史上，マルクスと並んで，伝記をもって語られるのに最もふさわしい人物こそ，ケインズだろうと思います。父に，ケンブリッジ大学の経済学者であると同時にマーシャルの友人でもあったジョン・ネヴィル・ケインズ（John Neville Keynes, 1852–1949）をもち，母にはケンブリッジ市長もつとめたフローレンス・エイダ・ケインズをもったケインズは，幼いころから，その類い稀な知性を遺憾なく発揮しま

した。

　イートン・パブリック・スクールからケンブリッジ大学へと，典型的なエリートコースを歩んだケインズでしたが，保守的ブルジョア層の気風に染まることを嫌い，因習・慣習に従うよりも，自身の知性による判断をいつも優先させる傾向がありました。また，そうした傾向をよしとする知性主義の雰囲気が，当時のケンブリッジには強くありました。その中心的人物であった哲学者ジョージ・ムーア（George Edward Moore, 1873-1958）が指導していた（秘密の）学生サークル「使徒会」（the Apostels Society あるいはザ・ソサイアティとも言います）に，ケインズは入学直後から加わり，ほどなくその中心的存在になってゆきます。ザ・ソサイアティは，イギリスの統治階級に直結する人脈を持つ集団と言われていますが，その全貌はいまだ明らかになっていません（メンバーもその一部しかわかっていません。記録はもちろんなく，誰もくわしいことを語りたがらないのです。これについてはディーコン（1988年）などがありますが，決定版とは言えないと思います）。

　ケインズは，大学の研究者である以上に，どちらかと言うと実務面で頭角を表す実践家の側面を強く持った人物でした。卒業後はいったんインド省に勤めますが，すぐにケンブリッジへ戻り，その業績が大蔵省の認めるところとなって，国家政策への関わりを若いころから持つようになります。第1次世界大戦終結時のパリ講和会議では，イギリス代表ロイド・ジョージの事実上の側近になります。ただし，ドイツへの賠償請求額が度を越しているとしてこの職を辞し，これを批判した書物『講和の経済的帰結』（1919年）は世界的なベストセラーになりました。

　ケインズの交友範囲は，政治家，経済学者はもとより，科学者，文学者，芸術家へと広く及びました。なかでも彼が，個人的に親しかったのはむしろ文学者や芸術家であって，「意識の流れ」という作風から，イギリス・モダニズム文学の旗手となった作家ヴァージニア・ウルフ（Adeline Virginia Woolf, 1882-1941），評伝という文学領域を開拓したリットン・ストレイチー（Giles Lytton Strachey, 1880-1932），「後期印象派」という概念を作ったとも

言えるロジャー・フライ（Roger Eliot Fry, 1866-1934），さらには前衛的な画風で知られる画家ヴァネッサ・ベル（Vanessa Bell, 1879-1961）やダンカン・グラント（Duncan James Corrour Grant, 1885-1978）といった人々と親しく交流しました。彼らは，ケインズも含めてブルームズベリー・グループと呼ばれています。それは，社会的話題の中心に経済問題がくるような社会は本物ではない，経済問題などない世界を作って，一人ひとりが，あるいは芸術に，あるいは文学に，その創造的な才能を発揮して生きていけるような，そういう社会こそが望ましい，と晩年に語ったケインズらしい交流でした。

モラルサイエンス　そうしたケインズの姿勢は，実はこれまで見てきた『一般理論』の根底にも見て取れるものです。ケインズは，古典派や新古典派が目ざしたような，永久不滅の完成理論のようなものには興味がなく，経済問題ごとに実用性のある理論（これを彼は「モデル」という言葉で表現していますが）さえあればいいという発想の持ち主でしたが，それでも彼の理論にはモラルサイエンスとしての性格が残されているように思います。すなわち，『一般理論』には，単なる分析道具を越えた一定の歴史認識と，それに対する彼の思想が込められていたように思われます。

3 階級認識　そこでくどいようですが，再度図8.6を見てください。これはまずは，ケインズが捉えた資本主義経済の姿を表すものであり，直接には，労働市場，財市場，金融市場の相互関係を表す図式として読むべきものです。しかし，ここで注意する必要があるのは，この図式と，当時のイギリス社会の階級構成が，基本的に合致していたという事実です。労働者階級がおもに登場するのは，言うまでもなく労働市場です。そして，この図表の一番左側に位置するからには，彼らは経済メカニズムの影響を受ける側であって，これに影響を及ぼす側ではないことが示唆されています。

労働者階級の次は資本家階級ということになりますが，ケインズは，イギリスの資本家階級は大きく2つに分かれていると認識していました。ひとつは企業家階級と彼が呼ぶもので，端的に言えば，会社の経営者層をさすものです。したがって，彼らが生産，投資，雇用の決定権を持つことになるわけ

ですが，現在の日本もそうであるように，経営者がかならずしも会社の株主あるいは所有者とは限りません。そうしたケースはむしろ稀で，経営者とは，株主などの所有者から経営を委託された人々であることが多いのです。これが繰り返し問題にしている所有と経営の分離です。ケインズ経済学は，マーシャル時代の経済学とは異なり，所有と経営の分離した企業社会を前提にしています。同じイギリス・ケンブリッジ学派の経済学といえども，この点で決定的な歴史的相違があるのです。しかし，とにかく，生産と投資の意思決定をするのはこの企業家たちですから，ケインズ経済学において，財市場をおもに担うのは，この企業家階級ということになります。

では金融市場を担うのは誰かというと，これが資本家階級のもうひとつのグループ，つまり，株主をはじめとする企業の所有者たち，すなわち投資家階級だとケインズは言います。この人たちは会社の経営には，ほとんどの場合タッチすることはありません。それどころか，証券市場の動向しだいで，どんどん株や債券を売り飛ばしてゆく人々です。もちろんなかには，特定の会社の株を持ち続け，株主総会等で積極的な意見を述べる人もいるでしょう。しかし，今日そういう人はごく稀になり，ほとんどは投機目的の資産運用をしようとする人々であって，そういう面々が，現代の証券市場の主役になっているというのがケインズの認識でした。しかもイギリスでは特に，この投資家階級に属するのは，莫大な資産に恵まれた資産家たちであって，彼らはそこから上がる金利だけでもって，莫大な富を形成していました。イギリス階級社会の現実が，そこに現れていたわけです。

社会構造の経済的帰結　　そうするとこうなります。図8.6の右端にあって，金融市場を動かしているのは，金利だけでもって富を形成してゆく投資家階級です。彼らは自らの資産運用にのみ関心を持って証券の売買を行い，その結果として利子率が決まってきます。しかしそれは，彼らの財産にのみ帰結するものではありません。その利子率は，次に財市場へ影響を及ぼすのです。企業家階級は，金融市場で決まる利子率を与えられたものとして，投資規模を選択します。利子率が高いなと思っても，これを動かす力は，企業

家にはありません。ですが，財市場の結果はさらに労働市場へ波及してゆきます。財市場で決まる投資の規模によって，何人雇用されるかが決まってくるのです。

したがって，労働者の生活状態を決めているのは，究極的には投資家たちの投機行為だということになります。しかし，当然と言うべきか，投資家たちにそういう意識はありません。彼らはあくまで，自己の資産運用だけを考えて巨額の資金を動かします。だがそのもたらす結果を最終的に受け取るのは，その場に居合わせもしない貧しき労働者たちなのです。投資家が（たとえば）高金利を望めば望むほど，その結果は，投機の成功・失敗をはるかに越えて，多くの労働者の失職として現実化するわけです。ケインズはここに「不合理」を感じたのです。

ケインズの社会構想　ここで投資家のモラルを問題にしてみても，おそらくことの本質からはずれてしまうでしょう。彼らは彼らなりに，自己の生活をかけていると言って言えなくはないからです。問題は彼らの行動が，彼らの財産に帰結するだけでなく，より深刻なかたちで，まったくの第三者である労働者に帰結してしまうという経済構造もしくは社会構造にあります。したがって，その構造自体に政策のメスを入れなくてはならない。ここにケインズの社会構想が見えてきます。そしてそれこそが，低金利政策の本当のねらいだったのです。

低金利政策は，先ほど見た限りでは，短期的な景気刺激策のように見えます。しかしケインズは，これを世代的な長期に渡って持続せよと主張しました。それは，世代的長期に渡って好況を維持させようといういま風の解釈とは違って，低金利をずっと続けることで，投資家階級すなわち金利生活者階級の，経済的基盤を掘り崩してしまうことを考えていたのです。

金利がずっと低く，金利だけでは生活できないことになれば，彼らも企業家，あるいは労働者といった活動階級に加わらざるを得なくなるでしょう。そういう，穏便だけれども考えようによっては革命的な変革を，じわりじわりと進めてゆこうとするのがケインズ流の知性主義でした。一見短期的な効

果だけをねらっているかに見える政策に，実は長期の社会構想が投影されています。ケインズはそういうものとして，経済政策を考えていたように思われます。

■ストックがフローを振り回す世界■ さて，このようなケインズの思想は，彼と異なる時代に生きる私たちにとって，どのような意味があるでしょうか。確かに，日本にはイギリスのような階級社会は存在しません。しかし，他方で今日，財の生産だけでは利潤追求に困難を感じ始めた日本の企業は，資産運用からの収益確保を積極的に進めようとしています。実体としての投資家階級が存在しない代わりに，企業自身が資産運用を始めているのです。あるいは貯蓄率が高い日本の場合は，労働者自身が資産運用を行おうとしています。かくして日本の資産市場は年々着実に成長しています。これは果たして，ケインズ経済学と無縁な世界でしょうか。

ケインズ経済学のエッセンスをどこに求めるかは，現在でも意見の分かれるところです。しかし，これまで見てきた議論を一般化すれば，そこには，資産が雇用を振り回す経済への懐疑，あるいは資産運用に代表されるストック市場が，生産・雇用の現場であるフロー経済を振り回してしまう経済への懐疑と警鐘をケインズ経済学に見出すことは，決して無理な解釈ではないと思います。そういう意味で，ケインズの経済学は，現代に直結する問題提起を残していると思います。私たちは，決して古典の教条主義に陥ってはなりませんが，古典に深く潜り込み，多少冒険的な解釈を加えてでも，その現在への可能性を引きずり出す努力を怠ってはならないでしょう。

さてしかし，そろそろ私たちは，古典の時代に別れを告げる時が来たようです。次章から取り上げるのは，そのほとんどが現在の現役の経済学です。いままでの知見にてらしてみたとき，現代の経済学はいかなる表情を見せるでしょうか。現代経済学への経済学史的接近。以下3つの章で，これを行いたいと思います。

文 献 案 内

[学習用図書・研究書]

伊東光晴（1962年）『ケインズ』岩波新書

宮崎義一・伊東光晴（1974年）『コンメンタール・ケインズ「一般理論」（第3版）』日本評論社

川口弘（1977年）『ケインズ一般理論の基礎』有斐閣

浅野栄一（1987年）『ケインズ『一般理論』形成史』日本評論社

R. F. ハロッド（塩野谷九十九訳）（1967年）『ケインズ伝』東洋経済新報社

D. E. モグリッジ（塩野谷祐一訳）（1979年）『ケインズ』東洋経済新報社

R. F. カーン（浅野栄一・地主重美訳）（1987年）『ケインズ『一般理論』の形成』岩波書店

R. スキデルスキー（浅野栄一訳）（2001年）『ケインズ』岩波書店

R. ディーコン（橋口稔訳）（1988年）『ケンブリッジのエリートたち』晶文社

[古典]

J. M. ケインズ（塩野谷祐一訳）（1995年）『雇用・利子および貨幣の一般理論』東洋経済新報社（イギリス王立経済学会編『ケインズ全集』第7巻）

J. M. ケインズ（宮崎義一訳）（1981年）『説得論集』東洋経済新報社（イギリス王立経済学会編『ケインズ全集』第9巻）

J. M. ケインズ（大野忠男訳）（1980年）『人物評伝』東洋経済新報社（イギリス王立経済学会編『ケインズ全集』第10巻）

第 9 章

戦後の経済学（1）
―マクロ経済学の展開―

●この章のポイント●

1. 第2次大戦後の経済学の大きな流れはどういうものか。

2. 新古典派経済学とケインズ経済学の関係は，どのように変化したか。

3. マクロ経済学の課題は，どのように変化したか。

■ ハロッド 　　■ サミュエルソン

■ ソロー 　　■ フリードマン

9.1 はじめに

戦後経済学　戦後の経済学（ここで言う「戦後」とは，第2次世界大戦後をさしています）は，大きく3つの時期に分けられます。第1期は戦後経済学の形成期。すなわち，1950年代60年代の世界的な経済成長期を背景に，戦後経済学の原型が形成された時期。第2期は1970年代の転換期。すなわち，ベトナム戦争，石油ショック，ブレトンウッズ体制の崩壊，公害・環境問題など，高度経済成長とともにあった政治経済体制の動揺を背景に，戦後経済学の全面的な見直しが迫られた時期。そして第3期として，1980年代以降現在にいたる現代経済学の形成期。ごく大まかな規定ですが，内容的に見ても，だいたいこのように仕分けできるのではないかと思います。本書では，この第1期と第2期を合わせて本章と次章で検討し，現代経済学については，第11章で扱うことにします。

　戦後の経済学は，いずれも現役の経済学であり，経済学史の対象にするには，まだ時期が早いとも言われます。しかし，戦後も半世紀以上を経たとなれば，仮に現役の経済学であっても，そろそろ学史的な目線を向けていいと思います。すなわち，歴史を踏まえた広い視野に立って，その意義や問題点を検討すべき時期にきていると思います。もちろん，定説的な議論はまだ何もないと言ってよいので，本章から先の議論はあくまで試論の域を出るものではありません。ただし反面，いま使っている理論だからこそ，その方法論的基礎，あるいは思想的・制度的基礎をよくわきまえておく必要があるはずで，そうした検討を行う場としての学史的考察は，現役理論に対してこそ向けられるべきでしょう。そして，現役の理論に対し，そうした考察機能を発揮できるかどうかは，経済学史の存在理由としても，重要な試金石になるはずです。

　1950年代60年代は，日本のような極端な高度成長は例外としても，世界

的に見ておおむね高度成長期と言っていい時期でした．と同時に，所得分配の平準化や社会保障の拡充など，いわゆる福祉国家政策が積極的に導入され，19世紀的な資本主義とは，明らかに異なる社会体制が目ざされたのもこの時期でした．一般に，混合経済体制とか修正資本主義などと言われる体制がこれです．

混合経済体制においては，マクロ経済政策によって景気循環をできるだけ抑制し，安定的な生産と雇用の成長をはかると同時に，市場競争を抑制はしないまでも，それが過激化する傾向や独占化する傾向に対しては公的な規制を加え，さらに，所得の分配面でも顕著な格差が生じないように，経済学的な知見に基づく制度的措置を講じることなどが目ざされます．そして，こうした枠組みの構築に，おおむね社会が同意を与えていたのが，この1950年代60年代ではなかったかと思います．

ただし，積極的な経済政策や社会政策が行われるのであれば，結果的に，財政の規模は大きくならざるを得ません．この時代を象徴する言葉としてよく用いられる「大きな政府」という言葉は，こうした状況を背景にしています．そして，この枠組みに，しだいに社会が同意を示さなくなる傾向が，1970年代の綱引き状態を経て，1980年代以降強まってきます．いわゆる「大きな政府」から「小さな政府」への転換です．なぜ，そのような転換が起きたかは，戦後社会の本質につながる複雑な問題で，単純な答えで満足すべきではないでしょう．しかし，戦後から現在にいたる経済学は，こうした全体的な状況の影響を受けながら，そして部分的には，そうした状況を自ら作り出しながら存在してきたのです．

新古典派総合　1950年代60年代の経済学は，新古典派総合によって代表されます．戦後経済学の第1期は，新古典派総合の時代と言い換えても，言いすぎにはなりません．新古典派総合とは，新古典派経済学とケインズ経済学の総合を目ざした学派の名称です．すなわち，新古典派経済学は個々の市場を分析の対象とするのでこれをミクロ経済学と定義し，ケインズ経済学は経済全体の動きを扱うのでこれをマクロ経済学と定義し，両者を総合する

ことで，消費者行動，企業行動，市場メカニズム，さらには国民所得，雇用水準，物価水準の決定まで，経済現象全般に渡る理論と政策論の統一化を目ざしたのが新古典派総合です。したがってこの場合の新古典派には，限界革命期以降のすべての新古典派経済学が含まれます。文字通り近代経済学のすべてを統合しようとしたのが，新古典派総合なのです。

　新古典派総合は，アメリカのハーバード大学やMIT（マサチューセッツ工科大学）の経済学者を中心に形成されました。その代表的な存在は，ポール・サムエルソン（Paul Anthony Samuelson, 1915-2009），ロバート・ソロー（Robert Merton Solow, 1924-），ジェームズ・トービン（James Tobin, 1918-2002），フランコ・モジリアーニ（Franco Modigliani, 1918-2003），ロバート・ドーフマン（Robert Dorfman, 1916-2002）といった人々でしたが，アメリカ経済の隆盛を背景に，新古典派総合の考え方は全世界に普及し，1960年代においては事実上，近代経済学の代名詞と言っていい存在になりました。またケネディ政権の下では，大統領経済諮問委員会（CEA）のほぼ全員を新古典派総合が占め，ニューエコノミクスという名の下に，自らの教義を次々と実践に移してゆきました。

　なかでも影響力の大きかったのがサムエルソンで，彼は主著である『経済分析の基礎』（1947年）によって学術的な基礎を固め，さらに入門的教科書『経済学』（初版1948年）を著して，新古典派総合の経済学を普及させました。『経済学』は現在の教科書スタイルを作り上げた書物とも言えるものですが，ほぼ3年ごとに改訂版が出され，現在も（執筆者は変わりましたが）継続しています。「新古典派総合」という名称が初めて現れたのは，その第3版（1955年）でした。そこでは，新古典派総合の基本的な考え方として，財政・金融政策によってまず経済を完全雇用にまで導き，その後は，新古典派的な市場メカニズムに委ねて，資源利用の効率化をはかるという発想が記されています。その際，ケインズ経済学の解釈として，新古典派総合が積極的に活用したのが，イギリスのジョン・リチャード・ヒックス（John Richard Hicks, 1904-1989）の考案した *IS-LM* 分析（1937年）でした。

IS–LM 分析　　ヒックスは，ケインズ経済学のうち，消費関数や投資・貯蓄の均衡など，財市場に関わる部分を *IS* 表という1本の曲線にまとめ，他方，流動性選好説など，金融市場に関わる部分を *LM* 表という別の曲線にまとめ，その交点によって財市場と金融市場の同時均衡，すなわち，マクロ的な均衡を示すことができるとしました。あの難解な『一般理論』を1枚の図表で表現できるとする *IS–LM* 表は，その簡便さと応用可能性によって，『一般理論』解釈の標準形と考えられるようになりました。また，*IS–LM* 表は，方法論的にはワルラス的な一般均衡理論を用いているので，新古典派経済学との統合を目ざす新古典派総合にとっては，非常に有用な考え方でした。*IS–LM* 表はさらに，アルヴィン・ハンセン（第6章参照）やモジリアーニらによる補強を経て，戦後マクロ経済学の大黒柱のような存在になってゆきます。

計量経済学　　さらに，これも1930年代以降急速に発展してきた計量経済学を，ローレンス・クライン（Lawrence Robert Klein, 1920–2013）がマクロ経済学に適用し，最初のケインズ型マクロ経済モデルを作りました。これにより具体的な数量分析や景気予測が可能となり，以後さかんに活用されるようになってゆきます。そうした実践的な分析力の開拓は，新古典派総合が残した大きな成果と言えるものです。

新古典派総合の限界　　新古典派総合の発想は，ある意味で，ケインズ『一般理論』の「一般」の意図を継承したものに見えます。しかし，アロー（第10章参照）も指摘したように，ケインズ経済学では，財政金融政策を用いないと完全雇用は達成されないと考えますが，新古典派は，財政金融政策を用いなくても，完全雇用が維持されると考えたわけですから，その2つを総合したり融合したりすることは，本当に可能なのかという疑問は当初からありました。さらに，財政金融政策によって完全雇用に達した後は市場メカニズムに委ねると言うけれども，政策によってようやく完全雇用に達したのなら，その政策をやめた途端，経済はふたたび不完全雇用に逆戻りするのではないか，だとすれば，完全雇用到達後は市場メカニズムに委ねればよいと

する議論は成り立たないのではないか、という批判もありました。

　また、イギリス・ケンブリッジ大学の、ケインズ直系の経済学者たち、特にジョーン・ロビンソン、ニコラス・カルドア（Nicholas Kaldor, 1908-1986）、リチャード・カーン（Richard Ferdinand Kahn, 1905-1989）、ピエロ・スラッファ（Piero Sraffa, 1898-1983）らは、新古典派総合のケインズ解釈はまちがいであると主張し、新古典派経済学とケインズ経済学を両立不能と捉える立場から、新古典派総合の矛盾を痛烈に批判してゆきました。彼女たちはいつのころからか、新古典派総合に代表されるアメリカ・ケインジアンと区別して、ポスト・ケインジアンと呼ばれるようになります。新古典派総合とポスト・ケインジアンはさらに、資本の概念をめぐって戦後最大とも言える論争（ケンブリッジ資本論争）を展開しますが、その多岐に渡った論点の本格的な活用は、なお今後の課題として残されています。

　こうした理論的な問題点と、さらにはこの後取り上げる政策的な問題点とが重なり合うなかで、新古典派総合は、1960年代の末には絶対的な勢力とは言えなくなってきます。新古典派総合をめぐる論争は多岐に渡り、その論争によって、戦後の経済学が発展させられた事実を忘れるわけにはいきませんが、サムエルソン自身は、新古典派総合という名称を『経済学』第8版（1970年）で取り下げています。この時から、戦後の経済学は、新しい段階に入ったと言っていいでしょう。

　以上が、戦後経済学の第1期から第2期へかけての概要です。しかし、具体的な素材がないままでは、概要としても理解しづらいと思います。そこで、本章ではマクロ経済学を取り上げ、第1期の主題とも言える経済成長論についてまず検討したいと思います。そこで展開された議論が、ある意味で、その後の経済学の方向性を決めたと言っていいと思います。それに続けて、戦後経済学のやはり大きな転換点となったフィリップス曲線論争から、マネタリズム・合理的期待形成論の台頭を検討します。なお、本章は多少難しいかもしれません。学史というより理論そのものではないかという印象を与えると思います。しかし、以下の議論は、古典的議論と現代経済学との、ちょう

どつなぎ目にあたる部分ですので，却下せずにゆっくり読み進めてください。論理自体は，案外単純なものです。

9.2　経済成長論（1）——ハロッド=ドーマーモデル

ケインズ型経済成長論　　そこでまず，戦後経済学の出発点とも言える，経済成長論から検討してゆきましょう。ケインズ経済学を直接に継承した経済成長論は，イギリス・オックスフォード大学のロイ・ハロッド（Roy Forbes Harrod, 1900-1978）と，アメリカ・ハーバード大学のエフセイ・ドーマー（Evsey David Domar, 1914-1997）によって展開されました。この2人の学説も，期せずして内容がよく似ていたので，ハロッド=ドーマーモデルと呼ばれるようになります。その主たる論点は2つあります。第1に，彼らの理論はともに，有効需要の原理を基本にしています。したがって，投資が重要な役割を果たします。第2に，彼ら（特にハロッド）は，自らの理論を通して，市場経済の本質的性質をその不安定性に見出します。

ときに，経済成長はそもそもなぜ必要なのでしょうか。こうした問いに対して，それはつまるところ，人間の欲望に原因があるとする議論があります。すなわち，人間がより多くを欲しがるから，あるいはより豊かになろうとするから，経済成長が必要になるという議論です。しかし，もしそうなら，人間が「より多く」を求めないようになりさえすれば，つまり人間が正しく目覚めれば，経済成長はなくてもすむ話になるはずです。言い方を換えれば，市場経済は原理的にはかならずしも成長する必要のないものなのだが，人間がプラスアルファを求めるから，それに応じて成長を強いられてきたという話になります。しかし，本当にそうなのでしょうか。経済成長に，市場経済としての原理的な必要性はないのでしょうか。経済成長論は，まずこの点を明らかにするものでなければなりません。

投資の二面性　　以下では，おもにドーマーの理論に依拠してお話しします。ドーマーは，投資に二面性があることを指摘します。ひとつは，これまでも見てきた通り，投資は有効需要の源泉になるというものです。そして私たちはすでに，投資が増えると，その乗数倍の需要増加が生じることを知っています。いま一度書けば，$\Delta Y = \dfrac{1}{1-\alpha} \cdot \Delta I$ という関係です。ドーマーはこれを，投資の需要創出効果と呼びました。くどいようですが，需要の増加は，あくまで投資の増加があって初めて得られるものです。したがって，もし投資が一定なら（つまり $\Delta I = 0$ なら），需要の大きさも一定（$\Delta Y = 0$）になります。

　ところが，投資にはもうひとつの側面があります。投資とは，おもに機械設備を増やす行為にほかなりませんから，投資が行われると，年々何がしかの追加的な生産力が，経済に加わることになります。つまり投資は一方で，経済の供給能力を高めるのです。ドーマーはこれを，投資の生産力効果と呼んでいます。注意する必要があるのは，機械はいったん設置されたら，数年間使われるということです。したがって，次の年にも投資が行われれば，その分の追加生産力がさらに加わる結果，経済の供給能力はどんどん増えてゆくことになります。つまり，年々の投資額が一定であっても，供給力は累積的に増大してゆくわけです。投資が一定なら需要も一定ですが，投資が一定でも供給力は増大するわけです。

なぜ経済成長が必要とされるのか　　よって，投資が一定のままでは，やがては供給が需要を超過するでしょう。いま議論しているのは経済全体についてですから，供給過剰は特定の市場だけでなく，経済全般で生じるものになります。全体的な物価の下落が生じ，企業収益が軒並み悪化して，雇用にも悪影響が出てくるでしょう。ゆえに投資を年々拡大させ，需要を年々増大させないと，経済全体の均衡を維持することはできないのです。というより，単に均衡を維持するためだけでも，所得の拡大＝経済成長が必要になるのです。これが経済成長の基本的な論理です。なぜ経済成長が必要かといえば，それは供給力が累積的に増えてしまうからであって，その意味では，こ

れは一種の物理的な要求とすら言えるものです。したがって経済成長は，人々の欲望が一定であっても，なお要求される現象なのです（ただし，例外があり得ます。この後すぐに論じます）。

　もう少しくわしく見てみましょう。投資の需要創出効果については，乗数理論によって数量的な関係を得ていますが，投資の生産力効果については，まだ何も与えられていません。そこで，生産力効果については，次のように定式化します。供給力の増加は，投資の増加分ではなく，投資そのものから出てきますから，これを $\Delta P = \sigma I$ として表現します。ΔP が経済全体での供給力の増加分，それが投資の一定額 σI として現れると考えるのです。

　σ（シグマ）のことを，ドーマーは投資の社会的・平均的・潜在的生産性と呼んでいます。少し変な名前ですが，「社会的」とは「個別的」の反対ですから，まさしく経済全体を扱っているという意味でしょう。「平均的」とは「限界的」の反対ですから，これは今年の新規追加分の生産力だけではなく，既存部分も含めての平均的な値だという意味でしょう。というのは，新規設備が経済に加わる過程で，経済の別の場所では老朽化のため，あるいは新規技術の登場によって陳腐化したことなどを理由に，廃棄される生産力も出てきます。経済全体での新規生産力とは，それらを差し引いた純額として考えるべきものですから，それを表現するために平均的という言葉を使ったのでしょう。「潜在的」とは，文字通り σ は潜在的な生産力であって，それを実現させられるかどうかは，有効需要の大きさしだいだという意味でしょう。

　さて，いまの「平均」は重要な概念です。というのは，もし生産力の廃棄分と新規分がちょうど等しくなれば $\Delta I = 0$ になります。古い商品群が消えて，新しい商品群がちょうどそれに置き換わるというケースです。$\Delta I = 0$ ですから需要は一定のままですが，I から生じる新規供給力が，廃棄分の供給力によってちょうど相殺されて $\sigma = 0$，つまり経済全体の供給力も一定になって，需要と供給の均衡が維持されるわけです。この場合には（おそらくこの場合のみ）経済成長は不要になります。ただし，これが実現するには奇

跡的な条件が必要です。なぜなら，今年度の廃棄分がどれだけになるかが，新規投資の規模を決めるときに知られていなければならないからです。しかし廃棄分の多くは，新規分との競争に敗れた結果，初めて出てくるものです。したがってこの条件は，競争の結果が，競争を始める前から知られていることを必要としますが，これは変な話でしょう。こういう点に，経済成長をなしですますことの難しさがあるのです。

最適成長　　いずれにしても，σ は一種の生産性を表します。技術革新などによって生産性が上昇したら，σ の値もそれに応じて大きくなります。ここにも実は大きな問題があるのですが，それは後でお話しましょう。かくして，需要増分に関しては $\Delta Y = \dfrac{1}{1-\alpha} \cdot \Delta I$ という関係を，供給増分に関しては $\Delta P = \sigma I$ という関係を得ました。したがって経済全体で需要と供給の均衡を維持してゆくためには $\Delta P = \Delta Y$ となる必要があり，そのためには，$\sigma I = \dfrac{1}{1-\alpha} \cdot \Delta I$ が維持される必要があります。これを整理すれば，$\dfrac{\Delta I}{I} = (1-\alpha) \cdot \sigma$ となり，ここで $(1-\alpha) = s$（限界貯蓄性向）として書き直せば，$\dfrac{\Delta I}{I} = s\sigma$ という関係を得ます。

左辺の $\dfrac{\Delta I}{I}$ は，特別な事情がない限り $\dfrac{\Delta Y}{Y}$ にほぼ等しいと見なせますので（証明は省略します），この関係は一般的に $\dfrac{\Delta Y}{Y} = s\sigma$ と書き直せます。左辺は，国民所得の年成長率，したがって経済成長率を表しますから，この関係式は，年々需要と供給の均衡を維持してゆくには，年々 $s\sigma$ という大きさの経済成長を実現させる必要があることを教えています。これを**最適成長率**と言います。たとえば，限界貯蓄性向が 0.1，投資の生産性が 0.3 であったとすると，最適成長率は 0.03（年 3％）ということになります。この 3％という成長率が守られないと，過剰供給もしくは超過需要が生じることになります。

市場経済の不安定性　　問題は，この最適成長率が放っておいても実現するものなのか，それとも政策的に誘導しないとダメなものなのか，そして，もし現実成長率が最適成長率と食い違ったとき，経済にはいったい何が起きるのかです。

$I = 100$ 兆円から，$s = 0.1$　$\sigma = 0.3$　$s\sigma = 0.03$（3%）

I	102	103	104
ΔI	2	3	4
ΔY	20	30	40
ΔP	30.6	30.9	31.2
	$D < S$	$D \fallingdotseq S$	$D > S$

図 9.1　投資の二面性と経済の均衡

そこで，図 9.1 を見てください。限界貯蓄性向を 0.1，投資の生産性を 0.3 と仮定し（最適成長率 3 %），いま現在の投資水準を 100 兆円と仮定します。図では，投資が 102 兆円，103 兆円，104 兆円に増大したときの需給バランスが示されています。投資が 102 兆円になったとすると，投資増分 ΔI は 2 兆円になります。ゆえに需要増分（ΔY）はその 10 倍の 20 兆円，一方供給増分（ΔP）は 102 兆円の 30 % ですから，30.6 兆円になります。したがって，この場合は明らかに過剰供給が発生しています。同様に，103 兆円の場合は，$\Delta Y = 30$ 兆円，$\Delta P = 30.9$ 兆円，104 兆円の場合は，$\Delta Y = 40$ 兆円，$\Delta P = 31.2$ 兆円です。投資成長率が最適成長率に等しい 103 兆円のとき需要と供給はほぼ均衡し，104 兆円のときには，逆に超過需要が発生しています。

この場合，一番望ましいのは 103 兆円のケースです。したがって，102 兆円，104 兆円のケースが，自動的に 103 兆円に近づいてゆくのであれば，何もする必要はありません。しかし，果たしてそうなるでしょうか。ふたたび 102 兆円のケースを見てみましょう。いま必要なのは，102 兆円の投資水準を 103 兆円へ引き上げることです。しかし，102 兆円の下で生じていること

は，図にある通り過剰供給です。各生産者とも，作ったものが売り切れずに，在庫がどんどん増えてゆく状況に置かれているわけです。そこで各生産者は，自分は作りすぎたのだと考えるはずです。これは何も不思議な判断ではなく，作ったものが売り切れないのですから，生産者としては，そう判断せざるを得ないわけです。そこで，生産者は生産量の抑制をはかります。つまり，投資の規模を抑制しようとするはずです。それを皆がみな実行するわけですから，経済全体で見ても，投資水準は103兆円へ向かって増大するのではなく，むしろ逆に減少してしまうはずです。かくして需給の不均衡は，いっそう拡大するでしょう。

　104兆円の場合も同様です。必要なのは投資の縮小ですが，各生産者が直面する事態は超過需要です。すなわち，作ったそばから製品が売り切れて，それでも足りずに在庫が見る見る減ってゆくような事態です。各生産者は，生産量が少なかったと判断して，生産量の増加，ひいては投資の拡大に踏み切るでしょう。その結果，経済全体の投資規模もいっそう拡大し，本来なら103兆円へ戻るべき投資は，逆に105兆円，106兆円へとますます拡大してしまうでしょう。

　以上から言えることは明らかです。この理論に従う限り，経済は最適成長率からいったん離れたが最後，自力で最適状態に戻ることはできず，最適成長率を下回った場合にはさらに下方へ，上回った場合にはさらに上方へと突き進んでしまうことになります。市場経済は本質的に不安定であるという結論が，ここから導かれます。

　しかし，過剰供給のときに投資を拡大することが，なぜ均衡の回復につながるのでしょうか。その答えも図に示されています。供給増加 ΔP の欄を見ると，その数値はわずかずつしか増えていないことがわかります。他方で需要増加 ΔY を見ると，こちらは乗数効果を内に含みますから，一挙に増加しています。このため，102兆円から103兆円まで投資を1兆円増加させると，供給は0.3兆円しか増加しないのに対し，需要はいっぺんに10兆円も増加します。これで供給増加分を一挙に追い抜くので，需給均衡が回復する

わけです。しかし，個々の生産者にしてみれば，仮にこうした理屈を知っていたとしても，過剰供給の下で，投資の増加はできないでしょう。他の生産者もいっせいに投資を拡大する取り決めでもあれば別ですが，そうでない限り，自分だけ増産したら自分だけ不利になってしまうからです。個々の生産者が投資抑制を行うこと自体は，むしろ合理的な行為と考えるべきです。つまり，ミクロの意思決定としては，何も不自然，不合理なことはしていないのです。しかし，そのマクロ的な結果は不均衡の拡大です。したがって，ここにも「同感の原理」＋「見えざる手」の論理が表れています。個々の投資抑制に対して私たちは十分に「同感」でき，同時に「見えざる手」が経済を不安定にする必然性も理解できます。ゆえに，経済の安定化には，政策的な投資調整が必要になると考えるわけです。

技術革新の効果

以上が，ハロッド＝ドーマーモデルの骨子ですが，次の議論へ進む前に，先ほども触れた技術革新の問題について一言述べておきたいと思います。技術革新の定義も様々に可能ですが，ここではごく普通に，生産性のより高い技術が導入されることをもって，技術革新が行われたと定義しておきます。そうすると，技術革新の効果は，σ の値の上昇となって現れます。ということは，最適成長率 $s\sigma$ の値も上昇することになりますから，現実の成長率もそれだけ高くしないと，需給均衡を維持できないことになります。しかし，高い成長率を常に維持することは現実的には困難です。したがって，技術革新（生産性の上昇）には，経済全体で見た場合，実は不安定化要因としての一面があることがわかります。

ここにも合成の誤謬が潜んでいます。企業が技術革新を求めるのは，それが競争力を分ける鍵になるからでしょう。よりすぐれた製品を，より安く，より大量に販売するためには，技術力の支えがどうしても必要です。現代企業の競争力とは，すなわち技術力であると言っても過言ではありません。ですから，個々の企業が，技術革新と生産性の向上に邁進しようとすることは十分に理解できること，すなわち十分に同感できることです。しかし，かくなるしだいで，多くの企業が先を争うように生産性の向上をはかれば，それ

は早晩,「社会的・平均的」な値としての σ を引き上げることになります。その結果, 経済がどのような性質を持つようになるかは, 先ほど見た通りです。最適成長率が高まれば高まるほど, 現実成長率がそれを下回る可能性も高くなり, そうなれば, 経済はその低い成長率で安定するのではなく, より下方へ下方へと自ら転落してしまうのです。σ の値が高くなると, 経済は不況に陥りやすくなる, 言わば, 体質の弱い経済になるわけです。

　ということは, σ の値をあまり大きくせずに, 投資規模だけ年々拡大 ($\Delta I > 0$) できるような投資項目がもしあれば, それは経済にとって実に有利な項目だと言えます。$s\sigma$ の値を変えずに ΔI が大きくなるのなら, 現実成長率が最適成長率を上回る可能性も高くなり, それだけ経済は好況になりやすくなるわけです。では, そのように都合のいい投資項目は, 実際に存在するでしょうか。年々増産を続けられるだけの需要を持ち, しかも他方で生産性を高めることがない, そういう奇跡的なものを考え出すのは, 一見無理なようにも思えるのですが, ここでひとつ気になるのが軍事支出なのです。

新しい成長政策を目ざして　民間の設備投資に使ったはずの資源を兵器生産に回した場合, でき上がった製品は, 物資をぶちこわしこそすれ, 新たな製品を生み出すことはありません。したがって, 兵器生産の比重が高くなればなるほど, σ の値は頭打ちになります。その一方で, 年々の生産額だけはやたらに大きい（あるいはどんどん大きくなってゆく）わけですから, これは経済成長にとって実に有利な投資項目（ただし, この場合の発注主体は政府ですから, 正しくは投資ではなく, 政府支出の需要創出効果として考える必要がありますが, マクロ的な効果は原則的に同じです）になるわけです。戦後の高度成長期が, ちょうど冷戦の脅威が高まった時期と重なっていたのは, おそらく偶然ではないのです。

　しかし, 幸いにして冷戦は終わりました。その結果, 兵器生産に使われていた資源や資金を, 民生部門の設備投資に戻すことが可能になりました。これ自体は, 歓迎すべき事柄です。しかし, 冷徹な経済の論理は, このとき同時に σ の値を引き上げてしまうのです。ですから, このままでは, 経済の

体質を弱めてしまう可能性があります。しかし、だからと言うので、いま一度軍事支出を増やす方向へ、舵を切り直すのは明らかに愚かなことです（イラクなどをめぐる昨今の情勢が、こうした原理に促されたものではない、一時的な現象で終わることを願わずにはいられません）。

だとすれば、私たちは軍事支出に頼らないかたちで、しかし、一方的にσを高くしないような投資項目を、新たに考え出す必要があります。これは確かに難問です。ですが、たとえば環境事業や高齢社会事業などの比重を高めてゆくことは、それらが新しい産業部門であることから、衰退産業と交替するかたちを取れれば、平均値としてのσを一方的に高めることはないはずです（先の$\sigma=0$の議論を参照してください）。また、こうした事業は、モノ作りとは違った内容を多く持ちますから、その分σの上昇を抑制できるはずです。他方で、需要はほとんど満たされてない状況ですから、$\varDelta I$はそれなりの規模を維持できるでしょう。

環境対策や福祉事業に対しては、社会通念上はその必要を認めるけれども経済合理性には反する事業だ、というような意見をいまだに耳にしますが、それどころか、こうした事業の比重を高めない限り経済の体質は確実に弱くなる、そういう段階に、私たちの社会は来ている可能性があるのです（それを営利事業として行うかどうかについては、別個に議論する必要があるでしょう）。これ以外にも様々なアイデアがあるはずです。それについては、ぜひ皆さんも考えてみてください。

経済成長論とは、経済成長を前提に、そのための手段を考案するものではありません。そうではなくて、経済成長がそもそもなぜ必要かを考え、そして経済成長もひとつの選択肢に含めながら、私たちの社会がいかなる方向へ進むべきかを考える、そのための合理的な思考方法を探求するのが、経済成長論の本来の課題であるはずです。ハロッド＝ドーマーの理論は、このことを古典的なかたちで示したものと言えると思います。

9.3 経済成長論（2）——新古典派モデル

新古典派型成長理論　それでは次に，新古典派系の経済成長論を見てみましょう。これは，ロバート・ソローやトレヴァー・スワン（Trevor Swan, 1918-1989）などによって展開された議論ですが，新古典派総合を通して，戦後のマクロ経済学における，標準的な経済成長論になったのは，むしろこちらの考え方でした。この理論は，統計分析から最初のヒントを得ていることもあって，実証分析に広く応用されるようになり，そうした作業は今日，成長会計と呼ばれています。

新古典派成長論はしかし，まずはハロッド=ドーマーの命題，すなわち，市場経済は本質的に不安定であるという命題を覆したことで注目されました。つまりソローやスワンのモデルは，市場経済を本質的に安定的なものとして描くのです。そうした違いがどこから出てくるか，以下，この点を見てゆきたいと思います。

新古典派成長理論（以下，ソローの理論で代表させます）では，まず経済全体の生産関数を考えます。そして生産とは言うまでもなく，資本設備と労働の協働によって行われるものですから，これを $Y=f(K, N)$ という関数で表すことにします。生産量（Y）は，そのときの資本量（K）と労働量（N）によって決まると考えるわけです。なお，こうした表記をするときは，資本も労働も無駄なく，最も効率的に利用されることが前提されます。つまり，現在の資本と労働から得られる最大の生産量が Y であると前提するのです。ソローの理論では，この Y の増加をもって，経済成長と定義します。

3つの増加率　そうすると生産量の増加は，資本の増加か，あるいは労働の増加によってもたらされるものになります。すなわち，生産増加率（経済成長率）は，その何割かが資本増加率に由来し，残りの何割かが労働増加率に由来するわけです。すなわち， $\frac{\Delta Y}{Y} = \varepsilon \frac{\Delta K}{K} + (1-\varepsilon) \frac{\Delta N}{N}$ です。

$\frac{\Delta Y}{Y}$ は，生産の増加量（ΔY）をもとの生産量（Y）で割った値ですから，生産増加率（経済成長率）を表します。K，N についても同様です。ε（イプシロン）は，割合を示す数値で $0<\varepsilon<1$ の範囲にあります。つまり $\frac{\Delta Y}{Y}$ のうち，ε という割合が資本増加率に由来し，残りが労働増加率に由来するという意味になっています。

したがって，資本増加率と労働増加率の値が重要になります。労働増加率はおおむね人口増加率で代用することができるでしょう。そこでこれを n％としておきます。問題は資本増加率ですが，ΔK というのは，資本設備の増加分を意味します。したがって，これは投資 I にほかなりません。マクロ的には投資（I）は貯蓄（S）に等しくなるので，ソローはこれを貯蓄のほうで表しました。すなわち，$\frac{\Delta K}{K} = \frac{S}{K}$ です。そして S とは，所得（Y）に貯蓄性向（s）をかけ合わせたものなので，$\frac{\Delta K}{K} = \frac{S}{K} = \frac{sY}{K}$ となります。したがって，先の $\frac{\Delta Y}{Y}$ の式は，$\frac{\Delta Y}{Y} = \varepsilon \frac{sY}{K} + (1-\varepsilon)n$ という式に書きあらためられます。

均斉成長率

図9.2は，この3つの成長率，すなわち，経済成長率（$\frac{\Delta Y}{Y}$），資本増加率（$\frac{sY}{K}$），労働増加率（n）をそれぞれ表しています。横軸には $\frac{Y}{K}$ をとっています。これは資本産出率（もしくは資本係数の逆数）とも言われます。資本1単位が何単位の生産物をもたらすかを表す数値です。$\frac{sY}{K}$ は，s を傾きとする1次関数になりますから，それを図示すると，図中のような原点を通る右上がりの直線になります。人口増加率 n は，さしあたり外から与えられる定数なので，図中では水平線になります。水平の n と右上がりの $\frac{sY}{K}$ は，どこかでかならず1回交わります。その点を E 点とします。そして経済成長率は，この2つの数値を ε で内分したものですから，図ではこのようなかたちで示されます。図では $\frac{\Delta Y}{Y}$ も E 点で交わるように描かれていますが，これは偶然ではありません。E 点では $\frac{sY}{K} = n$ となりますから，これを先の式に代入すると $\frac{\Delta Y}{Y} = \varepsilon n + (1-\varepsilon)n = n$ となるので，$\frac{\Delta Y}{Y}$ もかならず E 点を通過しなくてはならないのです。

この E 点は注目に値する点です。もし経済がこの E 点にあるとすると，

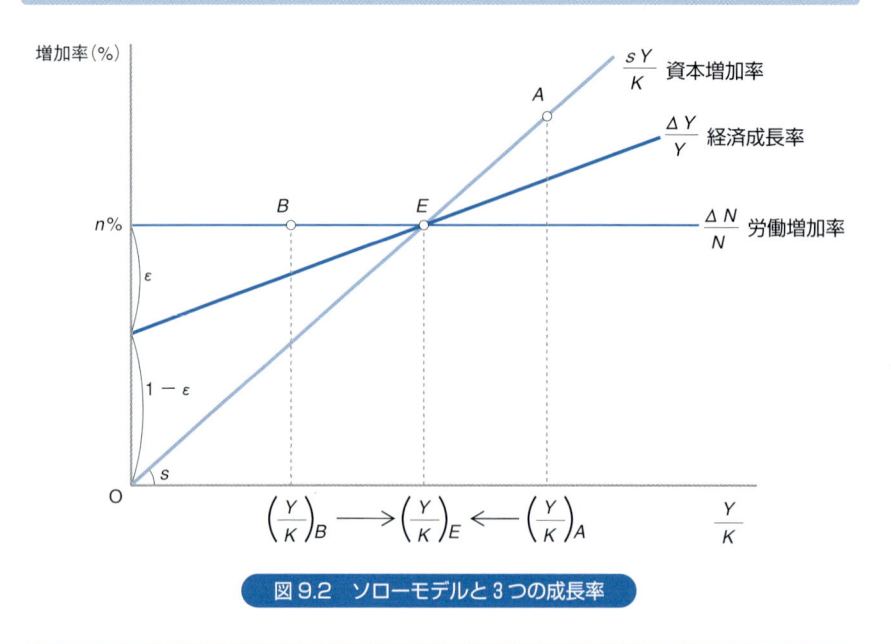

図9.2 ソローモデルと3つの成長率

経済成長率（もしくは生産増加率），資本増加率，労働増加率がすべて等しい値になります。これは，資本と労働と生産物が，3つとも同じスピードで増加してゆくことを意味します。つまり，途中で資本が余り出すとか，労働力が足りなくなるというようなことが一切起こらずに，資本と労働と生産の組み合わせが一定のまま，その総量だけが，正比例的に拡大してゆくわけです。いわゆる相似形の拡大と同じことで，たとえば三角形の影を壁に映しているとき，光源の位置を手前に引くと，影の大きさは大きくなっても，各辺の長さの比率は一定に保たれるでしょう。あれと同じイメージで，経済は同じかたちを維持したまま，その大きさだけ拡大してゆくことになります。これを均斉成長と呼ぶこともあります。

市場経済の安定性　　問題は，経済がこの均斉成長点 E をはずれた場合にどうなるかです。ハロッド＝ドーマーの理論では，いったんこうした点か

ら経済がはずれたらもはやもとに戻ることはなく，むしろ反対方向へ発散してしまうような経済が描かれていました。そこで，E点より右側にあるA点を考えてみましょう。A点では，資本増加率のほうが，人口増加率よりも高くなっています。ソローモデルでは，このとき次のような現象が起こると考えます。すなわち，資本増加率のほうが人口増加率よりも高い以上，資本はどんどん多くなり，それにくらべて労働力は（絶対量では増えていますが）相対的には稀少になるでしょう。ということは，市場メカニズムが有効に機能する限り，賃金が資本の利用代金（たとえば利子率）よりも高くなるはずです。利潤最大化原則で行動している各企業は，相対的に割高となった労働力を削減し，その分，相対的に割安となった資本で代用しようとするでしょう。つまり，Kの値をより高めようとするでしょう。そうなると，$\frac{Y}{K}$の値は（分母が大きくなる結果）小さくなってゆくはずです。$\frac{Y}{K}$の低下は，図中では左方向への移動として現れますから，A点はしだいにE点へ近づいてゆくことになります。

同様の現象が，E点より左側のB点においても生じます。B点では逆に，労働力のほうが資本よりもダブついてきます。したがって，労働よりも資本のほうが割高になってゆくので，企業は資本を減らし，労働を増やそうとします。その結果，$\frac{Y}{K}$の値は（Kの低下を受けて）上昇を始め，B点はE点へと導かれてゆきます。こうした過程が繰り返されれば，経済はやがてE点へ収束するでしょう。つまり，ハロッド=ドーマーの理論とは逆に，経済はどのような状態からスタートしても，やがては均斉成長に落ちつくようになる，少なくとも理論上は，そうした傾向性を持つものとして市場経済を考えることができるという判断になります。したがって市場経済は，均斉成長を自ら作り出そうとする性質を内に秘めているという意味で，本質的には安定的な性質を持つと結論されるのです。

▶ **2つの理論の比較**　　以上が，ソロー理論の骨子です。ハロッド=ドーマーとは，まったく正反対と言っていい結論になっています。ではどちらが正しいのか。今日ではソロー理論のほうが標準的とされていますが，どちら

が正しいかということよりも，両者の理論構造の違いをここでは把握しておきたいと思います。ソロー理論がハロッド＝ドーマー理論に対して向けた中心的批判は，ハロッド＝ドーマー理論は，市場メカニズムの機能不全を，暗黙のうちに前提しているというものでした。というのは，ソロー理論で考えた場合，資本と労働の稀少性の変化が，両者の価格に適切に反映されないと，$\frac{Y}{K}$ も動かないので E 点への収束も生じません。新古典派では，稀少性の変化を価格に反映させるものこそ市場メカニズムと考えますから，何らかの理由で，市場メカニズムが阻害されていれば，確かに，ハロッド＝ドーマー理論のように，均衡回復が生じない事態も起こりうるわけです。しかし，そうした特殊な前提を設けているとハロッド＝ドーマーは断っていないので，そこに理論的な曖昧さがあるというのが，ソロー理論からの批判でした。

貯蓄の捉え方　ソローの議論は，経済成長と市場メカニズムの関係を論じています。確かにこれは，ハロッド＝ドーマー理論では，はっきりとは語られなかった論点です。ただし，市場メカニズムの阻害は，不均衡が残存する理由にはなっても，ハロッド＝ドーマーが問題にしたような，不均衡のさらなる拡大を説明するものではありません。ですがそれ以上に，ここでは次の点に注目したいと思います。それはソロー理論における貯蓄の扱い方についてです。先にも見たように，ソロー理論では，資本増加＝投資＝貯蓄という関係から，貯蓄でもってこれを代表させています。投資＝貯蓄の関係はケインズ経済学が示したものですから，そこに一見違いはないようにも見えます。ところが，それならば必要になるはずの投資関数が，ソロー理論には出てきません。出てくるのは，あくまでも生産関数だけなのです。だとすれば，まず生産が行われ，そのなかから意図した貯蓄 sY が形成され，それが投資されて資本増加 ΔK が生まれる，という順序でことが進むと考えるしかないでしょう。しかし，これは有効需要の原理とは逆の発想になるのです。

ケインズ経済学において，所得は消費と貯蓄に分かれ，消費はそのまま有効需要になりますが，貯蓄は，それ自体は有効需要ではないので，投資がそれを吸収して再支出しない限り，現在の所得も維持できなくなると考えまし

た。貯蓄がそのまま投資されれば，自動的に有効需要は維持されますが，貯蓄する人と投資する人は，さしあたりは別人ですから，投資が貯蓄に初めから一致する保証はないわけです。しかし所得はあくまでも，消費と投資の合計額に制約されます。したがって，もし投資が貯蓄よりも小さい場合は，所得が減少して，貯蓄も減ることになります。そして，減少した貯蓄と投資がふたたび等しくなったところで次の所得水準が決定される，こういう理解であったわけです。

完全雇用前提の復権　ところが，ソローの理論を見ると，そこでは貯蓄がそのまま投資されています（$sY = I = \Delta K$）。ならば有効需要問題は発生しません。いったん有効需要からはずれた貯蓄が，そのまま全額投資されて有効需要に戻ってくるわけですから，所得の縮小は生じません。そしてこのような経済は，早晩完全雇用に到達します。

なぜなら，仮に投資を増やし，生産規模を大きくしてみると，その下での貯蓄がかならず投資されて有効需要を維持しますから，作ったものはすべてかならず売り切れます。ならばもう少し増やしてみようと投資を拡大すると，これまたすべて売り切れます。かくして生産を増やしたら増やしただけ，かならず売り切れるわけですから，生産者たちはどんどん規模を拡張し，ついには人も資源も余りがなくなって，これ以上拡張したくてもできなくなるところまで行くはずです。つまり，完全雇用の達成です。貯蓄が自動的に投資される世界は，完全雇用を保証するのです。これをセイの法則といいます。そして，セイの法則の世界こそ，ケインズが覆した完全雇用前提の世界，すなわち新古典派の世界であったはずです。

したがってソロー理論は，結果的にセイの法則を復活させています。ソロー理論において，事実上，新古典派の世界が復活していると考えるのはこのためです。これが，有効需要論を継承するハロッド=ドーマー理論と対照的な結論を持つのは当然です。ただし，なぜ貯蓄がそのまま投資されるようになったのか，ここにひとつの大きな論点が残されていたように思います。

いずれにせよ，ソロー理論が標準的な見解として受け入れられたことは，

ふたたび経済学における市場経済像の変化を（いまとなってみれば）予感させる出来事でした。ソロー理論は，新古典派総合のマクロ理論ですから，ケインズ経済学系のマクロ理論と考えられていますが，そこにはすでに新古典派的色彩が強く表れています。しかし，この後の経済学では，さらに自覚的な新古典派の復権が始まります。しかも，それはある意味で皮肉なことに，新古典派総合批判のかたちをもって展開されてゆくのです。

9.4　赤字財政批判・マネタリズム・合理的期待

スタグフレーション　1960年代の終わりごろから，新古典派総合，特にそのマクロ経済学に対しては，厳しい批判が向けられるようになります。このころまでは，戦後復興という意味合いも含めて，多くの国の中心的経済問題は，やはり貧困問題にありました。ゆえに経済成長への社会的同意も得られたわけですが，60年代を通じ貧困問題が一段落してくると，今度はそれに代わって，インフレーション（物価の持続的上昇）が人々の生活を圧迫し始めました。さらに，1970年代に入ると，2度の石油ショックなどを背景に，インフレーションだけでなく，そこに失業の増加まで加わるという新しい現象，すなわちスタグフレーション（スタグネーション（経済停滞）とインフレーションを混ぜ合わせた造語）と呼ばれる経済問題が生じてきます。ところが新古典派総合に基づくマクロ経済学は，スタグフレーションに対して有効な処方箋を示せませんでした。こうした現実経済の推移のなかで，新古典派総合はしだいに，万人を納得させるだけの力を失っていったのです。

赤字財政批判　しかし，こうした状況の変化とは別に，新古典派総合の考え方そのものへの批判も，60年代末あたりから活発になってきます。そのひとつに，赤字財政主義への批判があります。ケインズ的な財政政策によって景気対策を行った場合，財政が赤字になりやすいことは前章で見まし

た。また本来なら，赤字国債の償還手続きを，政策の一環に含めておくべきこともその折検討しました。しかし，現実の政治世界で，この後者の条件が満たされることはまずあり得ない，と主張したのが赤字財政主義批判の議論です。

　この議論は，ジェイムズ・ブキャナン（James Mcgill Buchanan, 1919-2013）やリチャード・ワグナー（Richard E. Wagner, 1941-）らが唱えたものですが，彼らは，現代の大衆政治に潜む欠陥をたくみに突きました。すなわち，現代の政治家は，選挙民を敵に回すことだけは避けようとします。そして，選挙民の関心は，自分たちの経済生活をより豊かにすることにあるのであって，それを犠牲にしてまで原理原則を貫くことにあるのではないと彼らは言います。財政支出を増やせば好景気を維持できることがわかっているとき，そのお金をわざわざ国債償還などに使って景気にブレーキをかけたら，次の選挙結果は明らかだ。したがって，ケインズ政策を許す限り，財政赤字は増える一方となり，やがては財政破綻の危機を招くに違いない。ゆえにそうした事態を回避するには，赤字財政をやめて，均衡財政主義に戻るしかない。そうしないで，政治家に公僕精神のみ期待するのはあまりに非現実的な発想だ，というのが彼らの主張です。

　そして，ケインズが想定していたような，自己利益よりも公的義務を優先するような統治者像は，彼が育った特別な知的環境の産物だとして，これをハーベイロードの前提とやや皮肉交じりに呼びました（ハーベイロードとは，ケインズの生まれ育った町の名前ですが，住民の大部分がケンブリッジ大学の関係者でした）。多少ニヒリスティックな雰囲気も漂わせながら，この議論は多くの人々にとって，現実的な説得力を感じさせるものでした（ただし，これをもって，原理としての有効需要論が破綻したと見てよいかどうかについては，前章でも（筆者の個人的見解として）若干疑問を付しました。この問題については，皆さんも自分の意見を持ってください）。

インフレと失業

　さらに，もっと強力な批判が出てきます。それは先ほども触れた，インフレーションと失業の関係をめぐる問題です。新古典派

総合では，ケインズ経済学を下敷きにしながら，非自発的失業は有効需要の不足によってもたらされると考えました。有効需要が小さいときは，各財への需要も小さくなり，それは（右上がり供給曲線を前提にする限り）各財の価格を低下させるはずですから，インフレは生じないはずです。ここで，政策的に有効需要を増大させると，生産量が増加して失業は減少しますが，各財の需要曲線も上昇するので物価も上昇します。したがって，インフレと失業のあいだには，片方が上昇すると片方が低下するという，いわゆるトレードオフの関係があると考えられました。

そして，これを実証したかのような分析がすでに存在していました。それは，イギリスのアルバン・フィリップス（Alban William Housego Phillips, 1914-1975）が1958年に発表していた研究で，イギリスの歴史データから，賃金率と失業率のあいだに図9.3のような関係が見られることを計測したものでした。これは今日，フィリップス曲線と呼ばれています（フィリップスはあくまで賃金と失業の関係を計測したのですが，賃金が上がれば物価も上がると考えて，新古典派総合はこれを物価と失業率の関係として理解しました）。新古典派総合はこれに力を得て，政策調整をうまく行えば，物価を多少上げて失業を減らす，あるいは物価を抑制するため，多少の失業は我慢する，そういった選択を適宜行えるはずだと考えました。これを微調整（ファインチューニング）の発想と言います。

こうした，あたかも政策当局が社会を随意にコントロールできるかのような発想に，不安と反発を感じた人は少なくありませんでした。この後市場重視の発想が台頭してくる背景に，この種の「過信」への警戒心が働いたことは軽視できません。しかし，新古典派総合は，より直接的な挑戦を現実から受けることになりました。というのは，インフレと失業のトレードオフ関係が真理だとすれば，インフレ率と失業率が同時に上昇することはないはずです。ところが現に，それがスタグフレーションとして生じたのです。

スタグフレーションは，経済学にとっておそるべき現象でした。なぜなら失業を減らそうとして有効需要を喚起すればインフレを悪化させてしまいま

図9.3 フィリップス曲線

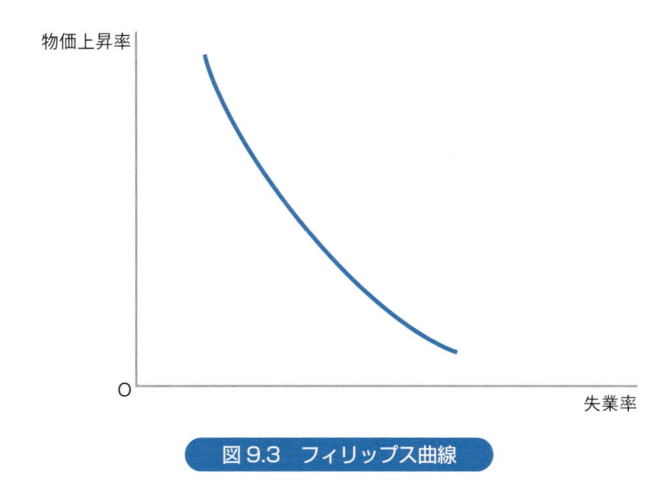

すし、逆にインフレを抑制しようとすると今度は失業が増えてしまいます。新古典派総合に、初めて不安の影がよぎりました。そうした状況のなかから、右下がりのフィリップス曲線を想定すること自体まちがいであるとする議論が現れます。ミルトン・フリードマン（Milton Friedman, 1912–2006）を中心とするマネタリズム、もしくはシカゴ学派と呼ばれる人々の議論です。

自然失業率仮説　フリードマンの議論は、自然失業率仮説とも呼ばれますが、その概要は図9.4 に示されます。フリードマンは、市場メカニズムに非常に強い信頼を置きます。確かに短期的に、市場経済が若干の撹乱を被ることは認めますが、長期的にはかならず市場の働きによって、資本の完全利用と労働の完全雇用が達成されると考えます。そして、この長期における安定的な失業率を自然失業率と定義します。いま自然失業率を u_0 とし、その下でのインフレ率を v_0 としましょう（F_1 点）。F_1 点では、大部分の人が v_0％ のインフレ率を初めから想定して行動するので、経済はこれといった撹乱を受けないのです。このようなインフレ率を期待インフレ率と言います。

図9.4 自然失業率仮説

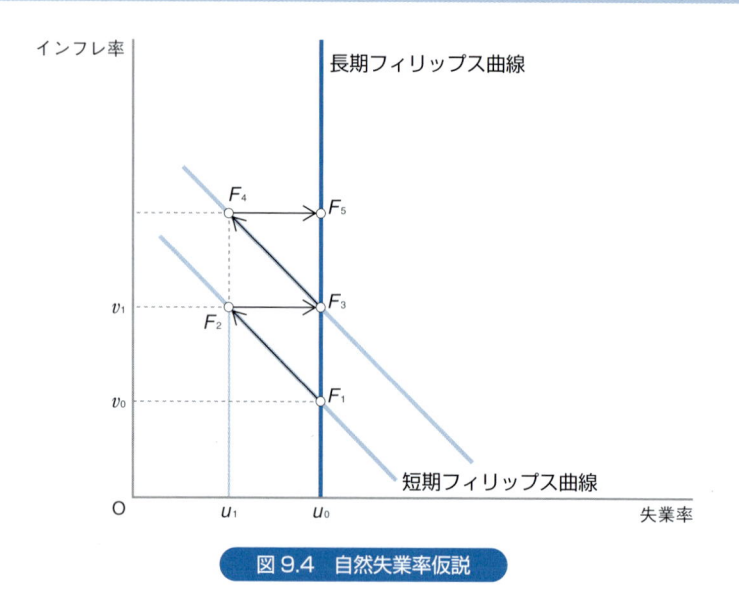

さて，u_0 を完全雇用と判断しなかった当局が金融緩和政策を実施し，その結果失業率が u_1 にまで下がったと仮定しましょう。そうするとまずは，フィリップス曲線に従って，インフレ率は v_1 にまで上昇します（F_2 点）。このインフレ率は，人々が想定していたインフレ率と違うので，経済は攪乱を受けます。F_2 点において，企業は，期待インフレ率よりも高い率で自社製品の価格が上昇し始めたことを，自社の評価が高まった結果だと判断し，生産の増加を決意するでしょう。その結果労働需要も増大しますが，すでに u_0 で完全雇用になっていますから，賃金を上げない限り，労働者は集まってきません。賃金が上がれば，労働者はもっと働こうとするので，かくして経済は活況を呈することになります。

ところが，こうした状態は長く続かないとフリードマンは言います。なぜなら，企業も労働者も，これが自分だけに起きたことではなく，全般的な物価上昇にすぎなかったことを早晩察知するからです。企業は，自社製品だけ

でなく，原材料費も軒並み上昇し始めたことによってこれを察知するでしょう。また労働者も，賃金と一緒に生活費もどんどん上がってゆくことから，これを察知するでしょう。そうすると，実質的には賃金は上がっていなかったことになるので，労働者はもとの労働供給量に戻ろうとするでしょう。ゆえに失業率は u_1 から u_0 へ戻ります。かくして v_1 と u_0 の組み合わせを持つ，新しい経済状態が現れます（F_3 点）。フリードマンは，この F_3 点への回帰を「一部の人を永久に，あるいはすべての人を短期間だますことはできる。しかし，すべての人を永久にだますことはできない」という格言にたとえています。

　企業や労働者が，自身の錯覚に気がついたのは，価格が軒並み上昇していることを知ったからです。つまり，自然失業率への復帰を促したのは価格の変化，つまり市場メカニズムだということになります。市場メカニズムが有効に機能する限り，人々は経済の実態をいずれは正しく把握するようになり，経済を自然失業率へ引き戻すことになるとフリードマンは考えます。したがって，F_3 からふたたび金融緩和を行っても結果は同じです。いまと同じ過程を経て，経済は結局 F_5 に戻るでしょう。そうすると，フィリップス曲線は長期的には，F_1, F_3, F_5 を通るものになりますから，長期フィリップス曲線は垂直になります。トレードオフの議論は，短期のフィリップス曲線に基づいていますが，この議論は人々が期待インフレ率を修正することを見落としているというのが，フリードマンの見解です。

　この議論が正しいとすると，経済政策を使っても，経済の活動水準を，自然失業率と異なる水準に持ってゆくことはできないことになります。そして，経済は自らの力で，すなわち，市場メカニズムによって完全雇用を維持するのだから，経済は自由放任にされてよいことに，というよりほかに選択肢はないことになります。かくして，ケインズがいったん否定した自由放任的経済像が，より洗練されたかたちで復活したのです（ただし，ケインズも，完全雇用を越える経済水準まで好きに選択できるとは言っていません。またフリードマンの議論ではふたたび，労働者が主体的に労働供給量を決定することで，

経済の活動水準が決まる議論になっています。ケインズによって近代経済学に持ちこまれた階級認識は、ここでふたたび消滅します）。

マネタリズム　フリードマンの議論が正しいとすると、拡張的金融政策は、長期的にはインフレを加速するだけで、実物経済には何の影響も及ぼさないものになります。にもかかわらず、貨幣供給量を頻繁に変更していると、その都度、期待インフレ率の修正だけは必要になって、人々に要らぬ手間ひまをかけることになります。ならばいっそのこと、貨幣供給の増加率を、経済成長の足を引っ張らぬ程度に固定化したほうが、経済の安定化にとってよほどプラスになるでしょう。フリードマンはこれを $k\%$ ルールと呼びましたが、ここで重要なのは、自然失業率を決めるのは市場であり、市場の基礎にある技術等の実物要因であって、貨幣ではないことの確認にあります。したがってフリードマンの議論は、インフレについては貨幣を主因と見るのでマネタリズムと呼ばれるのですが、その語感に反して、実は Money doesn't matter（貨幣は重要でない）と考えるのがマネタリズムの本質なのです。

したがって、マネタリズムによるスタグフレーション対策は、ある意味で明快です。インフレは貨幣現象、失業は実物現象と二分されるのですから、対策も別々にとればよいことになります。まずインフレについては、これは貨幣供給量を減らすことの一事に尽きると言っていいでしょう。それによって失業率は、一時的には増大するかもしれませんが、長期的には自然失業率に戻ってくるはずです。失業率に関しては、もしそれが長期の自然失業率として現れているなら、感覚的に高いと感じたとしても、受け入れるしかありません。それ以下に下がることはないからです。スタグフレーションが叫ばれた当時、アメリカの自然失業率を 9% とする議論もありました。言い換えると、マネタリズムの世界にインフレーションはあっても、スタグフレーションという現象はないわけです。

サプライサイド経済学　ただし、自然失業率を定めている根本の実物要因が変化すれば、失業率を引き下げることもできるでしょう。その要因をひとつに絞ることは困難ですが、実物要因と言う以上、それは資本と労働の

経営学・会計学新刊

グラフィック経営学ライブラリ 9
グラフィック 経営統計

森 治憲 著　　　　　　　　　　　A5判／328頁　本文2,700

データから引き出された分析結果を理解し，適切な経営判断を下す能〇を修得するための，新時代の経営統計テキスト。とくに推測統計学の〇法については現実の問題を適用しながら具体的に解説している。左頁〇本文解説，右頁に図表・コラム等を配置した左右見開き構成＋2色刷。

グラフィック経営学ライブラリ 11
グラフィック グローバル・ビジネス

井上真里 編著　　　　　　　　　　A5判／216頁　本体2,100

左頁に本文解説，右頁に図表や写真を対応させるというレイアウトに〇って現代のグローバル・ビジネス研究の流れを伝える入門テキスト。〇察対象に中小企業をも含め，分析を「マクロ」から「ミクロ」へとし〇，外部環境から内部環境を順を追って解説した。読みやすい2色刷。

ライブラリ 経営学コア・テキスト 14
コア・テキスト 経営史

粕谷 誠 著　　　　　　　　　　　A5判／376頁　本体2,980

現代日本企業はいかにしてここに至ったのか。多角化と垂直統合を考〇しつつ，その実相を説き明かす新しい日本経営史テキスト。経営制度，製造業5部門，サービス業4部門を取り上げ，学部レベルで学ぶべき〇営史の基本的な事項を解説した。2色刷。

仕訳でかんがえる会計学入門

平野智久 著　　　　　　　　　　　A5判／216頁　本体1,850

「仕訳は単に財務諸表を作るための手段ではなく，企業の経済活動の〇現技法である。」本書は，こうした視点から簿記の考え方の本質的〇解と企業会計の基礎を有機的に結びつけ，段階を追って解説する。仕〇の背後になる考え方をつかみ財務会計のエッセンスを理解する構成と〇て，要点を確認する練習問題編を設け，理解の定着をはかった。2色刷

発行 新世社　　発売 サイエンス社

〒151-0051　東京都渋谷区千駄ケ谷1-3-25　　TEL (03)5474-8500　FAX (03)5474-890〇
ホームページのご案内 https://www.saiensu.co.jp　　　　　　　　＊表示価格はすべて税抜です〇

経済学新刊

イブラリ 経済学15講 10

経済数学15講

林　幹・吉田博之 共著　　　A5判／256頁　本体2,200円

学的知識が経済学においてどのように使われるかを解説したテキス。二部構成として，前半では標準的計算問題の解法を，後半では中級ベルの経済理論における数学の適用例を説明する。例題と多数の練習題を設け理解の定着を配慮した。2色刷。

門マクロ経済学 第4版

堀利宏 著　　　A5判／440頁　本体2,980円

本経済や世界経済を取り巻く動向を捉えた新版。2010年代以降のマク経済における変化や，今日的なマクロ経済問題を考える上で重要と思れる諸概念について解説を追加し，掲載データのアップデートを施し，ラムも更新した。また，基礎となるマクロ経済理論の説明も見直し，え方の道筋をより丁寧に説明している。ビジュアルな3色刷。

門ミクロ経済学 第3版

堀利宏 著　　　A5判／440頁　本体2,900円

学学部レベルで学ぶべき項目を網羅した書の最新版。今改訂では導入分をより丁寧に解説し，各章末の練習問題を拡充した。さらに関連す経済問題についてのコラムを挿入し，巻末の補論で行動経済学などを介して一層豊かな内容としている。ビジュアルに学べる3色刷。

イブラリ 経済学コア・テキスト＆最先端 別巻1

ア・テキスト 統計学 第3版

屋幸輔 著　　　A5判／336頁　本体2,150円

計学のスタンダードテキスト最新版。政策評価などで利用される因果論の基礎的な考え方も紹介し，差の差の分析について取り上げた。ま優位性やp値など実際に検定を行う上で重要な事項の解説も加え，仮検定に関する章を大幅に拡充している。読みやすい2色刷。

礎コース［経済学］4

礎コース 財政学 第4版

宜嗣・林　亮輔・林　勇貴 共著　　　A5判／296頁　本体2,450円

行する少子化・超高齢化や所得格差の拡大，社会保障の制度改革，政債務残高の問題等を捉え社会構造の変化に対応するために財政が果たべき役割を最新統計データをまじえてわかりやすく解説する。バランのとれた内容は公務員試験対策にも好適。見やすい2色刷。

法学新刊

コンパクト法学ライブラリ 13
コンパクト 労働法 第2版

原 昌登 著　　　　　　　　　　　四六判／288頁　本体2,100円

労働法のエッセンスを親しみやすく紹介した好評入門テキストの改訂版。これまでにない大きな制度変更となった「働き方改革」の内容を盛り込んで見通しよく解説した。さらに著者の大学での講義や講演・セミナー等の経験をふまえ，初めて学ぶ読者の一層の理解しやすさを配慮した記述としている。見やすい2色刷。

ライブラリ 今日の法律学 8
家族法

常岡史子 著　　　　　　　　　　　A5判／560頁　本体3,980円

近時相次いだ改正を踏まえて詳説した，親族法・相続法における信頼性高い基本書。新設条文の個別解説にとどまらず当該改正の趣旨や従来の判例・学説との連続性と刷新性，家族法全体における改正規定の位置づけとその機能をも説き，法的思考の涵養を目指した。法学部の学修者・司法試験受験者のみならず，税理士・司法書士など実務に携わる方に有用な書。2色刷。

ライブラリ 民法コア・ゼミナール
コア・ゼミナール 民法

平野裕之 著

民法の事例問題には，定義・要件・効果の理解に加えて，問題文から「論点」を発見する能力が求められる。本書は，民法におけるCASE（設問）をまとめ，多様なCASEに取り組み，その解答・解説を読むことを通じて問題を解く力を養成する，「事例問題の千本ノック」ともいうべき画期的演習書である。

Ⅰ	**民法総則**	A5判／184頁	本体1,400円
Ⅱ	**物権法・担保物権法**	A5判／248頁	本体1,700円
Ⅲ	**債権法1** 債権総論・契約総論	A5判／256頁	本体1,600円
Ⅳ	**債権法2** 契約各論・事務管理・不当利得・不法行為		
		A5判／256頁	本体1,600円

新世社・出版案内 Oct. 2020

法学新刊

ライブラリ 商法コア・テキスト 3
コア・テキスト 会社法
村正幸・品谷篤哉・山田剛志・尾関幸美 共著

A5判／304頁　本体2,450円

ーポレート・ガバナンス，企業組織再編等についての重要な規定が盛
込まれた令和元年会社法改正を含め，債権法改正にも完全対応した最
テキスト。会社法のコアを形成する論点と会社法領域の理解にとって
要な議論とを中心に，初学者にもわかりやすく解説する。2色刷。

ライブラリ 現代の法律学 A13
刑法総論 第2版
林憲太郎 著

A5判／416頁　本体2,900円

書は，気鋭の刑法学者による刑法総論の基本書の改訂版である。講義
受けた学生・読者からの「より親切な教科書を」との要望に応えて，
訂にあたっては個々の問題に関する説明を初版よりもはるかに詳細に
分かりやすくした。

ライブラリ 法学基本講義 14
基本講義 刑事訴訟法
島 至 著

A5判／344頁　本体2,980円

学・法科大学院で教鞭をとる傍ら弁護士として刑事事件に取り組んで
た著者による最新の概説書。初学者を配慮した平易な叙述に努め，基
的な判例・学説を網羅的に掲げながら，実務経験に基づいた「無辜の
処罰の理念」を中心として刑事裁判のあるべき姿を説く。2色刷。

ライブラリ 新公務員試験問題研究 1
問題研究 憲法
邉剛央 著

A5判／392頁　本体1,950円

導経験豊富な著者が，国家総合職試験合格に向けて要所と解法を説
。出題傾向の分析→各テーマのアウトライン解説→精選した過去問
演習→実力練成のための問題（詳解付）という構成とし，章末には2
試験における記述問題も掲載し解答例を付した。2色刷。

割合を決める技術要因や，資本や労働の移動に関わる制度的要因などが中心になるでしょう。いずれも直接関与するのは企業と労働者であって，政府ではありません。つまり，できるだけ労働者や企業の行動を自由にして，実物要因を動かしやすくしてあげることが，自然失業率の低下につながると考えます。そのため，企業活動に対する規制緩和，あるいは税制の簡素化などを求めることになります。こうした発想をサプライサイド経済学と言います。マネタリズムが直接サプライサイド政策を主張したのではありませんが，マネタリズムは結果的に，サプライサイド経済学への道を開いたと言っていいでしょう。

合理的期待形成論 さてしかし，フリードマンはまだ，短期フィリップス曲線における F_2，F_4 などの状態が，一時的には生じることを認めていました。それは先にも説明したように，企業も労働者も一時的には，自分だけ有利になったと錯覚するからでした。しかし，それが錯覚であることを彼らがあらかじめ知っていたら，つまり結局は F_3 や F_5 に戻ることを，彼らが最初から知っていたらどうなるでしょう。そのときは，一時的にすら労働供給の増加は起こらないのではないでしょうか。つまり，F_2 や F_4 へ寄り道せずに，いきなり F_1 から F_3 へ，さらには F_5 へとジャンプするのではないでしょうか。そうなると，もはや経済政策は，一時的な効果すら持たないことになります。経済政策は何の効果も発揮せず，経済は常に，自然失業率を維持することになるでしょう。このような，マネタリズムをさらに強化したような議論を展開したのが合理的期待形成論です。ロバート・ルーカス（Robert E. Lucas. Jr, 1937–）らを中心とするこの議論は，人々がありとあらゆる情報を使って自己利益の追求をはかる結果，マクロ的には，いま述べた F_1 から F_3 へと，経済がいきなりジャンプする可能性があることを証明しました。

たとえば，赤字国債の発行による景気刺激策がとられたとしましょう。ロバート・バロー（Robert Joseph Barro, 1944–）は，このとき人々は，その国債の償還時に増税が行われることを合理的に期待するだろうと言います。

ゆえに人々は、それに備えて貯蓄を増やそうとするので、その分消費が減ります。つまり政府支出が増えた分、消費が減ってしまうので、有効需要は結果的に変化せず、したがって景気刺激策は失敗すると言います。

　これはあくまでも一例ですが、合理的期待形成論は、このような観点から政府の行う経済政策をまったく無効とみなし、完全な自由放任主義を主張するにいたります。この議論は、アメリカを中心に1970年代末ごろから急速に影響力を強め、一時期はマクロ経済学＝合理的期待形成論と言ってもいい時期がありました。しかし、合理的期待形成論に対しては、そもそも人々がそのような行動をとるかどうかを始め、前提条件の現実性に対しても数々の疑問が出されました。そこで、期待に基づく経済行動についてのさらなる研究が、マクロ経済学にとって重要なテーマになりました。しかし経済主体の行動分析は、本来はミクロ経済学の主題ですから、1980年代から先のマクロ経済学は、同じ時期のミクロ経済学と併行して進められるものになったのです。

　以上、戦後第1期、第2期のマクロ経済学の展開を概観してみました。このように見てくると、新古典派総合下でのケインズ経済学の隆盛と衰退、そしてシカゴ学派に代表される新たな新古典派経済学（彼らを新しい古典派と呼ぶこともあります）の復権が、ある意味では鮮やかと言えるほどに、明瞭なかたちで展開されたことがわかります。ただし、繰り返しになりますが、新古典派経済学の復権は、マネタリズムの出現によって初めて生じたものではなく、経済成長論の段階で、すでに部分的には始まっていたと見る必要があると思います。新古典派総合は、その名が示唆するように、あくまで新古典派経済学をベースとし、そのなかへケインズ経済学を吸収しようしたものとして捉えたほうが、学説理解として自然だろうと思います。それゆえに、ポスト・ケインズ派との激しい論争なども生じたわけですが、それについては、また別の機会にお話したいと思います。

　それでは、ここで章をあらためて、今度は戦後のミクロ経済学について検討してみましょう。

文 献 案 内

[学習用図書・研究書]

宮崎義一（1967年）『近代経済学の史的展開』有斐閣

浅野栄一（1970年）『景気循環と経済成長』新評論

宮沢健一（1984年）『国民所得理論（三訂版）』筑摩書房

小椋正立（1981年）『サプライ・サイド経済学』東洋経済新報社

志築徹朗・武藤恭彦（1981年）『合理的期待とマネタリズム』日本経済新聞社

B. スノードン=H. R. ヴェイン（岡地勝三訳）（2001年）『マクロ経済学はどこまで進んだか』東洋経済新報社

[古典]

P. A. サムエルソン（佐藤隆三訳）（1987年）『経済分析の基礎（増補版）』勁草書房

P. A. サムエルソン（都留重人訳）（1966-93年）『経済学』全2巻，岩波書店

J. R. ヒックス（江沢太一・鬼木甫訳）（1972年）『貨幣理論』東洋経済新報社

R. F. ハロッド（高橋長太郎・鈴木諒一訳）（1953年）『動態経済学序説』有斐閣

R. F. ハロッド（宮崎義一訳）（1976年）『経済動学』丸善

E. D. ドーマー（宇野健吾訳）（1959年）『経済成長の理論』東洋経済新報社

R. M. ソロー（福岡正夫・神谷傳造・川又邦雄訳）（1988年）『資本・成長・技術進歩（新装増補版）』竹内書店新社

R. M. ソロー（福岡正夫訳）（2000年）『成長理論（第2版）』岩波書店

J. M. ブキャナン=R. E. ワグナー（深沢実・菊池威訳）（1979年）『赤字財政の政治経済学』文真堂

M. フリードマン（保坂直達訳）（1978年）『インフレーションと失業』マグロウヒル好学社

R. E. ルーカス（清水啓典訳）（1988年）『マクロ経済学のフロンティア』東洋経済新報社

第10章

戦後の経済学（2）
―ミクロ経済学の展開―

●この章のポイント●

1. マクロ経済学とミクロ経済学は，どのような関係にあったか。

2. ミクロ経済学の主題は，どのように変化したか。

3. シカゴ学派はなぜ，多くの支持を得たのだろうか。

■ ロビンズ 　　■ ヒックス

■ アロー 　　■ スティグラー

10.1 はじめに

ミクロ経済学の主題　ミクロ経済学は，マクロ経済学と密接なつながりを持ちながらも，それとはまた別個の歴史をたどりました。そしてミクロ経済学は，ある意味でマクロ経済学よりも大きな変化を経験します。おおよそ1970年代までのミクロ経済学は，様々な主題を持ちながらも，その中心にはいつも「市場とは何か」という問いがありました。市場メカニズムとは何であり，市場に委ねるとどのような結果が現れ，市場にまかせられる領域と，そうでない領域との区別はどこでつければよいか。学派によって，あるいは論者によって，意見は大きく分かれましたが，それらは皆，この「市場とは何か」という中心テーマを軸に展開されたものでした。

しかし，1980年代以降になると，市場よりも「合理的な経済行動とは何か」という問いが，直接問われるようになりました。そしてその観点から，市場や企業の性質が再検討されるようになりました。市場の動きも，企業の性質も，とどのつまりは人間の行動に基づく現象だという理解がそこにあります。したがって，単純に言えば，市場経済論から経済行動論への旋回が，70年代から80年代にかけて生じたと言っていいと思います。もちろん，その論点の多くは，70年代までのミクロ経済学に，すでに胚胎していたものでした。しかし，ゲーム理論（第11章参照）に代表される新しい分析手法の導入もあって，80年代以降のミクロ経済学は，70年代までのミクロ経済学とくらべると，一見別物になったような印象を与えます。

80年代以降の議論は，日本ではいまのところ，中級以上の議論として紹介されることが多いのですが，おそらく近い将来，入門書も含めて『ミクロ経済学』というタイトルの教科書は，その内容がガラリと変わることになるでしょう。ただ，そうは言っても，70年代までの市場経済論を知らずに，いきなり経済行動論から入ると，経済に対する認識を少なからず歪めると

（少なくとも私には）思われますので，以下の議論も，過去の経緯としてではなく，現役理論への学史的接近として，読んでいただければと思います。

そこで本章では，前章同様，まずおおよそ1970年代までのミクロ経済学について検討します。すなわち，「市場とは何か」という大きな問いに向けて，戦後の経済学がどのような取り組みを見せてきたかを，（技術的な細部にはこだわらずに）見てゆきたいと思います。そのためには，いま一度，1930年代に立ち帰る必要があります。

10.2　基数的効用理論から序数的効用理論へ

1930年代　ミクロ経済学は，限界革命以来の新古典派経済学を母体にしています。そして私たちは，第5章から第7章にかけて，おおよそ1930年代までの市場理論の展開を見てきました。そこには常に，ワルラスを起点とするローザンヌ学派と，マーシャルを起点とするケンブリッジ学派との微妙な交錯が見られたはずです。さて，新古典派総合は，このミクロ経済学に関しても，一種の総合化をはかりました。すなわち新古典派総合は，ワルラス一般均衡理論を基本形にし，マーシャルの市場理論については，部分均衡理論としてそのなかに包摂するという理解を示しました。現在の市場理論も，原則的にはこれを踏襲しています。しかし，こうした理解の仕方は，実は新古典派総合が初めてではなく，すでに1930年代のイギリスにおいて，私たちがこれまで見てきたのとは別の流れのなかで，ある意味で着々と進められていたものでした。

ワルラスの一般均衡理論は，第5章でも見た通り，市場をあくまで交換の場として捉えようとするものです。したがって，一般均衡理論を市場理論の範型にするということは，市場経済の本質を「交換」として捉えることを意味します。すなわち，交換の論理的帰結を知ることが，市場経済の本質を知

ることにつながる，そういう基本方針を立てたことになります。こうした発想をイギリスで示したのは，マーシャルではなくジェヴォンズでした。そして，ジェヴォンズの知的系譜は，1930年代においては，ロンドン・スクール・オブ・エコノミクスのライオネル・ロビンズ（Lionel Charles Robbins, 1898-1984）を中心とするサークルに継承されていました。

ロンドン学派

ロビンズは，経済学を科学として発展させることに，大変な情熱を傾けた人物でした。また，彼はイギリスの経済学者ではあっても，大陸の経済学，すなわち，メンガー以来のオーストリア学派，あるいはワルラス，パレート以来のローザンヌ学派に強い関心を示し，その導入に積極的に取り組んだ人物でもありました。

1930年代の時代状況は，大陸から多くの亡命者を生み出しましたが，当時ロビンズのもとには，オーストリア学派出身のフリードリッヒ・ハイエク（Friedrich August von Hayek, 1899-1992）が身を寄せていました。ハイエクは，今日の市場主義の元祖と言っていい存在ですが，彼を加えたロビンズのサークルは，ケンブリッジ学派とは対照的と言えるほど，市場信頼傾向の強い，俗に言う自由主義的経済学の牙城とも言える観を呈していました。このサークルには，カルドア，ヒックス，アバ・ラーナー（Abba Ptachya Lerner, 1903-1982）といった若き俊英が集まり，そのなかから，戦後ミクロ経済学の基本になる，多くの新しい理論が生み出されました。新古典派総合は，彼らの理論の多くを吸収して成立したものです（なお，カルドア，ヒックス，ラーナーらはいずれも，後にはハイエク的な市場主義からはなれてゆきます）。

効用理論の発展

彼らの考え方で，学史的に最も重要なのは，やはり序数的効用理論の提唱だったと言っていいと思います。皆さんは，ミクロ経済学の講義の最初のほうで，無差別曲線論というものを教わるはずですが，この議論に基礎を与えているのが序数的効用理論です。序数的効用理論とは，近代経済学が想定してきた基数的効用理論に対して提起されたものです。

「効用」は，まぎれもなく近代経済学における中心的概念ですが，それまでの近代経済学では，その方法論として，主観的な効用の計測や加算を可能

と想定してきました。つまり，効用の大きさを数値で表し，それを加えたり引いたりすることで社会的な効用の大きさを求め，そのプラス・マイナスによって，現在の経済状態や経済政策のよし悪しを判定するという方法論をとってきました（第 8 章で見た新古典派の雇用理論には，この方法論が典型的なかたちで表れています）。

もちろん，効用とは主観的な満足感ですから，本来は足したり引いたりできるものではありません。しかし，たとえば税率の変更が人々に及ぼす影響などを考える際，それがもたらすプラスの効用とマイナスの効用を差し引きし，残りがプラスであればその税率変更をよしと考える発想は，ある程度の常識的範囲を逸脱しない限り，経済学的判断の基礎として適当と考えられました。このように，効用の加算性（あるいは加測性とも言います）を方法論的に仮定する姿勢を基数的効用理論と言います。基数とは，通常の数字のように足し算や引き算のできる数値という意味です。現在でも，面積などを使って余剰分析を行っている議論は，基数的効用理論を使っていることになります。

当時，ケンブリッジ学派も基数的効用理論を用いていました。しかしケンブリッジ学派が，これを用いたもうひとつの理由は，ケンブリッジ学派の主題とも言える所得分配論，特に所得再分配政策の適否を考える上で，それがきわめて有用であったことがあげられます。たとえば，いま所得にも限界効用逓減の法則があてはまると仮定しますと，月に 100 万円も稼ぐ人にとっての 1 万円の限界効用は，月収が 10 万円の人のそれとくらべて，相当小さいはずだと考えられるでしょう。そこでピグーは，この 1 万円を，政策的にお金持ちから貧しい人へ移転させれば，差し引きプラスの効用が残るはずだから，こうした所得再分配政策は正当と判断される，という議論を展開しました。こうした論理の立て方は，ベンサム（Jeremy Bentham, 1748-1832）以来の功利主義哲学に，きわめて近いものと言えます。そしてこれは，累進課税制度（所得が高くなるに従い，適用される所得税率が上がってゆく制度）に，ミクロ経済学的な基礎を与えるものでした。

序数的効用理論　こうした一連の議論に対し，ロビンズらは，それが一種の社会常識に適うものであることは認めながらも，科学的な厳密さという点では，やはり問題があると考えました。言うまでもなく，効用の加算は，実際にはできません。したがって，効用の差し引きを行った結果，プラスの効用が残されているかどうかも，現実には確かめようがありません。にもかかわらず，それを根拠に何らかの政策を肯定したり否定したりするのは，結局，主観的な判断を下しているのと同じではないのか，とロビンズは言います。あるいは，所得再分配政策にしても，お金持ちの限界効用が，貧しい人の限界効用よりも確実に小さいとなぜ言い切れるのか。人が違う以上，効用の持ち方も様々であって，お金持ちであっても，貧しい人以上に，わずかなお金に大きな効用を感じる人だっているかもしれない。そうした可能性を考慮しないのは，もうそこまで稼げば十分ではないかという，観察者の価値観の押しつけにすぎない。それは少なくとも，立場はどうあれ，一人ひとりをあくまで等価の個人として尊重しようとする，自由主義的姿勢に反する行為だとロビンズは言います。

　つまり，基数的効用理論は，そうした価値観の混入を容易に許してしまうという意味で，厳密な科学的姿勢たり得ないとするのがロビンズの理解です。したがってロビンズは，客観的な経済学を目ざす限り，効用の加算性とか，異なる個人間での効用比較といった，現実に不可能な想定は置くべきではないと主張します。そうなると，現実的に可能なのは，一個人内での，効用の大小比較だけになるはずです。1個目のリンゴを，2個目のリンゴよりうまいと感じることは事実として認められますが，1個目のうまさは，2個目のうまさの2倍であったという文言には，事実としての意味がないからです。そこでロビンズは，経済学はあくまで効用の（個人内での）大小比較だけを前提にし，後はそこから演繹できる範囲内に，議論を限定するべきだと主張しました。この，効用の大小比較だけを認める姿勢を，**序数的効用理論**と言います。大小という順序関係だけ認めるので，序数的と言うわけです。

分配論の回避　序数的効用理論においては，原則的に，所得再分配の

是非を論じることはできなくなります。効用の個人間比較を行わない以上，所得再分配の効果を何らかの指標によって判断することができないからです。ただしこれは，所得再分配を不必要と主張するものではなく，序数的効用理論の立場に立つ限り，もはや経済学だけで再分配政策の是非を決めることはできなくなったと言っているのです。分配問題においてはかならず，何をもって「公平」と定義するかをめぐって，価値観の対立が出てきます。経済学は，人の価値観のよし悪しまで決める権利を持つものではない，価値観のよし悪しを議論し始めたら，それは客観的な科学としての資格を失うことになる，というのがロビンズの主旨なのです。

最適配分論　　かくしてロビンズは，経済学を次のように定義します。「経済学とは，与えられた目標に対し，稀少な資源を最適に配分する方法を考える科学である」。これは今日，近代経済学の，最も標準的な定義とされるものです。経済学に許されるのは，目的の達成手段について助言することであって，人々の目的自体を指示すべきものではない，というのがその主旨です。これは第6章で検討した，ウェーバーの目的合理性論を想起させるものですが，基本的には，近代科学の主旨を踏まえた姿勢と言えるものです。たとえば，今日，生命科学の進歩には著しいものがありますが，害虫に強い遺伝子組み換えの技術が可能になったからといって，だからあなたたちは遺伝子組み換え食品を食べるべきだと科学者が言い出したら，誰であっても，そこに科学者の越権を感じるはずです。同じことが経済学にも言えるのだ，というのがロビンズの主旨であって，それ自体はむしろ穏健な姿勢と言えるでしょう。

経済学と価値判断　　しかしながら，では自然環境がどうなってもいまは経済成長を目的にするのだ，あるいはモノ作りなどやめて投機に専念するのだ，というような風潮が出てきたとき（現に日本はこれを経験し，その後遺症にいまだに苦しめられています），経済学は目的を論評できないというので，そこになんら批評を加えなかったとしたら，それは専門的な学問としての社会的責任を果たしたことになるでしょうか。この問題は（難問ですが）

やはり残るように思います。逆に言えば、一般の社会問題に、経済学者が発言をするときは、科学としての経済学の範囲を超える発言をするわけですから、その人自身の価値観や前提姿勢について、かならず自覚的に明示する必要があるでしょう。それをせずに、自説をそのまま経済学として述べるのは、学問の基本に反する振る舞いと言うべきでしょう。ロビンズの議論は、彼の同時代人も含めて、社会における研究者のあり方に、一石を投じたものだったとも言えるのです。

10.3　一般均衡理論とパレート最適

無差別曲線　さて、序数的効用理論の立場に立って、市場経済を交換の場として捉えるとすると、その本質はどのようなものになるでしょうか。一例をあげて考えてみましょう。ここにいまRさんという女の人がいて、リンゴを10個とミカンを5個持っていたとしましょう。この組み合わせから、彼女は何がしかの効用を得ることができるはずです。さて、そこにPくんという男の人が現れて、Rさんに、リンゴとミカンをさらに2個ずつあげようかと申し出たとしましょう。彼女はこの申し出を受けるでしょうか。何も失わずに、リンゴとミカンの両方をもらえるのなら、彼女にこれを拒む理由はないでしょう。つまり、両方の財が増える場合は、彼女の効用は確実に大きくなります。ただし、どれだけ増えたかという議論はしません。それが序数的効用理論の立場です。

　では、Pくんが、もしRさんがリンゴを5個くれたら、それと交換にミカンを3個あげようと申し出たとしましょう。この申し出は、いまほど単純な話ではありません。そしてRさんは、この申し出を受けるべきかどうか、大いに迷ったとしましょう。つまり、Rさんは、リンゴ10個ミカン5個という最初の組み合わせと、リンゴ5個ミカン8個という新しい組み合わせに、

図 10.1 Rさんの無差別曲線

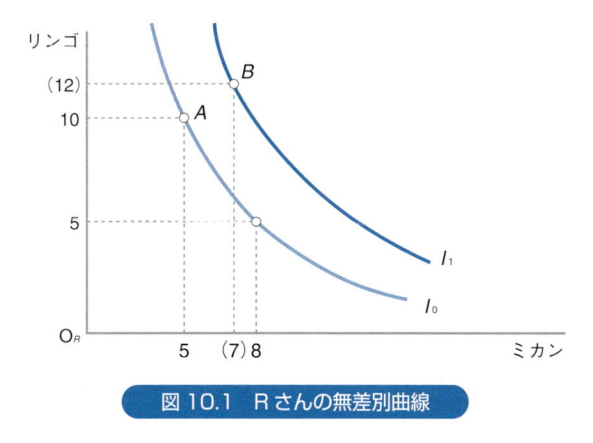

ほとんど同じ効用を感じたため，どちらが得になるか判断できなかったとしましょう。このとき，この2つの組み合わせは，選択上無差別の関係にあると言います。例によって難しそうな言い回しをしていますが，要するに，効用がちょうど同じに見える組み合わせだということです。選択上無差別になる組み合わせはほかにもあるでしょうが，リンゴとミカンの両方が同時に増えたり減ったりすれば，先の例のように，明らかに効用の区別がつくはずですから，無差別な関係になるのは，片方が増えて，もう片方が減る場合でしょう。そこで，そうした組み合わせを全部調べて，それらを連ねてゆくと，それは図 10.1 のようなかたちになるはずです。これを無差別曲線と言います。

図 10.1 では，縦軸にRさんが持つリンゴの個数，横軸にミカンの個数がとられています。最初のリンゴ10個，ミカン5個の組み合わせは点 A で示されています。I_0 と記された無差別曲線は，点 A と選択上無差別になる他の組み合わせを一本に連ねたものです。Rさんにとって，リンゴ5個ミカン8個の組み合わせは，点 A と選択上無差別の関係にあるので，同じ無差別曲線 I_0 に含まれています。さて，ミカンもリンゴも2個ずつ増やしてもら

える点 B は，点 A よりも高い効用を持つことを先に見ました。図 10.1 には，この点 B が含まれる無差別曲線 I_1 も引かれています。したがって，無差別曲線は，右上のものほど，大きな効用を示すものになります。1 つの組み合わせに 2 つの効用を感じることはありませんから，無差別曲線は決して交わりません。そして，すべての組み合わせが，何らかの効用を持つ以上，図 10.1 は本当は，無数の無差別曲線によって埋め尽くされているはずです。図 10.1 は，そのなかのたまたま 2 本だけを示しているのです。

　無差別曲線を考案したのは，イギリスのエッジワースですが，ワルラスの後継者パレートも，この理論の発展に大きく貢献しました。しかし，この理論を今日のように普及させたのは，ロビンズ・サークルの一員でもあったヒックスの著書『価値と資本』(1939 年) です。ヒックスは，前章でも *IS-LM* 表の考案者として登場していますが，彼はミクロ経済学においても，戦後経済学の原型となる理論を定着させています。したがって，当然と言うべきか，新古典派総合の面々は，ヒックスこそ自分たちの先達だと考えました。しかしヒックス自身は，彼らとのあいだに，経済学に対する基本姿勢において埋めようのない溝を感じた，と後に述懐しています。これは一見奇妙な話ですが，その微妙にして決定的な差異がどこにあり，それが何を意味するかを考えることは，戦後経済学あるいは現代経済学を考える上で，きわめて重要なテーマになると思います。

▶ **交換の論理的帰結**　さて，無差別曲線論は，序数的効用理論に基づく新たな需要理論を始め，経済理論を基数的効用理論から解放する上で，決定的な役割を果たしました。しかし，それについてはミクロ経済学のテキストに譲ることにして，ここでは，先ほどから問題にしている，交換の論理的帰結についてだけ考えたいと思います。無差別曲線論は，交換の分析についても大きく議論を前進させました。そこでふたたび，R さんと P くんに登場してもらいましょう。R さんは，リンゴ 10 個とミカン 5 個を持っていました。一方 P くんは，実はリンゴを 2 個，ミカンを 20 個持っていたとしましょう。そしてどうやら P くんは，R さんと物々交換を行うことによって，何らかの

図10.2　Pくんの無差別曲線

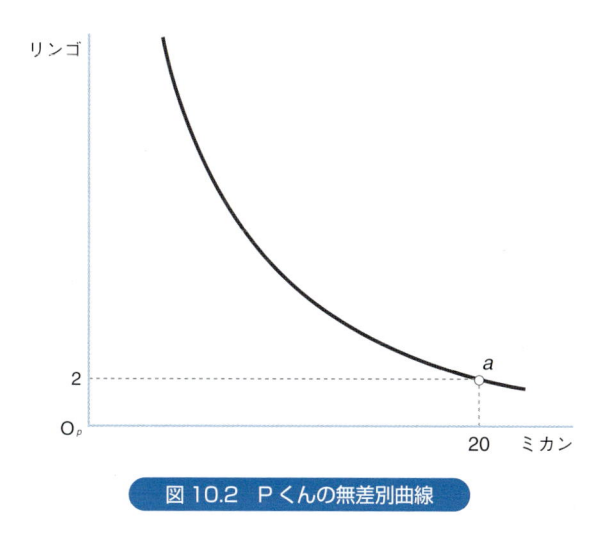

利益を得られると考えていたようです。なぜそう考えたのでしょうか。

　図10.2が，Pくんの無差別曲線です。そして彼がいまいるのは，リンゴ2個，ミカン20個の組み合わせを表す点aです。さて，ここから少し，人を煙に巻くような話を始めますが，理論的にも学史的にも重要な部分ですので，ぜひ端折らずについてきてください。そこでいきなりですが，図10.2を180度ひっくり返します（本を逆さにしてみてください）。そしてそれを図10.1，すなわち，Rさんの無差別曲線図と重ね合わせ，ちょうどRさんの点Aと，Pくんの点aが重なり合うようにします。そうすると，図10.3のようになるはずです。これを**ボックス・ダイアグラム**と言います。

　Rさんの持ち分は，左下の原点O_Rからはかってリンゴ10個，ミカン5個であり，Pくんの持ち分は，右上の原点O_Pからはかって，リンゴは（O_Pから下方向にはかって）2個，ミカンは（O_Pから左方向にはかって）20個になっています。したがって2人合わせて，リンゴが12個，ミカンが25個存在することになります。これが，この2人で構成される「世界」の資源総量

図10.3 ボックス・ダイアグラム

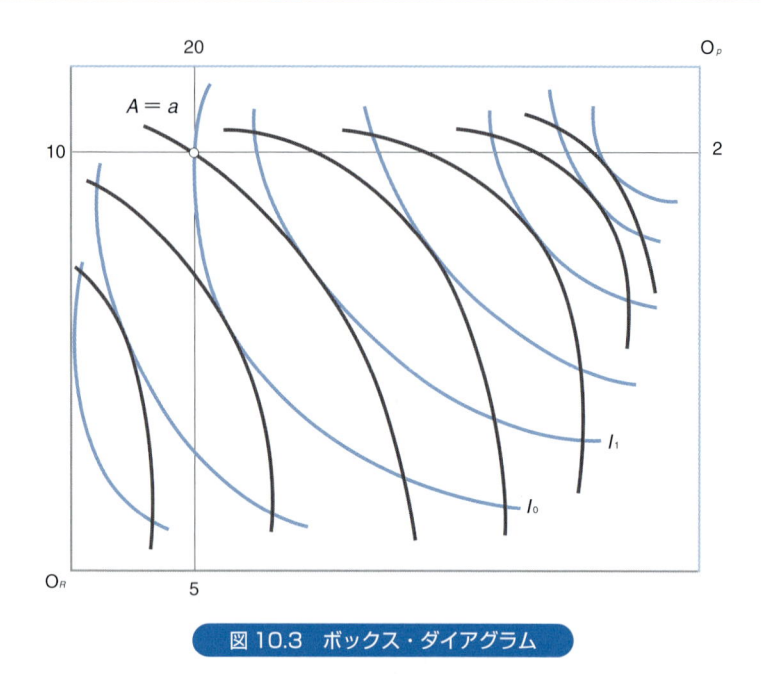

になるわけです。資源総量自体はいま変えられないとすると、この2人が効用改善をはかるためには、この資源の使い方を変えるしか、ということはつまり、2人の持ち分を変えるしかありません。そこで、リンゴとミカンの物々交換が行われるのです。

　たとえば、図10.3を再掲した図10.4で、点$A=a$から点Lへ移動したらどうなるでしょう。点Lでは、Rさんの持ち分がリンゴ7個ミカン10個、Pくんの持ち分がリンゴ5個ミカン15個になっています。つまり、Rさんがリンゴを3個Pくんに譲り、その代わりにPくんがミカン5個をRさんに渡したわけです。こうした交換を行えば、点$A=a$から点Lへ移動することができます。したがって、資源総量に変わりはないわけですが、その使い方は変わったことになります。その結果、2人の状態はどうなったでしょ

図10.4 パレート最適

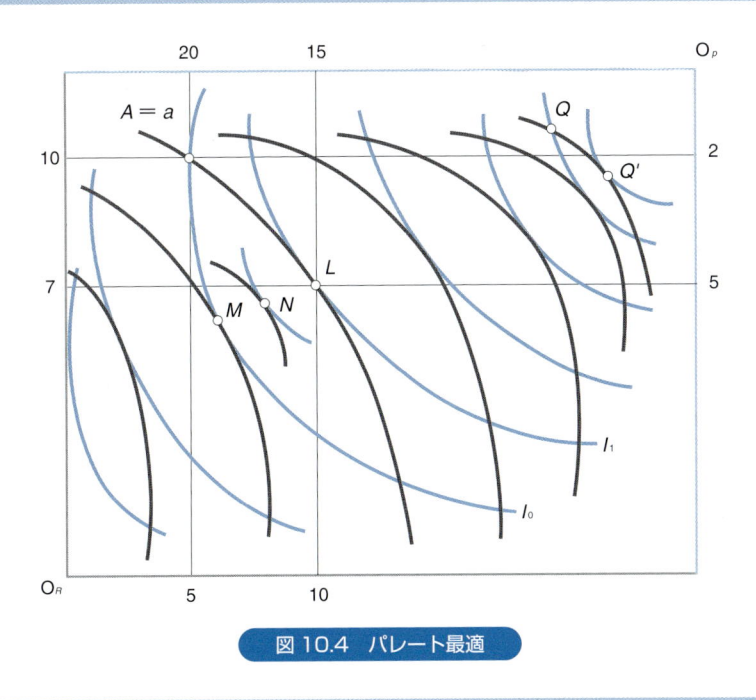

うか。

　点aと点Lは，Pくんにとっては同じ無差別曲線の上にあります。したがってPくんの効用水準は変化していません。しかし，Rさんにとって，点Lをのせている無差別曲線I_1は，点Aをのせている無差別曲線I_0よりも，高い位置にあります。つまりRさんの効用水準は，以前よりも高くなったのです。このように，一方を不利にすることなく，他方の効用水準が改善されることを，パレート改善が行われたと言います。交換は，資源総量一定の下で，パレート改善を可能にするひとつの手段なのです。

　しかし，パレート改善を可能にするのは，点Lへの移動に限りません。点Mへの移動も同じくパレート改善をもたらします。ただし，この場合Rさんの効用水準は変わらず，Pくんの効用水準だけが改善されています。P

くんがねらったのは，これだったに違いありません。あるいは，点 N へ移動した場合は，双方の無差別曲線の位置が高くなりますから，双方とも効用を改善したことになります。ならば，点 N への移動が一番いいではないかと思いがちなのですが，ここは注意が必要です。というのは，点 $A=a$ からいきなり点 N へ移動すれば，確かに双方の効用を改善できますが，いったん点 L へ移動してから点 N へ移ろうとすると，Rさんの無差別曲線を引き下げてしまい，彼女の効用水準が下がってしまいます。これは，Rさんの犠牲において，Pくんの効用が改善されたことを意味しますから，パレート改善にはなりません。

つまり，点 L，M，N のような点にいったん移動して，そこからさらに離れようとすると，どちらかがかならず不利を被ってしまうのです。このように，<u>一方を不利にすることなしには，他方を有利にできなくなった状態</u>をパレート最適と言います。点 L，M，N はいずれもパレート最適点です。パレート最適点は，図上では両者の無差別曲線の接点として表れますが，大事な点は，パレート最適点どうしに優劣はつけられないということです。点 L，M，N のうち，最もすぐれた点はどれかと問うことはできないのです。なぜなら，パレート最適点からの移動は，かならずどちらかを不利にしてしまい，それが他方の有利さに勝るかどうかという議論は，(効用の個人間比較を行うことになりますから）序数的効用理論の立場ではできないからです。

確かに点 L は，点 M，N よりもRさんにとって有利であり，点 M はPくんにとって有利でしょう。ですから，L，M，N のどれに移動するかは，2人にとって大きな関心事になるはずですが，目下のところ，その結末は，2人の交渉の腕しだいとしか言えません（ここに，リンゴとミカンの価格を入れ込むと，また話は違ってくるのですが，ここでは深入りしません）。

パレート最適と効率性

しかし，L，M，N のどこに落ち着くにせよ，とにかく交換は，2人をパレート最適にまでは導きます。すなわち，市場における交換は，与えられた資源の下で，もはや双方同時には効用改善をはかれないところまで，市場参加者を導くわけです。これはある意味で，与えら

れた資源を最も有効に，あるいは効率的に利用した証と言えるのではないでしょうか。資源の最適な使い方に複数あったとしても，パレート最適はそのなかのどれが一番すぐれているとは言えない関係，つまりひらたく言えば，互いに遜色のない関係ですから，そのなかのどれが実現しても，最適な状態になったと言ってよいわけです。このように考えて，ミクロ経済学では，市場のメリットをその効率性に見出したのです。しかも，パレート改善の過程では誰も損害を被らないわけですから，何らかの価値判断が要求されることもないと考えました。すなわち，効率性の追求に論点を絞ることが，価値判断を含まない，科学的な経済学としての，取るべき姿勢だと考えられるようになったのです。

パレート最適と一般均衡　　交換の論理的帰結は，パレート最適の達成にあります。そして，ケネス・アロー（Kenneth Joseph Arrow, 1921–），ジェラール・ドブリュー（Gerard Debreu, 1921–2004），フランク・ハーン（Frank Horace Hahn, 1925–2013）といった人々は，一般均衡理論を使って完全競争の下での一般均衡が同時にパレート最適になることを証明しました。それは戦後経済学，特に数理経済学のひとつの頂点と言っていい業績です。ただし，その結果をどう解釈するかについては，見解が分かれました。これは非常に高度な数学を用いた証明で，その前提条件の多くは，そのままでは現実の経済にあてはまりません。ですから，この証明をもって現実の市場経済を自由交換に委ねれば，パレート最適が実現すると考えることはできません。

　しかし，現実そのものではなくても，論理的に証明されたのなら，現実を一歩でも完全競争に近づけることが市場経済の効率化につながるはずだ，ゆえに，それが経済政策の基本方針にもなるはずだ，という解釈が現れました。これは，一般均衡理論の本来の主旨に近いものですが，新古典派総合がとった解釈も，おおむねこれに近いものでした。ところが，こうした市場認識には，ほどなく反論が現れました。それは前章と同じく，シカゴ学派から寄せられたものでしたが，この議論は，戦後ミクロ経済学の大きな転機につながるものですので，次節で検討します。

パレート最適と所得分配　さてしかし，その前にもう一点補足しておきたいことがあります。それは先にも問題にした分配論との関係です。戦後のミクロ経済学は，パレート最適論を柱に，効率性を検討の中心に置きました。そしてこの議論は，所得分配論，特に所得分配をめぐる価値観の問題とは，原則的に切り離されたところで展開できるものと考えられました。しかしながら，たとえば図10.4の点 Q から話が始まる場合はどうでしょうか。そして，点 Q' への移動をもってパレート最適になった場合はどうでしょうか。理論的には，そして効率性の観点からは，いままでの議論と何も変わらないように見えます。

しかし，点 Q では，リンゴとミカンのほとんどを R さんが持っていて，P くんはほんのわずかしか持っていません。つまりありていに言えば，R さんは大変豊かであり，P くんは非常に貧しいわけです。そしてそこからスタートして，点 Q' へ移動することを，パレート効率論は是認せざるを得ません。しかし，点 Q' で無差別曲線の位置が上がったのは R さんです。つまり，ただでさえ豊かな Rich さんがますます豊かになり，貧しい Poor くんの経済状態はまったく改善されなかったのです。それでも，一方（Poor くん）を悪化させずに，他方（Rich さん）の効用が高くなったという意味では，これも立派なパレート改善です。

しかし，常識的に考えれば，このとき経済的不平等の度合いは，さらに悪化したと言われるはずです。パレート効率論は，公平性の観点を持たないために，結果的には，こうした事態をも是認してしまう性質を持つことを，それはそれで承知しておく必要があるでしょう。ケンブリッジ大学で唯一のマルクス経済学者だったモーリス・ドッブ（Maurice Herbert Dobb, 1900-1976）は，もし近代経済学が一般均衡価格をパレート最適論によって正当視するなら，その一般均衡価格をもたらした需要分布（＝所得分配）も正当視しなければならないはずだと言いました。しかし所得分配への判断を行ったら，それは序数的効用理論にとって矛盾になるはずだし，序数的効用理論とは関係ないと言うなら，判断基準を持たない正当視になる以上，それは主観

的な判断にすぎなくなるとして,一般均衡理論を両面から批判しました。近代経済学とマルクス経済学との対話は,いまにして,ますます必要になっているのです。

10.4 市場と競争

政策目標としてのパレート最適　新古典派総合は,パレート最適の達成を,ミクロ経済学の主題に置きました。一般均衡理論が明らかにしたように,理論的にはパレート最適は,完全競争市場の下で得られます。しかしながら,戦後の資本主義経済においては,主要な市場はおおむね寡占市場を形成していました。寡占市場,あるいはそれも含めた(広い意味での)不完全競争市場では,様々な不効率が発生しやすくなることを,私たちは第7章で検討しました。そこで,ここにひとつの政策方針が見えてきます。現実に存在する寡占・独占市場を,できるだけ完全競争市場へ近づけること,そして,できるだけ資源の配分・利用効率を高め,パレート最適への接近もしくはその実現を目ざすこと,こうした方針に基づいて,現実の市場分析と政策勧告を行うことに,ミクロ経済学が応用されるようになりました。

こうした研究は,産業組織論と呼ばれる分野を中心に行われましたが,ここでも,新古典派総合とおおむね考え方を共有したハーバード学派と,これに反対するシカゴ学派とのあいだで,活発な論争が展開されました。戦後の経済学における,特に1960年代以降の市場認識の変遷は,この産業組織論を舞台に行われたと言っても過言ではありません。

ハーバード学派　ハーバード学派は,エドワード・メイソン(Edward Sagendorph Mason, 1899–1992),ジョー・ベイン(Joe Staten Bain, 1912–1991),リチャード・ケイブズ(Richard E. Caves, 1931–)らによって形成された学派で,産業組織論という名称自体彼らに由来するものです。ハーバード学派

は，個々の市場状態を，3つの観点から検討しました。ひとつは**市場構造**と言われるもので，個々の市場が完全競争的に多数の企業で構成されているか，あるいは寡占・独占的に少数の企業に占拠されているかを，実証的に検証するものです。その際，企業の数とともに重要になるのが，各企業のマーケットシェアです。というのは，企業の数だけ多くても，たとえばそのなかに巨大な企業がいて，その1社だけで市場売上高の80％も占めていれば，事実上他の企業との競争はなきに等しいものになるからです。これでは，市場競争のメリットが活かせないので，マーケットシェアは市場構造の重要な指標になるわけです。

そうした市場構造の下で，各企業の事業活動が展開されます。これを**市場行動**と言います。市場行動を代表するのは，言うまでもなく利潤最大化ですが，たとえばいま見たマーケットシェアの拡大をはかる場合は，まずは売上高を伸ばさなくてはなりませんので，広告・宣伝費をふんだんに使い，価格も低く抑えて，当面の利潤を犠牲にすることがあります。このように企業の行動は本来多様なものですが，ハーバード学派の産業組織論においては，長期的な視野を前提に，おおむね利潤最大化行動をもって，市場行動と考えました。

ある市場構造の下で，(**利潤最大化**に代表される) 市場行動がとられると，それに応じて，**市場の効率性**も決まってきます。これを**市場成果**と表現します。完全競争に近い市場構造で，各企業が利潤最大化行動をとれば，市場成果はおおむね効率的になるでしょう。しかし，不完全競争の下で利潤最大化がはかられると，ジョーン・ロビンソンが明らかにしたように，価格が十分下がりきらないところで市場が均衡してしまい，それだけ市場成果も劣ったものになるでしょう。

したがって，ハーバード学派は，**市場構造**を最も重視しました。市場構造しだいで，市場成果はだいたい決まると見たわけです。そしてハーバード学派は，極端な寡占状態にある市場に対しては，**公的介入の必要性**を認め，その法的手続きとして，**独占禁止政策**を支持しました。理論的には，あまりに巨大化した企業については，これを解体する必要があるわけですが，これは

現実的には難しいので，寡占を背景に，不当な競争制限行為が行われていないかどうかを当局がチェックし，価格カルテルのような共謀行為に対しては，厳罰をもって臨むという（多少妥協的な）かたちで運用されました。現在の日本の独占禁止政策も，原則としてこの考え方を踏襲しています。このように，ハーバード学派の産業組織論は，パレート効率論を基礎にして，市場効率を高めることを基本目標に，現実市場の分析と評価を行いました。

シカゴ学派　これに対し，ジョージ・スティグラー（George Joseph Stigler, 1911-1991），アーメン・アルチアン（Armen Alchian, 1914-2013），ハロルド・デムゼッツ（Harold Demsetz, 1930-）などをはじめとするシカゴ学派の経済学者は，ハーバード学派に見られる独占性悪説的な姿勢を厳しく批判しました。その論点は多岐に渡りますが，彼らは一様に，市場経済の要は競争にあるのであって，市場構造にあるわけではないことを強調します。したがって，寡占市場であっても，寡占企業どうしが競争していれば，それは市場経済の本旨に適うのだから，政府はこれに介入するべきではないとして，独占禁止政策にも異論を唱えました。

シカゴ学派の考え方によれば，そもそも寡占・独占市場が存在するのは，それらの企業が優秀だったからです。企業の巨大さもマーケットシェアも皆，その成功の結果にすぎません。にもかかわらず，成功を理由に解体命令などが出されたら，まじめに事業に取り組む企業がいなくなってしまうと彼らは言います。つまり，ハーバード学派的な市場認識と反独占政策は，いずれも企業のインセンティヴを無視しており，企業がインセンティヴを失くしてしまったら，いくら市場構造だけ競争的になっていても，効率性の向上など実現するはずがない，というのがシカゴ学派の基本的な主張になります。

参入障壁　競争の維持が必要であることは，ハーバード学派も無論重視したことです。そのためにこそ市場の寡占化・独占化を防ぐ必要があると考えたわけですが，その根拠のひとつに，参入障壁論がありました。

すなわち，完全競争市場では，超過利潤が発生すると，それが呼び水になって外部から企業の参入を招き，その結果供給が増加し，価格が下がって超

10.4 市場と競争

過利潤も消滅する（つまり効率的になる）と考えられました。ところが，寡占企業はすでに規模が巨大であるため，そこへ参入して競争するには，当初から大きな規模で臨む必要があります。ということは，それだけ巨額の資本を初めから用意しなければなりませんが，これは新規参入企業にとっては大変不利な条件になるでしょう。

また，生産規模も大きくしなければ，巨大企業との競争には臨めませんが，知名度もないまま大量の商品を消化できるかどうか，さらに，参入後の供給増加によって価格が予想以上に低下したら，果たして必要な利潤を確保できるかどうかなど，寡占市場には，新規参入をためらわせるような不利な条件が多々存在するわけです。これらをまとめて参入障壁と言います。寡占企業はこうした参入障壁に守られており，したがって寡占市場に有効な競争は期待しにくいと，ハーバード学派は考えたのです。

しかし，シカゴ学派は，これにも異論を唱えます。それはまず端的な実証分析によって示されました。すなわち，ハーバード学派が正しいとすれば，寡占市場では特定の企業が長年に渡って，市場に君臨していなければおかしいはずです。ところがアルチアンなどの実証によると，寡占市場において10年以上，同じ地位を維持できた企業はむしろ稀で，寡占的な市場構造は続いていても，企業の顔ぶれは実に頻繁に変わっているというのです。これは寡占市場において，実際には激しい競争が行われていることを端的に物語るものであって，したがって寡占＝不効率という等式は成り立たないというのが，シカゴ学派の見解でした。かくしてシカゴ学派は，市場構造が何であるかに関わりなく，市場の効率性は市場に委ねることで維持できると主張して，公的機関の市場介入，すなわち反独占政策に反対しました。

市場主義へ　　シカゴ学派の特徴は，こうした実証主義にありました。ただ，理論そのものに独自のものがあったわけではかならずしもなく，一般均衡論よりは部分均衡論を重視するという若干の違いは感じられたものの，内容的には通常の，新古典派的な価格理論を用いていました。ゆえに，彼らの主張の理論的基礎について，ハーバード学派からは当然疑問が寄せられま

した。いまの実証分析にしても，変転著しい寡占市場がたまたま存在したからというだけで，寡占市場一般の性質を反証したことになるのかどうか，さらに，寡占でありながら参入・退出が激しかったとしたら，なぜそれほど激しくなれたのかを，理論的に説明する必要があるはずですが，当初シカゴ学派には，参入障壁論を完全に覆すだけの理論がありませんでした。この弱点は，シカゴ学派自身十分自覚していたので，以後，寡占・独占市場の効率性を証明する理論の探求が，シカゴ学派系の主要なテーマとなり，そのなかから，たとえば1970年代後半に，コンテスタブル・マーケット理論と呼ばれるものも登場しました。

コンテスタブル・マーケット理論

これは，参入障壁論に対して退出障壁論とでも呼びうるものですが，ある条件の下では，完全独占市場であってもパレート最適になることを証明したものでした。この理論は，企業が参入を思いとどまるのは，参入障壁があるからではなく，参入してもうまくいかなかったとき，退出に手間取るようだと倒産の危険が出てくるので，それをおそれて参入を見送るのだと言います。つまり，ヒット・エンド・ランではありませんが，とりあえず参入してみて，儲からないと思ったらすぐ撤退できるのであれば，いかなる独占市場も安泰ではなくなるというわけです。ゆえに，それでもなお参入を阻むには，参入誘引を失くすしかなくなり，ということは，独占企業が自ら独占利潤の出ない最低価格を設定するしかなくなるので，その瞬間パレート最適性が回復するというわけです。

では，その退出障壁をなくす条件は何かというと，それは結局，機械設備などの固定資本を，撤退時に損失なく現金化できることに尽きるでしょう。これができれば，いったん投資したからといって，その事業に拘束される心配がなくなるからです。これはどちらかと言うと，生産者より投資家の発想を思わせる議論ですが，こうした性質を備えた市場を，ウィリアム・ボーモル（William Jack Baumol, 1922–）などがコンテスタブル・マーケットと呼びました。この理論は，1970年代末からの，アメリカ航空産業の規制緩和などにおいて強い影響力を持ちました。ただし，通常の製造業などで，なぜ

損失なしに機械設備の現金化ができるのか，根本的な部分に検討の余地を残した議論でもありました。

このように，原則的に言って，ハーバード学派は市場を万能視せず，公的介入の効果についてどちらかと言えば楽観的な理解を示したのに対し，シカゴ学派は逆に，市場信頼傾向が非常に強く，ゆえに公的介入の成果に対して悲観的な傾向がありました。これは前章で見た，フィリップス曲線をめぐる，新古典派総合とマネタリズムの対立関係に，ほぼ対応するものと言っていいものです。両者とも，理論的にはかなりの程度重なるのですが，市場や企業に対する，理論以前の直観的ヴィジョンにおいて，微妙な，しかし決して小さくはない差異があるのです。この違いが，両者の置かれた時代背景の違いから来るのか，それとも，もっと根源的な思想的相違にまで行き着くのかは，なお今後の研究に委ねられています。

市場認識における静態と動態　　ただひとつ，一般均衡理論，新古典派総合，ハーバード学派の産業組織論などは，いずれも市場の捉え方が基本的に静態的であったとは言えると思います。一般均衡理論の静態性については，シュンペーターのところで議論しましたが，新古典派総合やハーバード学派が重視した効率性という概念も，市場のある状態を表す概念であって，そこでは，市場がその同じ状態を一定期間維持することが，暗黙の前提になっています。個々の状態が長続きせず，あっという間に変わってしまうとしたら，そのわずかなあいだの市場状態が効率的かどうかを議論してみても，あまり意味がないでしょう。近代経済学が使う「均衡」という概念は，安定性とは異なる概念ですが，新古典派総合時代までの市場イメージは，完全競争にせよ寡占にせよ，いったん成立したら，しばらくはその状態が維持されることを暗黙の前提にしていました。ゆえに価格や費用水準も持続的なものになるので，その下で発生する不効率に対しては，何らかの是正措置が必要になるという理解であったと思います。

これに対して，シカゴ学派の系譜を引く議論では，市場の捉え方が，もう少し動態的になってきます。シカゴ学派自体は，まだ多分に静態的な理論を

展開していましたが，次章で触れるように，ここにハイエク以来の，ネオ・オーストリアンと呼ばれる潮流が合流してくると，かなり動態的な経済観を示すようになってきます。つまり，価格も費用も，あるいは商品の顔ぶれからして，市場経済は常に動態的な変化を繰り返しているというイメージがそこにあります。なぜそうなるのかという理論以前に，市場経済が長期間，同じ状態を維持したことはないという，一種の経験感覚がこれを支えていたように見受けられます。そして，そうした動態性を維持できているかどうかが，市場評価のポイントになってきます。

そうなると，寡占，あるいは巨大企業への評価も違ってきます。たとえば，超過利潤の発生は，静態的市場観の下では，不効率の証明にほかなりませんでした。しかし，もしその超過利潤を使って新技術を導入し，新しい商品の開発や，生産性の向上がはかられたとしたら，つまり超過利潤が動態性に貢献したのなら，それは決して不効率とばかりは言えなくなります。むしろ完全競争的な小企業ばかりの経済では，そうした資金を他人から借り入れなければならないから，それだけ技術革新も後手に回る可能性があります。つまり，超過利潤を許さない経済は，費用の削減も許さない経済になりうるのであって，そういう経済のどこが効率的なのかというのが，最近のシカゴ＝オーストリア学派系の発想なのです。

そのどちらに軍配を上げるべきか，ここで議論するのはやめましょう。経済環境が激変するなかで育った皆さんからすれば，シカゴ学派系の議論に，あるいは直観的な説得力を感じるかもしれません。しかし，では巨大企業は皆かならず，超過利潤を建設的に活用していると言えるか，あるいは，規制がなくなっても，相変わらず続いている横並びの価格はいったい何を意味するのかなど，検討すべき点はまだまだあって，拙速な判断は禁物です。ただ，全体的な傾向としては，特に1980年代以降，経済学の市場認識あるいは競争認識は，シカゴ学派的な発想が優勢化するなかで展開されてきたことは事実です。その現在の姿については，次章で（わずかですが）触れたいと思います。

10.4 市場と競争

10.5 市場の失敗

市場の失敗　本章の初めでも述べましたように、「市場とは何か」を問うてきた戦後のミクロ経済学にとって、私たちの経済生活のうち、市場に委ねられるのはどこまでかを考えることは当然であると同時に、差し迫った問題でもありました。シカゴ学派的な認識に立てば、経済問題はすべて市場に委ねればよいことになりますが、新古典派総合的な認識に立てば、原則的には市場を尊重しながらも、多くの部分で政策調整が必要になってきます。では、そうした政策調整が必要になるのは、どのような場合でしょうか。

ひとつは、いまも見た独占・寡占市場のケースでしょう。寡占をもたらす基本的な要因のひとつは規模の経済性です。巨額の固定資本を用いる重化学工業などでは、生産規模を大きくすればするほど、固定費の頭割り回収額を小さくできて、その分価格も安くすることができます。これが規模の経済性と呼ばれるものですが、これは規模の小さな企業を相対的に不利にするため、寡占市場を作りやすくします。市場が寡占化すると、先に見たように市場メカニズムが有効に機能しなくなり、その結果、市場効率が損なわれるかもしれません。すなわち、規模の経済性があるところでは、市場は有効に機能しなくなると（少なくともハーバード学派などは）考えるわけです。こうした現象を市場の失敗と言います。市場の失敗が生じているとき、何らかの政策調整が必要になるわけです。

市場の失敗は、独占・寡占に限定されません。たとえば第2節で見たように、市場は、所得分配の平準化をもたらすものではありません。むしろ競争淘汰を通じて、所得の格差を広げる傾向を持つと考えるべきでしょう。したがって、もし所得の平準化を望ましいと考えるのなら、市場はこの場合にも、多くの場合失敗するでしょう。

さらに、シカゴ学派や合理的期待形成論のように、失業とはすべて自発的

失業だと考えれば別ですが，非自発的失業の存在を認めると，これは競争均衡の下でも生じうるものですから，市場は完全雇用に関しても，多くの場合失敗することになります。さらに，公共サービスに代表される公共財の供給に関しても，市場の失敗が認められます（公共財に関しては，公共経済学もしくは財政学のテキストを参照してください）。

外部性　　さてしかし，ここではもうひとつの大きな要因である，外部性について見ておきたいと思います。外部性とは，人や企業の経済行動が，市場を経由せずに（つまり市場の外を通って）第三者に何らかの影響を及ぼすことを言います。たとえば新しい駅ができると，周辺地域の地価が上がると言われますが，これを新駅設置のおかげだというので，地主が地価の何割かを鉄道会社に支払ったという話は聞いたことがありません。こういう場合，地主は新駅設置から外部経済を得たと言います。

　これは正の外部性の例ですが，負の外部性が生じることも頻繁にあります。その典型が公害あるいは環境破壊です。たとえば企業が生産活動を行う場合，原材料の仕入れや，完成品の販売に関しては市場を通します。市場を通していれば，金銭的なコスト計算が働きますので，原材料の使用を，なるべく減らそうという動機も働くわけです。ところが，工場から出される排煙などについては，排煙市場のようなものが存在するわけではありませんから，当然タダで排出しています。したがって，企業側に，排出をなるべく少なくしようとする動機が働きにくくなります。また，その排煙によって工場近くの住民が喉を痛めたり，あるいは洗濯物を汚されたりしても，特別な損害賠償裁判でも起こさない限り，企業が医療費や洗濯代を負担することはありません。こうした場合，住民は，この企業から外部負(不)経済を受けていると言います。

　こうした事例は，1960年代の高度成長期のなかで，特に日本の場合深刻な事態に発展しました。言うまでもなく四大公害訴訟に代表される公害問題がそれです。第三者への影響に対して，発生者が責任を負う制度ができていなかったために，取り返しのつかない人的被害を出してしまいました。さらに近年，排煙などに含まれる二酸化炭素が，積もりにつもって，地球規模の

温暖化をもたらしていると言われます。二酸化炭素の排出は，社会に大きな負担をかけているわけですが，これを発生者に補償させる仕組みが，市場経済には存在しません。そのため過剰な排出量がそのまま放置されてきたのです。これは資源の使い方に大きな失敗があったことを教えています。

外部性の内部化　これをこのまま放置するだけでは，事態の改善は望めません。そこで何らかの政策を考える必要が出てきます。たとえばそのひとつが直接規制です。二酸化炭素の排出量や，危険物質の製造を法律的に規制するのです。ただし，全面禁止の場合はシンプルでよいのですが，二酸化炭素のように，微妙な量的調整が必要になるものについては，かえって規制内容が煩雑になり，効果的でなくなることがあります。そこで，外部経済をコスト計算可能なものに転換できれば，企業側のインセンティヴに基づいて，過剰排出量の自発的な抑制を期待できるかもしれません。こうした発想を外部（負）経済の内部化と言います。

こうしたかたちで，外部性問題への処方箋を最初に提示したのはピグーでした。この問題は，ピグー『厚生経済学』において大きな比重を占めた部分です。さらに，ピグー以後，この問題は社会的費用論と呼ばれて，カール・カップ（Karl William Kapp, 1910–1976），W. ミハルスキー（Wolfgang Michalski, 1936–），エズラ・ミシャン（Ezra J. Mishan, 1917–2014）などによって検討を深められ，それが今日の環境経済学の母体になっています（ちなみに，「環境破壊」という言葉は，カップの著書名『環境破壊と社会的費用』（1975年）に由来します）。

外部性問題への取り組みは，戦後経済学の重要な一角であり，これを看過することは決してできません。そしてそれは，資源配分論である新古典派経済学の，言わば真価が問われる問題でもあったと言っていいと思います。そこでここでは，ピグーの古典的な議論を応用した，今日の炭素税の考え方を素描したいと思います（以下の議論は，石（1999年）などに基づきます。また以下では，ふたたび基数的効用理論を用います。序数的効用理論に従って展開することももちろん可能ですが，少し難しくなってしまうので，基数的効用

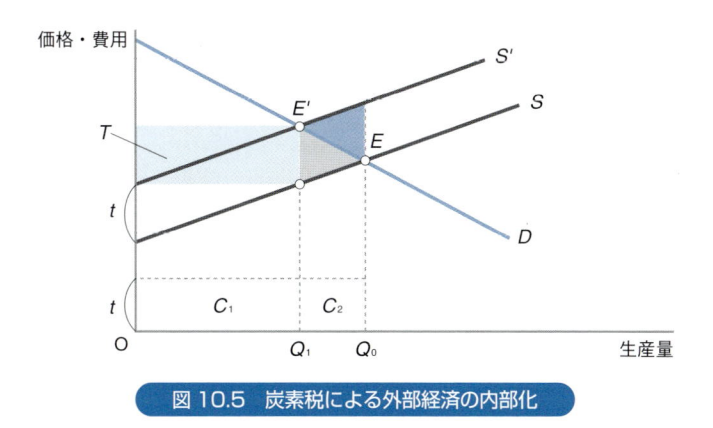

図 10.5　炭素税による外部経済の内部化

理論のかたちで話を進めます）。

炭素税　　図 10.5 に，その概要が示されています。横軸に二酸化炭素の排出を伴う製品の生産量をとり，縦軸には価格ならびに費用がとられています。S で示された右上がりの直線は通常の（限界）費用曲線を表し，これが供給曲線の役割を果たします。しかし，これはこの企業から排出される，二酸化炭素の社会的影響を考慮していません。D は通常の需要曲線を表し，したがって，何も措置を講じなければ，この市場は E 点で均衡し，Q_0 という量の生産物が生産されるはずです。

さて，この生産物を1単位製造するごとに，一定量の二酸化炭素が放出され，それによって地球温暖化がわずかに悪化するとしましょう。つまり，このとき負の外部性が発生するわけですが，何らかの方法によって，この負の影響を除去するのに，ちょうど t という大きさの費用がかかることがわかったとしましょう（実際には，この計測が一番難しいのです）。これを社会的費用と呼びます。そして単純化のため，生産1単位ごとの社会的費用は一定だとしましょう。そうすると，Q_0 単位生産したときの社会的費用の総額は，$C_1 + C_2$ の面積で表されることになります。これだけの大気汚染除去費用が

発生しているわけですが，外部性として発生しているため，企業はこの分を負担していません。

そこでピグーは，この社会的費用 t を，税金として企業に賦課することを提案しました。そうすると，課税された分だけ費用が上昇するので，費用曲線は S から S' へ移動することになります。その結果，需給均衡点は E 点から E' 点へ移行し，生産量は Q_1 に抑制されます。市場に委ねるだけでは，社会的観点から見て過剰化してしまう生産物を，課税を通して適正な水準にまで抑制したわけです。こうした税をピグー税と言います。いわゆる炭素税（もしくは環境税）の基本的発想も，このピグー税の考え方に基づいています。しかし，なぜ Q_1 が適正水準になるのでしょうか。

炭素税の効果は大きく2つに分けて考えることができます。まず生産量が Q_0 から Q_1 へ減少したことで，C_2 部分の大気汚染除去費用が不要になります。これは一種の社会的利益と考えることができるはずです。ところが理論的には，このとき図の灰色の三角形部分に，効率性のロス（死荷重）が発生します（これについては，ミクロ経済学の教科書を参照してください）。これは炭素税のような間接税につきもののロスなのですが，ただよく見てみると C_2 の面積は，灰色の三角形とその上にある青色の三角形を合わせた，平行四辺形の面積にちょうど等しくなっています。ということは，C_2 という大きさの社会的利益から，それに伴って発生するロス部分を差し引いても，なお青い三角形分の利益が残ることになります。したがって，まずこの部分に関して，炭素税の導入は，社会的な利益をもたらすことがわかります。

さらに，図中に T と記された長方形がありますが，これは税率 t に生産量 Q_1 をかけたものですから，これは炭素税収入を表すことになります。そして注意するべきは，これと，Q_1 の生産によって発生する社会的費用 C_1 とが，ちょうど同じ大きさになっていることです。したがって理論上は，この T の使用によって C_1 部分の大気汚染を除去することができるはずです。ゆえに，炭素税の導入は，Q_1 の生産に伴う大気汚染を除去する一方で，なお青い三角形分の剰余的な利益を社会に残すことになります。さらに，もし

C_1 が，自然の浄化力でも吸収できる汚染範囲内にあれば，税収 T を一般財源に回すことも出来るでしょう。そうすればその分，消費税率など他の税金を引き下げることができるかもしれません。

外部性の内部化論は，直接規制によらずに，外部負経済を政策的に費用化することで，その削減動機を企業側に与えようとするものです。したがってこれは，「内部化」した上で市場を使うという意味で，準市場的な対策方法と言ってよいものです。ただ，こうしたピグー税的方法は，二酸化炭素のように，ある程度までは自然浄化に期待でき，したがって，対策の焦点を過剰な「量」の抑制に絞れる問題に対しては効果を持ちますが，フロンガスや一部の環境ホルモンなど，その存在自体を失くす必要がある対象については，直接規制のほうが効果的でしょう（ピグー税でこれを行うには，極端に高い税率をかけて生産を不可能にすればよいわけですが，その結果税収もゼロになります。しかし税収ゼロを目的とする課税とは，存在自体に矛盾があります）。外部性問題は，その問題の性質に応じて，適切な政策手法を選択する必要があるのです。

ミクロ経済学と近代社会　　ところで，E 点から E' 点へ移動するとき，製品価格が若干上昇する点に注意する必要があります。つまりその分，消費者も社会的費用の一部を負担することになります。一見不当に思われるかもしれませんが，これは，外部性の発生は企業だけの責任ではなく，言わば，社会的制度の一種の不備として生じるものだから，その是正に関しては，企業はもちろん，消費者も社会の一員として，その費用の一部を負担しても不合理ではないとする発想に基づきます。「何を言うか！　不合理だ！」と立腹される方もいるでしょう。確かにこの論理を逆手に取って，企業責任がうやむやにされては困りますが，しかしこうした部分に，経済理論から経済思想へ侵入するための入口が隠されています。

新古典派経済学の基礎には，欧米的な市民社会の権利や義務をめぐる感覚が前提的に備わっています。それが理論の衣をまといながら，こうしたかたちで不意に顔を覗かせるのです。次のシカゴ学派の見解なども，そのまま公

式的に受け入れるよりは，その根底にある思想と，そうした思想を必要にする社会の姿を想像しながら検討すべきものでしょう。

シカゴ学派は，外部性問題に対しても，ピグー税のような介入主義的姿勢を取りません。彼らは外部性を，市場が存在しないがゆえに生じる現象，すなわち，私的所有権とその譲渡（売買）についての取り決めができていない部分に生じる現象と考えます。したがって，そこにあらためて私的所有権を設定すれば，後は市場的解決に委ねることができると考えます。たとえば，企業側に排煙の排出権を認めるか，あるいは住民側に清浄な空気を維持する権利を認めるか，そのどちらかの権利設定を行います。排出権を認めた場合は，住民側が何らかの料金を支払うことで，排煙の排出をやめさせることができます。住民側に権利を認めた場合は，企業が料金を支払うことで，排煙を排出する権利を買う必要が出てきます。

第7章でも登場したコースは，どちらの権利設定を行っても結果は同じになることを示して（コースの定理と言います），政府の直接介入より，当事者どうしの交渉で解決をはかるべきことを主張しました。企業側に排出権を認めるという発想は，私たちにはちょっと馴染みにくい権利感覚ですが，アメリカのように訴訟の多い社会では，こうした「もともとこちら側に権利があって，したがって権利侵害を行ったのはあちらである」という議論の立て方が常に求められ，また市民生活を送る上での不可欠の教養になっています。そして日本社会がもし，アメリカのように法廷解決の度合いを今後高めてゆこうとするなら，こうした発想を知らずにすますわけにはいかないでしょう。外部性問題は，理論と思想がつねに交錯する問題なのです。

経済学は，かならずその時々の社会を反映し，吸収することで成り立つ学問です。学説の向こうにはかならず，生きた人間たちの社会があるのです。ミクロ経済学は，一見，マクロ経済学よりも議論が抽象的で，時には数式のかたまりに見えることもあります。数学に自信が持てないと，それだけで自分は経済学に向かないと思ってしまうことがあります。また確かに，理論の高度さと，数学的な難しさを取り違える風潮が，戦後の経済学にはあったと

思います。しかし，数式の基礎に思想が隠されていたり，理論の前提に社会の慣習が入り込んでいることがあるのです。私たちは，経済理論をそういう角度から「読み解く」必要があります。経済理論を読解すること，それが理論に支配されずに，理論を自分のものとして使いこなすための足場になるはずです。ミクロ経済学には，まだまだそうした読解を必要とする部分が，大量に残されているのです。

以上，おおよそ1970年代までのミクロ経済学の展開を見てきました。もちろん，戦後のミクロ経済学はきわめて多種多様であって，この時期までに論点を限定しても，以上の祖述で尽くされるものでは到底ありません。しかし，学史的な流れとしてまず押さえるべきは，マクロ経済学と同じように，ミクロ経済学でも，新古典派総合的な姿勢から，シカゴ学派的な市場信頼傾向の強い姿勢へ，その基調が変化してきた事実を知ることにあります。そうした流れを受けて，現在の経済学は，いまどのような問題に取り組もうとしているのか。経済学の歴史をたどる私たちの旅も，そろそろ終わりに近づきました。次章では，学史を通過した目で，あらためて現代の経済学を見てみることにしましょう。

文献案内

[学習用図書・研究書]

熊谷尚夫（1978年）『厚生経済学』創文社
今井賢一・宇沢弘文・小宮隆太郎・根岸隆・村上泰亮（1971-72年）『価格理論』全3巻，岩波書店
H. ヴァリアン（佐藤隆三監訳）（1992年）『入門ミクロ経済学（第2版）』勁草書房
奥野正寛・鈴村興太郎（1985-88年）『ミクロ経済学』全2巻，岩波書店
中村達也（1978年）『市場経済の理論』日本評論社
石弘光（1999年）『環境税とは何か』岩波新書
井上義朗（1991年）『「後期」ヒックス研究』日本評論社

[古典]

L. ロビンズ（辻六兵衛訳）（1957年）『経済学の本質と意義』東洋経済新報社

J. R. ヒックス（安井琢磨・熊谷尚夫訳）（1995 年）『価値と資本』全 2 巻，岩波文庫

K. J. アロー＝F. H. ハーン（福岡正夫・川又邦雄訳）（1976 年）『一般均衡分析』岩波書店

G. ドブリュー（丸山徹訳）（1977 年）『価値の理論』東洋経済新報社

M. ドッブ（中村達也訳）（1973 年）『厚生経済学と社会主義経済学』岩波書店

J. S. ベイン（宮沢健一監訳）（1970 年）『産業組織論』全 2 巻，丸善

R. ケイブズ（小西唯雄訳）（1968 年）『産業組織論』東洋経済新報社

G. J. スティグラー（神谷傳造・余語将尊訳）（1975 年）『産業組織論』東洋経済新報社

K. W. カップ（柴田徳衛・鈴木正俊訳）（1975 年）『環境破壊と社会的費用』岩波書店

第11章

現代の経済学

●この章のポイント●

1. 現代の経済学は，どのような問題に取り組んでいるか。

2. 現代経済学は，経済学の歴史をどのように吸収しているか。

3. 経済学とは何だろうか。

11.1　はじめに

経済学と経済学史　本書は，経済学の歴史をたどることを通して，経済学とはどういう学問かを考えようとしてきました。その結果見えてきたことは，経済学は決して，ひとつの思想やひとつの方法論に集約されるものではないということです。これまでもそうでしたし，これからもそうでしょう。それは決して，一部の人々が言うような，経済学の学問としてのまとまりのなさ，あるいは科学としての未熟さを示すものではありません。

　経済学は，社会生活における人間の営みを探求しようとする学問ですから，その課題なり対象なりが多様化するのは当然で，経済学とは，あくまでそうした種々の探求の，総称としてのみ存在しうる学問でしょう。複数の学派や，複数の方法論があって，それが時には対立し，時には共鳴しながら，多様な思考と多様な価値観を育んできたことは，むしろ好ましいことだったと思います。そして，学問の多様性が維持されるかどうかは，学問に携わる者の意志にかかっています。様々な潮流や学派についての知識を持つだけでなく，様々な潮流が存在することの意義を，経済学史を通して考え続けたいと思います。

経済学史を振り返る　そうした観点から，いま一度経済学の歴史を，その主たるテーマに着目して整理してみましょう。

　まず，古典派経済学からマルクス経済学にかけてですが，その主題はやはり，資本主義経済の「再生」の仕組みを捉えることにあったと言っていいと思います。資本主義というひとつの社会的仕組みが，なぜ毎日存在できるのか，つまりどうやって自己を再生しているのか。これを解き明かすことが，経済学のそもそもの主題でした。この再生のなかには，人間の意識の再生も含まれています。資本主義社会に住んでいる人々は，なぜ資本主義に適した価値観や思想を持つようになるのか，そしてどのようにして，それを日々再

生してゆくのか。これを自明視せずに，むしろきわめて不可思議な現象として探究の対象に置いたのが古典派経済学であり，なかんずくマルクス経済学でした。こうした社会の捉え方，あるいは人間の捉え方が，少しも古びていないことは言うまでもありません。

他方で近代経済学は，古典派経済学に含まれていた別の要素をもとに，ざっくばらんに言えば，「節約」の論理を追求してきたと言っていいと思います。私たちが日常使う「経済的」という言葉は，どちらかと言えばこちらに近いでしょう。近代経済学にも様々な種差があることは繰り返し強調してきましたが，それでもその思考の中心にあったのは「合理性」の探求であり，さらには「資源配分の合理性」の探求でした。これを思い切りひらたく言えば，やはり「節約」の論理と言っていいと思います。

また，ウェーバーやシュンペーターなどの社会経済学，あるいはヴェブレンのような制度学派は，19世紀から20世紀への転換期にあたって，そもそも「近代」とは何か，という根源的な問いを立てました。彼らが自らの思考を進める上で，マルクスの影響は（肯定するにせよ，批判するにせよ）絶対的だったと言ってよいと思いますが，こうした「近代性の総括」とも言うべき，広い意味での思想的課題を追究した思考が，経済学の歴史に存在したことは強調しておきたいと思います。これもすぐれて，今日的な課題であるはずです。

そして，同じ近代経済学でも新古典派から離れて行った系譜，特にケインズ経済学は，節約的行動論を基礎に据えながらも，社会全体の再生論につながる内容を示していた点で，やはり異色だったと思います。戦後の近代経済学は，新古典派総合を中心に，全体的にはこれを節約学の内部へ吸収しようとしたわけですが，ここに来て現代の経済学，特に現代の近代経済学は，そこまで節約学一色ではなくなり始めた点に，ひとつの特徴を見出せると思います。もちろん，合理性や効率性を問題にしなくなったわけではなく，依然として合理的行動論が主役を担っていると言っていいのですが，そこに微妙に，再生につながる論点（ただし，マルクス経済学とは方法論が違います）

11.1 はじめに

も加わってきているため，やはり新古典派総合やシカゴ学派などの単純な延長線上に，現代の経済学を位置づけるのは難しいと思います。その意味ではやはり，経済学はいま変わりつつあると言っていいでしょう。

　現代経済学へ　そこで最終章である本章では，残された紙幅を使って，この現代の経済学について，ごく大まかに紹介しておきたいと思います。技術的な部分を一切省きますので，正確な解説とはかならずしも言えません。またミクロ，マクロというきれいな分類が，最近少し難しくなっているので（それでいいかどうかは，また別問題ですが），以下でも，ここまでがミクロ，ここからがマクロという分類は特にせずに，主要なテーマに従って，お話ししたいと思います。

11.2　ゲーム理論と新制度主義

　ゲーム理論　1980年代以降の経済学において，最も主導的な役割を果たしたのは，やはりゲーム理論です。ゲーム理論を欠いたまま，現代の経済学について議論することは不可能です。ゆえに，ゲーム理論さえ修得すれば，現代経済学のすべてがわかるかのように言う人までいます。さすがにそこまで単純ではありませんが，ゲーム理論が，現代経済学の標準言語になったことは事実と言っていいでしょう。

　ゲーム理論とは何か。端的な例を示しましょう。いま，2人組みの泥棒が捕まったとします。ところがどうも初犯には見えず，過去にいろいろと余罪がありそうです。しかし，決定的な証拠がありません。そこで，刑事は2人を別々の部屋に入れ，次のような申し出をしました。2人のひとり，たとえば容疑者Aに対し，「このまま黙秘を続けても，2人とも1年の実刑はかたい。しかし，もしお前が自白して，相方の容疑者Bがシラを切り通すようなことがあれば，裁判所はお前に情状酌量の余地ありとして，容疑者Bは

表 11.1 囚人のジレンマ

Aの選択＼Bの選択	黙秘	自白
黙秘	1年・1年	9年・0年
自白	0年・9年	6年・6年

懲役9年の実刑、お前には執行猶予がついて、刑務所には行かなくてすむだろう（つまり、刑期はゼロになるだろう）。逆に、お前が自白せず、Bだけが自白したら、そっくり反対の結果になる。両方とも自白したら？ そりゃ、それだけ罪は重くなるわけだから、両方とも同罪で、6年の実刑になると思う。じゃあ、シラを切るって？ そんなこと言って、もし相方が裏切ったらお前だけ9年になるぞ。それでもいいのか？ まあ、よく考えるんだな」。

別の部屋では、容疑者Bにも同じ条件が提示されています。Aははたと困りました。急がなくてはなりません。こうしているあいだにも、Bはぺらぺら全部白状しているかもしれません。そこでAは気を落ち着けて、刑事の申し出を一枚の表にして考えてみました。それが表11.1です。容疑者Aの選択が縦欄に、容疑者Bの選択が横欄に示されています。それぞれの区画は、それぞれの身に降りかかる事態を示しています。左側がA、右側がBの受ける刑期です。たとえば、左上の区画は、A、B双方とも黙秘を通した場合の結果で、刑事の言う通り、双方とも1年の刑を受けることになります。しかし、その右隣の区画は、Aが黙秘を通したのに、Bが自白した場合の結果を示しています。右側に書かれたBの刑期は、自白の結果ゼロになりますが、Aは9年の実刑を受けています。他の区画も同様です。

さて、まずAは、Bが黙秘を続けた場合を想定してみました。別にBへの義理立てなど何もないので、Aは自分の身の安全だけを考えて、つまり自

身の効用最大化だけを考えて行動することに腹を決めました。Bが黙秘を続けるということは、左側の上下２つの区画を比較することになります。そうすると、もしAが黙秘を通した場合、彼の受ける刑は１年になります。しかしAが自白をしてしまえば、彼は刑期ゼロで釈放されます。したがって、Bが黙秘すると仮定すれば、Aはまちがいなく自白したほうが得になります。

では、Bが自白するとしたらどうでしょう。今度は右側の上下２つの区画を比較することになります。Bが自白して、Aが黙秘を通せば、彼は９年食らうことになります。最悪の事態です。では、Aも自白した場合は、この場合も罪自体は重くなって６年の刑を受けることになります。しかし、それでも９年の刑よりはましなわけです。ならば、Bが自白するとした場合も、Aとしては、自白したほうが得になるわけです。

かくしてAの腹は決まりました。Bが黙秘しようと、自白しようと、どちらにしてもAとしては自白したほうが得になるので、彼は刑事を呼んで言いました。「すべてお話しいたします」。

囚人のジレンマ　　さてしかし、話はこれで終わりません。別の部屋では、まったく同じ条件にBも置かれていたわけですから、結局Bも自白の道を選ぶはずです。かくして双方とも自白に追いこまれ、刑事の目論みはみごとにあたりました。A、Bとも「何だお前もか」という具合に、表向き仲良く６年の刑を受けることになりました。しかし、２人とも何か釈然としません。「こんなはずではなかった」という気持ちがどうも拭いきれません。両者とも、起こりうるすべての事態を想定して、自分が得をする選択をしたはずでした。にもかかわらず、「何で６年も食らっているのだ？」と、狐につままれたような面持ちでいます。

このように、他者の行動を推測しながら自分の行動を決めなければならないとき、どのような合理的判断の仕方があるかを探求するのがゲーム理論です。目下の例は、起こりうる結果については両者とも知っていたのですが、相手がどれを選んでくるかがわからないという状況を描いています。こうした状況を、ゲーム論では完備情報の静学ゲーム（もしくは完備情報の同時手

番ゲーム）などと言います。そして，いまの例は，その最も代表的なゲームで，一般に囚人のジレンマと言われます。

囚人のジレンマには，興味深い点があります。表11.1を見ますと，A，Bともに6年ずつという結果は，両者にとってやはりベストのものではないことがわかります。たとえば，もし両者が黙秘を通していれば，両者とも1年の刑期ですんだはずです。こちらのほうが明らかに，A，B双方にとって利益だったはずです。つまり（自白，自白）という組み合わせに対して，（黙秘，黙秘）という組み合わせは，パレート改善の関係にあるわけです。逆に，（黙秘，黙秘）の組み合わせからの移動は，かならずどちらかを不利にせずには，他方が有利になり得ませんから，（黙秘，黙秘）の組み合わせは，パレート最適に該当します。したがって，こうしたゲーム論的状況の下では，双方の持つ情報量が同じで，かつ効用最大化を目的とする自由選択が許されていても，つまり一見すると，いわゆる自由競争の状態にあってもなお，パレート最適が保証されないことがわかります。

囚人のジレンマのような状況は，決して例外的なものではないでしょう。力の上では五分と五分，しかし，相手の出方がわからないという状況は，私たちもよく経験するありふれた状況に思われます。そして，それだけの条件で，早くもパレート最適が保証されなくなる（絶対にパレート最適にならないわけではありません）ことをゲーム理論は示しています。寡占市場などは，その典型的な事例だと言っていいでしょう。

このように，ゲーム理論は市場理論の内容を大きく広げました。さらにゲームの種類は，完備情報の静学ゲームに限らず，相手の出方を見てからこちらの行動を決められる動学ゲーム（逐次手番ゲーム），あるいは相手とこちらで情報量が違う不完備情報のゲームなど，さまざまな状況想定が可能です。さらに，これらはいずれも，競争関係を典型とする非協力ゲームの理論ですが，拘束力を伴う契約関係などを分析する協力ゲームの理論も存在します。

ノイマンとナッシュ　　ゲーム理論を開拓したのは，ハンガリー出身の数学者ジョン・フォン・ノイマン（John von Neumann, 1903-1957）です。

彼とオスカー・モルゲンシュテルン（Oskar Morgenstern, 1902-1977）との共著『ゲームの理論と経済行動』（1944年）は，現代経済学にとって画期的な一書です。フォン・ノイマンは，コンピュータの生みの親とも言える存在ですが，第2次大戦中のマンハッタン計画（原爆開発計画）にも，積極的に参加するような一面を持った人物でした。しかし，頭脳的には20世紀の生んだ天才のひとりと言ってまちがいありません。ゲーム理論は，数学の新たな応用方法を開発したものと言うよりは，新たな言語を発明したと言ったほうがいい内容を持っています。実際，ゲーム理論には，コンピュータのアルゴリズムを思わせる部分がよくあります。

ただ，1944年にそれほど画期的な理論が登場したのなら，現代経済学ではなく，もっと早くに影響が現れてもよさそうなものですが，これは，戦後の新古典派経済学とはかなり異質な内容を持つものでした。一説によると，フォン・ノイマンは，サムエルソンやヒックスの数学手法についても，非常に批判的だったと言われています。

ゲーム理論の歴史にひとつの転機を与えたのは，映画（『ビューティフル・マインド』）にもなったジョン・ナッシュ（John Forbes Nash, 1928-2015）の業績でした。彼の名前は，ナッシュ均衡やナッシュ交渉解と呼ばれる，ゲーム理論の中心概念として残されていますが，この概念は先に見たように，パレート最適論を拡張できる内容を持っていたので，これによって新古典派経済学とゲーム理論はより近しい関係になりました。囚人のジレンマも，一種のナッシュ均衡です。

新制度主義　ナッシュの理論を導入して以後，ゲーム理論はその応用範囲を次々と拡張してゆきました。ゲーム理論は，ゲームのルール，つまり経済の世界で言えば市場の規則・慣習・法律などの共有を前提に，一種の腹の探り合いのなかで，自己利益を合理的に追求しようとする場面に広く適用可能でしたので，通商政策や労使交渉のような，応用経済学的な場面でまず活用されました。

しかし近年では，そうした市場の問題にとどまらず，人々がなぜ規則や慣

習をある時は守り，ある時は違反するのかなど，ルールや制度をめぐる行動論的分析に主たる論点を移行させつつあります。それらは内部組織論，比較制度分析，契約理論，インセンティヴ理論など範囲をどんどん広げていますが，それらを総称して，今日では新制度主義の経済学と呼んでいます。これはいままでもっぱら与件扱いをしてきた経済の制度面を，ゲーム理論を使って分析しようとするものです。したがって，新制度主義は基本的には，新古典派経済学の拡充をはかるものであって，制度主義という言葉は共通していても，ヴェブレン以来の制度学派とは問題意識を異にします。いささか紛らわしいのですが，区別が必要です。

ゲーム理論と市場主義　しかし，先にも見た通り，ゲーム理論には，自由放任経済がかならずベストの結果をもたらすとは限らないことを示す論理が含まれています。前章までの展開では，新古典派総合からシカゴ学派的な自由主義，もしくは市場主義への移行が論じられましたが，そこにふたたび変化のきざしが現れているのです。日本では，ゲーム理論の浸透と市場主義の台頭が，同じ1980・90年代に重なって進行したためか，ゲーム理論と市場主義を同じもののように批判する議論がありますが，これはかならずしも正しくありません。ただし，制度の存在を合理論的に説明しようとした結果，議論が往々にして，制度と言えばみな合理的な基礎を持つかのような傾向を見せたことはあったと思います。つまり，理論的な説明が，事後的な正当化としても読めてしまうわけで，こういう性質は，ゲーム理論に限らず，（次節の議論も含めて）現代経済学の方法論のなかに，大なり小なり含まれている可能性があります。これはきちんと批判しなくてはならないことなので，現代経済学に対しては，これまで以上に，摂取とともに（あくまで）内在的な批判を加えてゆく必要があると思われます。

11.3　経済の変化と進化

激変する経済への挑戦　少し話が先走りました。現代経済学の動向に話を戻しましょう。現代経済学のもうひとつの大きな動向として，経済の変化に対する，新たな認識の深まりがあると思います。もちろん，古典派経済学やマルクス経済学において，経済の構造的変化は基本的な主題のひとつでしたし，近代経済学のなかでも特にシュンペーターは，この問題に生涯取り組みました。また，一般的な近代経済学においても，景気循環論や経済成長論などを見れば明らかなように，経済の動態的変化は常に関心の中心にありました。しかし，本質的に静態的な性格を持つ新古典派経済学が，経済学の主流を占めるに従い，たとえばソローの成長理論などもそうであったように，経済構造が一定のままの成長であるとか，規則的な動きを繰り返すだけの景気循環であるとか，動学といっても，天体の慣性運動にも似た，静態的なイメージの強い動学にとどまる傾向がありました。

新古典派の静態性再論　また，これも何度も述べてきましたように，新古典派経済学では，変化のきっかけはほとんどの場合，市場経済の外部に求められました。というのは，新古典派における市場経済像，すなわち一般均衡理論においては，市場経済は需給を均衡させる場，つまり需給の不均衡に伴う変動を消滅させる場であって，不均衡を作り出す場ではなかったわけです。ゆえに，経済は長期的には，静態的状態に収束するはずであって，にもかかわらず動態現象が続いているとすれば，それは市場経済の外部にある要因が，均衡をその都度撹乱しているからに違いないという理解になったわけです。

この外部の要因にはいろいろなものが考えられます。たとえば政権の交替によって経済政策が変更された場合とか，あるいは天候の不良が農作物の収穫量に予想外の影響を及ぼした場合とか，様々なものが含まれます。あるい

は，これが後に問題になるわけですが，生産の技術水準についても，経済成長論がそうであったように，戦後の経済学はこれを与件として，つまり経済の外側で決定される要因として処理してきました。技術は，まずは工学・科学の世界に属するというイメージがそこにあります。いずれにせよ，こうした与件条件が，前触れなく突然変化することによって，市場経済の均衡はその都度撹乱を受けることになります。もちろんその瞬間から，経済は均衡の回復作業を開始するわけですが，新たな均衡が得られるまでのあいだは，様々な変動を見せることになります。こうしたかたちで，本質的に静態的な新古典派経済学と，現実経済が絶え間なく見せる動態過程との両立，もしくは妥協をはかってきたのが戦後の経済学でした。

　しかし，この議論でゆくと，経済動態がいつまでも絶えないのは，そうした外的要因が，なぜか絶え間なく経済を撹乱しているからだということになります。一般均衡が実現してしまうと，経済は完全な静態状態になってしまうわけですから，そうなる前に，なぜかいつもうまい具合に新たな外的要因の撹乱が起きて，それで経済の動態が続いているという話になります。しかし，これはいささか都合のよすぎる議論ではないでしょうか。この種の不満は，新古典派自身も常に持っていました。つまり，市場経済が見せる不規則的な変動は，本当は，市場経済自身に原因がある現象ではないのか。だとすれば，一般均衡理論によって現実経済を近似してきた姿勢そのものに問題があったのではないか。こうした問いは，現実経済の変動がますます頻繁に，また激しくなるなかで，日増しに強くなってゆきました（ここで，一般均衡理論の本来の性格を想起してください）。

内生的動態論の展開　そうすると，現代経済学が探求したいと考える経済動態のイメージが，おのずと見えてくると思います。すなわち，変化の原因をアドホックな外生撹乱ですまさないで，市場経済の内部要因に由来する現象として理解しようとすること，これです。こうした姿勢を，内生的動態論と言う場合もあります。

　これにも大きく2通りの考え方があって，ひとつは，これまで外生要因だ

と思われてきた要因が，実は内生要因であった可能性を探ること。もうひとつは，同じ内生要因でも，これまでもっぱら均衡化機能しか持っていないと思われてきた要因に，実は，動態化機能も備わっていた可能性を探ること。簡単に言えば，内生要因の範囲を広げる方向と，内生要因の機能を再検討する方向とがあるわけです。

複雑系の経済学　さて，この２つについて検討する前に，内生的動態論と多くの点で問題意識を共有しながらも，一応分けておいたほうがいい議論を見ておこうと思います。今日一般に，複雑系の経済学と言われるものです。先ほどの新古典派的な動態認識は，たとえて言うと，それまで穏やかだった湖の水面に，小石が投げ入れられた場面に似ています。水面自体が波を引き起こすことはありませんが，小石という外的撹乱要因が投げ入れられると，それが原因で波紋（という動態現象）が，湖面全体に波及してゆきます。しかし，湖面を律している力はやがてこの変動を吸収し，新たな小石が投げ込まれない限り，やがて湖面をもとの静穏な状態，つまり経済で言えば一般均衡状態に引き戻すでしょう。戦後経済学における動態論の多くは，小石が投げ入れられた後の，この波の動きを表現したものと言っていいと思います。

　ただしその場合，これまでの経済学では，あたかも同じかたちで同じ大きさの波が，規則的に伝わってゆくかのように議論されましたが，現実に生じる波は，もっともっと複雑なものでしょう。つまり実際には，湖底の起伏の違いなどから波の大きさは不均一になり，その結果，後ろの波が前の波に追いついて新たな波形を作り出したり，対岸で跳ね返ってきた波が，これを打ち消すように交わったりして，上から見ている私たちにはロマンチックな湖畔の風景でも，たまたま湖面で休んでいたミズスマシにとっては，生涯一度の天変地異になっているかもしれません。

　つまり，大本の原因が小石にあったとしても，その後の水面の動きは，波どうしが織り成す複雑で独自な現象に変わっていて，仮に同じ大きさの小石を同じ条件で投げ込んでも，もはや同じ動きを繰り返すかどうかわからないものになっているのです。こうした現象を複雑系と言います。仮に何らかの

外的撹乱があったとしも，それだけで以後の展開が決定されるわけでも，したがって予想できるものでもないのです。経済も，多分に複雑系の性質を持つことが予想されます。市場経済は本来，無数で多様な主体によって構成されています。したがって，同じ撹乱現象が繰り返されたとしても，反応の仕方やタイミングはその都度異なりうるわけで，それらが複雑に交錯しながら，日々の経済状態が作り出されているとすれば，機械的で規則的な経済動態など，想像するほうが難しいはずなのです。

しかし，複雑系は，イメージはできても，比較的最近まで，実際に定式化し分析するのは困難でした。これは，カオス理論の発展とコンピュータの一般的普及によって，初めて近づけるようになった世界です。複雑系は，連立微分方程式など，いわゆる非線形動学と言われる定式化を必要とするのですが，これは普通の方程式のように，ひとつの解に収まるものではありません。ひとつの解に収まるということは，ひとつの状態に収まるということですから，それなら一般均衡とどこも変わらないわけです。複雑系は，あくまで解の連鎖として自らを表現します。したがって，その計算にはコンピュータの助けがどうしても必要になります。コンピュータを使って何十万という数の解を出し，複雑系としてのシステムの性質を考えてゆくことになります。複雑系は，不規則な経済動態を分析できる手法として，アメリカのサンタフェ研究所などを始め，多くの研究者たちが現在精力的に研究を進めています。

新成長理論　内生的動態論に戻りましょう。まず1つ目のアプローチ，すなわち，内生要因の範囲を広げることで，動態理論の刷新をはかった代表的なものに，新成長理論と呼ばれるものがあります。ポール・ローマー（Paul Michael Romer, 1955–）などを中心とした議論で，彼らは内生要因の範囲を広げて，ここに技術水準が含まれるとしました。

ハロッド＝ドーマーの理論にせよ，ソローの理論にせよ，これまでの経済成長論では，技術水準，あるいはそれに基づく生産性は，重要だと強調はされながらも，それ自体はあくまで外生要因として扱われていました。しかしながら，ソローモデルを実際に計測してみると，現実の経済成長率のうち，

資本の増加や人口の増加に由来する部分というのは実は非常に小さく，その大部分は残差項に入ってしまうという，事実上説明にならない結果が出ていました（残差項が60%から70%を説明してしまうこともザラでした）。

　残差項である以上，そこには資本と労働以外のすべての要因が含まれるわけですが，多くの研究者は，その筆頭に位置するものこそ技術水準だと考えました。ということはしかし，標準的な経済成長理論は，成長要因のうち最大の比重をしめる要素を外生要因にして，説明の対象からはずしてきたことになります。したがって，技術水準の内生化はどうしても必要な課題でした。ローマーらは，ソローモデルをもとに，生産関数を AK 関数と呼ばれるかたちに発展させることでこの問題に取り組み，技術水準を内生化した成長理論をあみ出しました。今日の標準的な経済成長理論は，すでにこの新成長理論になっていると言っていいと思いますが，近年では，先進国のみならず，途上国も含めての成長率格差の分析などに，広く応用されるようになっています。

▣ ネオ・オーストリアン　　新成長理論の方法は，基本的に新古典派的なものですが，内生動態論の2つ目のアプローチは，異端的な学派によって担われました。すなわち，このアプローチでは，数ある内生要因のなかからズバリ「市場」を選択しました。市場は紛れもなく，市場経済の核心にある要因ですが，一般均衡理論的な市場認識においては，市場は当然にも，均衡化を司る要因でした。しかし，ハイエクの系譜を引くネオ・オーストリアンは，この市場認識に正面から異を唱えました。一般均衡理論では，市場は実は，登場する時点ですでに均衡しており，したがって，不均衡の解消過程が示されることもなかったのですが，これでは市場を描いたことにはならないと，ネオ・オーストリアンは批判したのです。

　一般均衡理論が均衡化の過程を描かなかったのは，完全競争市場の前提に，完全知識と資源移動の無費用性が含まれていたからです（第7章を参照してください）。すなわち，完全競争市場では，消費者も生産者も，市場取引に関係する情報を，すべて偏りなく持つことが前提されており，その結果必要

になる調整は，転職・転業も含めて，すべて障害なく（極端に言えば一瞬で）行われることが前提されていました。したがって，たとえば超過利潤などが発生したら，それはたちどころに全員の知るところとなり，それ目がけての参入もたちどころに生じて，不均衡は一瞬にして解消されることになります。つまり，一般均衡理論の下では，不均衡は残存のしようがないわけで，ゆえにその解消過程も，描かれる必要がなかったのです。ですから，一般均衡理論が不均衡の解消過程を描いていないという言い方は，誤りではありませんが正確でなく，むしろ描きたくても描けなかったというのが，理解の仕方としては正しいと思います。

　しかし，現実の世界は無論，完全知識の世界ではありません。消費者は小売価格を知っていても，製品の製造原価などいちいち知りません。したがって，そこにどれだけの超過利潤が含まれているかも，さしあたりはわかりません。生産者も同じで，小売価格まで自分で決める巨大企業ならいざ知らず（こうした行為は近年，法的にも難しくなっています。下手をすると独占禁止法に抵触します），卸売り業者に納品するだけの小さな生産者にとっては，小売価格がいくらになるかなどわかりません。ですからそこにいくら流通マージンがのっかり，それが超過利潤なのかどうかもわかりません。こうした状況下ではしたがって，一般均衡理論のような，瞬時にして均衡に到達する市場を想定しては不自然になります。むしろ，何らかの不均衡が残されるのが普通であり，そこから均衡に向かう傾向があるかどうかを問題にして，初めて市場の議論になるでしょう。ネオ・オーストリアンは，こうした市場の捉え方を，市場過程論と表現しました。

　市場過程論は，まずはハイエクを端緒としますが，その普及に大きく貢献したのはイズリアル・カーズナー（Israel M. Kirzner, 1930–）やルードヴィク・ラッハマン（Ludwig M. Lachmann, 1906-1990）といった人々です。一般均衡理論的な市場把握と，市場過程論的な市場把握の分かれ目は，完全知識前提の有無にあります。そして完全知識を前提しないネオ・オーストリアンは，経済主体はみな限定された合理性の下で行動すると想定します。「限

定された合理性」とは，不完全な知識の下でも，何とか自己利益を得ようと，ギリギリまで合理的に行動しようとする人間の性向を言い表したものです。これはもともと，ハーバート・サイモン（Herbert A. Simon, 1916-2001）をはじめとするカーネギー・メロン大学のグループが，組織的企業の行動原理として打ち出したものですが，現在ではネオ・オーストリアン系の議論で多く使われるものになっています。

　完全知識の世界では，現に存在するものに関しては「未知」の領域が残りません。しかし，限定された合理性の世界では，人によって知識の内容が違ってきますから，ある人にとっては既知の「情報」も，別の人にとっては未知であることが大いにあり得ます。前者は，その情報を供給することができますが，誰に供給すればいいかがわかりません。後者は，情報自体を見ていないので（未知なので），まだ需要者としての名のりを上げていませんが，情報を見れば取引したいと言い出すかもしれません。こうした未知と既知を次々と結びつけることによって，物資や情報の新しいやり取りを，網の目状に拡大してゆく機能を担うもの，これこそが市場にほかならないとネオ・オーストリアンは言うのです。

▶**進化経済学**　　この網の目状の拡大（もしくは拡散）は，何か定型的なパターンを繰り返すものではないでしょう。それは生物体の細胞分裂，いやそれ以上に，神経回路の自己増殖にも似た，予測不能なパターンを通して，内から外へと限りなく広がってゆくものでしょう。これはしたがって一般均衡理論の描く静態的な世界とも異なれば，景気循環論や経済成長論のような単調な波で語られる動態イメージとも違うでしょう。それは，奇しくもいま使ったように，どこか生命体のイメージを伴うもので，しかも単に規模が大きくなるだけでなく，内部の組織構造を複雑化しながら進んでゆく過程になるでしょう。これはちょうど，生命体の成長や，あるいはアメーバのような単純な組織から，人間のような複雑な組織へと，生命体が進化してゆく過程を思わせるというので，こうしたイメージで市場経済を捉え直そうとする試みを総称して，今日では進化経済学（エヴォルーショナリー・エコノミク

ス）と呼んでいます。ネオ・オーストリアンは，進化経済学の先駆にして，中心的な学派と言えるものです。

ネオ・シュンペータリアン　ネオ・オーストリアンと多くの点で問題意識を共有しながら，彼らとはまた別個の方法で進化経済学を進めているのが，ネオ・シュンペータリアンです。シュンペーターは，第6章で見た通り，一般均衡理論を評価しながらも，その静態論的性質については厳しく批判しました。そして，シュンペーターは，技術革新に代表される新結合の理論によって，資本主義経済の動態性に取り組もうとしました。ネオ・シュンペータリアンは，シュンペーターのこの問題意識を継承しながら，これを現代的な理論に発展させようとしています。一般均衡理論が経済学の中心にあった1960・70年代に，すでにエドウィン・マンスフィールド（Edwin Mansfield, 1930-1997），クリストファー・フリーマン（Christopher Freeman, 1921-2010），ネイサン・ローゼンバーグ（Nathan Rosenberg, 1927-2015），リチャード・ネルソン（Richard Nelson, 1930-），シドニー・ウィンター（Sidney Winter, 1935-）といった論者が現れていますが，この時期の議論は，技術革新をめぐる実証分析が中心でした。彼らは帰納法的に，技術革新を左右する組織環境や市場状態を分析し，技術を扱おうとしない新古典派の市場理論を鋭く批判しました。このうち，ネルソンとウィンターが共著で表した著作『経済変化の進化的理論』（1982年）が，現在の進化経済学に直結する，言わば最初の古典になりました。

　1980年代に入ると，ネオ・シュンペータリアンは，より理論的な方向性を示すようになります。つまり，技術革新に関する研究蓄積を母体に，より一般的なかたちでその定式化をはかろうとします。したがって，その主題はおのずと内生的技術革新論になり，これは先ほど触れた新成長理論よりも，時期的には早い試みになります。彼らは，先のフリーマンや，ジョバンニ・ドシ（Giobanni Dosi, 1953-）らを中心に，技術革新の伝播・波及の理論や，技術—経済パラダイムと言われる着想，すなわち，技術を単体で扱わずに，経済社会との相互補完的な関係のなかで捉え直そうとする着想などを打ち出

しました。

　時期的には平行しながら，彼らとはさらに異なるアプローチをとったネオ・シュンペータリアンもいました。こちらは，技術革新をひとつの主題にしながらも，その定式化においては，生態学や遺伝学をモデルに選び，数理的な一般性の高い議論を早い時期から追求していました。特に，パオロ・ザヴィオッティ（Paolo P. Saviotti, 1944-），ジョン・スタンレー・メトカフ（John Stanley Metcalfe, 1946-）らが導入した，レプリケータ・ダイナミクス（複製動学）という手法は，ある生態分布，たとえばある土地におけるコケ類の分布が，時間とともにどのように自生的な変化を示すかを分析する手法で，これを経済学に応用すると，たとえばマーケットシェアの変化，つまり一市場内における企業規模分布の変化を，経済に内生的な現象として記述することが可能になります。これは，近代経済学において，マルクス経済学とはまた違ったかたちで，一種の「再生」（これもレプリケーションの一種です）の論理が求められ始めたことを示す例と言えるでしょう。こうした点で，進化経済学の動向は，現代経済学の特徴的な一面を表していると言えると思います。

様々な進化経済学　　進化経済学には，このほかにも様々なアプローチが混在しています。たとえば前節で見たゲーム理論のなかにも，進化ゲーム理論と呼ばれるものがあって，これを使って慣習的取引や企業組織などの歴史的変化を分析しようとする比較制度分析なども，一種の進化経済学と言えるでしょう。あるいは，本書でも何度か言及した歴史学派は，古典派・新古典派の経済学が，経済社会の歴史的変容を無視しているとしてこれを批判してきましたから，進化経済学的な発想には，そもそも親近感がありました。

　さらに，第7章でも論じたように，ヴェブレン以来の制度学派は，累積的因果系列論の発想に立って，静態的な新古典派経済学を批判してきました。また，同じ新古典派でも，マーシャルには，進化経済学的な一面がありました。ケンブリッジ学派全体が進化経済学的であったとは言えませんが，逆に言えば，そこにマーシャルに固有の特徴を見出すこともできるはずです。今

日の進化経済学も，その源泉のひとりにマーシャルを数えています。ただし，そうした議論にはマーシャルと歴史学派，さらにはネオ・オーストリアンの発想まで，みな一緒くたにしているものがありますので注意してください。

　累積的因果系列論は，発想的にはケネーにも遡り得る古典的なものですが，ミュルダールやカルドアなどが発展させ，カルドアはすでに1970年代に，自身も関与したイギリスの対外政策論のなかでこれを活用しています。この系譜には今日，ジェフリー・ホジソン（Geoffrey Martin Hodgson, 1946–）などがいて活発な議論を展開しています。また，ポスト・ケインズ派のルイジ・パシネッティ（Luigi L. Pasinetti, 1930–）らが展開した構造動学という，構造変化を必然的に伴う経済成長論の試みなども，ソロー的な均斉成長理論の対極にあるものとして，広い意味での進化経済学に含めてよい議論だと思われます。

レギュラシオン学派

さらに，時期的には進化経済学よりも早いものになりますが，フランスのミシェル・アグリエッタ（Michel Aglietta, 1940–），ロベール・ボワイエ（Robert Boyer, 1943–），アラン・リピエッツ（Alain Lipietz, 1947–）らを中心とするレギュラシオン学派も，制度と動態の関係を問おうとしている点で，進化経済学と問題意識を共有する部分があります。

　レギュラシオンとは「調整」を意味するフランス語ですが，彼らは，市場経済の動向を左右するのは普遍的な市場メカニズムではなく，各国固有の制度に備わる調整様式だと考えます。たとえば，20世紀の成長経済（あるいは俗に言う「右肩上がりの経済」）を支えてきた調整様式として，レギュラシオン学派はフォード主義という概念を用います。フォード主義とは，大量生産–大量消費経済にちょうど合致した経営手法と言えるものですが，これは一方では，単純反復労働によって生産量ならびに生産性を飛躍的に向上させ（これをテイラー主義といいます），他方では，その上昇した生産性を資本家が独り占めせずに，むしろ自発的に賃金に還元して，労働意欲の維持をはかろうとしたものです。

せっかく生産性を向上させても，労働者の賃金が低いままでは，増大した商品を買い取る者が現れませんから，収益は早晩低下してしまいます。しかし，賃金を高めにしておけば，それは結局商品への有効需要に転化して，大量生産体制を支えるものになります。フォード主義の論理は，私たちが第4章で検討した，マルクスの再生産論にまさしく合致する点に注意する必要があります。ただし，フォード主義は，ほとんどの企業が同時に採用していないとうまく機能しません。多くの企業が離脱してしまうと，フォード主義を取り続けている企業だけ人件費負担が大きくなって，競争力を失ってしまうからです。しかし，フォード主義が廃れてしまうと，今度は大量生産-大量消費の経済を維持することが難しくなります。レギュラシオン学派はここに，1970年代以降の資本主義経済が陥った，長期的不況の原因を求めようとします。レギュラシオン学派は，相対的にはマルクス経済学に親近性を示すものですが，進化経済学とも問題意識を共有するものとして，今日さらに新たな課題を追求しようとしています。

11.4 競争と資本

競争とは　以上の議論は，現代経済学のほんの一部にすぎません。経済学が，以前よりも相互依存性や動態性に関心を注ぐようになったのは確かだとしても，経済学のすべての分野で，ゲーム理論が使われているわけでもありません。現在どのような研究分野があって，どのような研究が行われているか，それはそれぞれの講義やテキストにあたって確かめてみてください。

ですが，最後に一言だけ，述べておきたいことがあります。現代の経済生活は，ますます市場を中心に営まれるようになっています。そして，市場の原理を中心的に解明してきたのは近代経済学のほうだと一般的に言われます。しかし，近代経済学が追求してきたのは，正しくは競争の原理です（ただし，

そこには交換論と競争論の微妙な交錯もしくは混同が見られます。この問題については、また別の機会にお話したいと思います）。学派によって、競争を促進する要因、あるいは抑制する要因に対する理解は違います。新古典派総合の系譜は、競争の維持は市場構造の影響を受けると考え、したがって競争を抑制するかもしれない寡占や独占に対しては、公的介入が必要になると考えました。シカゴ学派の系譜は、逆に競争は市場構造の影響を受けないと考えました。寡占であっても独占であっても競争は維持されるのだから、競争の維持を目的とする限り、公的な介入は必要ないと考えました。むしろ、競争を抑制するものがあるとすれば、それこそ公的な規制にほかならないと考えました。しかし、いずれも競争の維持を目的とする点では、新古典派総合とシカゴ学派のあいだに、根本的な違いはありません。

　なぜ、競争の維持が必要かと言えば、それが効率性の増進につながるからでした。効率性は、それ自体は中立的な概念です。同じ財を生産するのに、より少ない資源とエネルギーですむようになることは、その限りでは、誰であっても反対しにくい話です。競争はより優れた技術を求めさせ、需要のなくなった商品から、稀少な資源や人材を引き上げようとします。競争が、労働力、資源、資金を頻繁に、かつ敏速に移動させることで、経済の効率性が増進してゆくことを、近代経済学は評価してきました。ですから、それを政策的誘導によって行うか、自由放任によって行うかは、見かけほど重大な差異ではないのです。

　資本とは　　しかし、近代経済学系のこうした議論は、それ自体決して誤りではないにしても、たとえばマルクスの概念で言うと、どこか議論全体が、労働過程の次元に終始しているような印象を受けます。第4章で見たように、マルクスは資本主義の過程、すなわち市場経済の過程を、労働過程と価値増殖過程の両面で捉えようとしました。そしてマルクスは、資本主義経済が労働過程において生産の効率性を高めること、あるいは次々と新しい商品（使用価値）を生み出すであろうことを認め、これについては評価していました。

11.4 競争と資本

しかし，労働過程の裏側には，かならず価値増殖過程が張りついていることを忘れてはいけないとマルクスは言いました。価値増殖とは資本の本性です。資本とは，増殖をもって自らの使命と心得るものです。本来，効率性の高め方は，同じ商品の生産においても，おそらく何通りかあったはずでしょう。では，なぜそのなかのあるひとつが選ばれたのかといえば，それが貨幣的な利潤増大と両立したからでしょう。労働過程が，価値増殖過程に反して，単独で進められることは，資本主義経済の下ではきわめて困難です。市場経済における効率性の追求は，利潤を増大させる限りにおいて可能になります。その意味では，効率性の増進手段の選択に，常に一種の偏りが生じることになります。マルクスが批判したのはここでした。

近代経済学は，利潤最大化原則において，この点を表現していると言われるでしょう。だから近代経済学は決して，労働過程に視野を限定してきたわけではないとも言われるでしょう。しかし，利潤最大化を前提視するのみでは，価値増殖過程に牽引されての労働過程を，積極的に批判することは困難です。近代経済学は，労働過程については高度な議論を展開しますが，価値増殖過程については，ややもすると問題意識から落としてしまう傾向があります。しかし，それでは市場経済に向けるべき，総体的な認識力が弱くなってしまう可能性があるのです。

　あらためて経済学とは　　もちろん，だからと言うので，マルクス経済学が近代経済学よりも，自動的に深い認識水準を持てるわけではありません。特に，経済の現象面での分析において，近代経済学の手法を無視することはできないでしょう。では，両者を統合すればよいではないかと思われるかもしれませんが，おそらくそれは不可能です。また，そういうものをひとつ作って疑問を持たなくなるよりも，どこか見落としがあるのではないか，どこか偏った見方をしているのではないかという警戒心を持ち続けることのほうが，学問の進め方としてむしろ積極的な姿勢になるのではないかと思います。

経済学は，ひとつの研究対象に対して，複数の視点を要求される学問です。経済学の歴史は，そうした視点の候補を無数に提供しています。皆さんの経

済を見る「眼」を豊かにする上で，経済学史という領域が，少しでもお役に立てればと思います。

文献案内

[学習用図書・研究書]

R. ギボンズ（福岡正夫・須田伸一訳）（1995年）『経済学のためのゲーム理論入門』創文社

武藤滋夫（2001年）『ゲーム理論入門』日経文庫

青木昌彦（瀧澤弘和・谷口和弘訳）（2001年）『比較制度分析に向けて』NTT出版

小田切宏之（2001年）『新しい産業組織論』有斐閣

伊藤秀史（2003年）『契約の経済理論』有斐閣

塩沢由典（1997年）『複雑系経済学入門』生産性出版

山田鋭夫（1991年）『レギュラシオン・アプローチ』藤原書店

井上義朗（1999年）『エヴォルーショナリー・エコノミクス』有斐閣

[古典]

J. v. ノイマン=O. モルゲンシュテルン（銀林浩・橋本和美・宮本敏雄監訳）（1972-73年）『ゲームの理論と経済行動』全5巻，東京図書

F. A. v. ハイエク（田中真晴・田中秀夫編訳）（1986年）『市場・知識・自由』ミネルヴァ書房

I. M. カーズナー（田島義博監訳）（1985年）『競争と企業者精神』千倉書房

W. B. アーサー（有賀裕二訳）（2003年）『収益逓増と経路依存』多賀出版

G. M. ホジソン（西部忠監訳）（2003年）『進化と経済学』東洋経済新報社

L. L. パシネッティ（大塚勇一郎・渡会勝義訳）（1983年）『構造変化と経済成長』日本評論社

R. ボワイエ（山田鋭夫訳）（1989年）『レギュラシオン理論』藤原書店

経済学史の学習をさらに進めるために

　本書を読み終えた後，さらに経済学史の学習を進めるのに適当な文献を，いくつかご紹介します。なお，各章末に掲げた［学習用図書・研究書］は，本書の執筆に際しても，随時参照したものです。［古典］は，なるべく現在入手しやすい版を選びましたが，なかには入手困難になったものもあります。

[経済学史教科書・経済学通史]
根岸隆(1983年)『経済学の歴史』東洋経済新報社
猪木武徳(1987年)『経済思想』岩波書店
早坂忠編(1989年)『経済学史』ミネルヴァ書房
八木紀一郎(1993年)『経済思想』日経文庫
伊藤誠編(1996年)『経済学史』有斐閣
馬渡尚憲(1997年)『経済学史』有斐閣
中村達也・八木紀一郎・新村聡・井上義朗(2001年)『経済学の歴史』有斐閣
高哲男編(2002年)『自由と秩序の経済思想史』名古屋大学出版会
M. ブローグ（宮崎犀一他訳）(1982-86年)『経済理論の歴史（新版）』全4巻，東洋経済新報社
R. ハイルブローナー（中村達也・阿部司訳）(2003年)『私は，経済学をどう読んできたか』ちくま学芸文庫

索 引

事項索引

あ 行

IS-LM 表 282
　　——分析 244, 245
赤字財政主義批判 263
アメリカ植民地 24, 36
アメリカ独立宣言 24
暗黒の木曜日 199
アントゥルプルヌール 150

イギリス 5, 7
　　——経験主義 105, 111
意思決定の独立性 166
一時的均衡 122
一物一価の原則 167
一般均衡 116
　　——理論 150, 245, 275, 287, 315
陰鬱な科学 62
イングランド 22
インセンティヴ 291
　　——理論 313
インド 6
インフレーション 262

失われた世代 198

AK 関数 318
『営利企業の理論』 190
エヴォルーショナリー・エコノミクス 320
エトス 142
エンクロージャー 36

オーストリア 128
　　——学派 102, 104, 143, 276
オックスフォード経済調査 186
オープン・マーケット・オペレーション 231
オランダ 5, 7

か 行

外部経済 297
　　——性 121
外部性 297
　　正の—— 297
　　負の—— 297
外部負（不）経済 297
　　——の内部化 298
カオス理論 317
価格 112
　　——決定の原理 105
　　——の硬直性 183, 186
　　——理論 102
科学主義 48
拡大再生産 88
額面価格 227
家計 215
貸付資金需給説 224
過剰生産物 51
価値意識 137
価値自由 137
価値増殖過程 79, 326
『価値と資本』 282
価値保蔵機能 226, 227
活動階級 237
カーネギー・メロン大学 320
株式会社 158
　　——形態 123
貨幣愛 7
貨幣供給量 230
貨幣資本 78
貨幣需要量 229
可変資本 83
神の見えざる手 37, 40
カルヴァン派 139
環境経済学 298
環境事業 255
環境破壊 297, 298
完全競争 166, 287
　　——市場 289
　　——の効率性 171
完全均衡 176

完全雇用　154, 208, 225, 230, 261, 297
完全知識の前提　166
完備情報の静学ゲーム　310
管理通貨制　230
官僚制　145, 157

幾何級数的　48
企業　191, 215
　　――家階級　235
企業者　150
　　――精神　151
　　――利潤　153
技術革新　87, 152, 250, 253
技術-経済パラダイム　321
技術水準　126, 317
希少性　60, 106, 260
基数的効用理論　276, 277
規則　145
期待インフレ率　265
規範論　165, 172
規模の経済性　296
機密性　146
キャリコ　6
救貧法　49
供給曲線　112, 114, 120
　　労働――　202, 206
協業　30
恐慌　70
　　過渡的――　51
　　周期的――　51
　　世界――　199
『共産党宣言』　72
競争　324
　　――的市場　164, 221
協力ゲーム　311
均衡価格　115
均衡財政主義　263
銀行の信用創造　225
均斉成長　258
近代　138, 307
　　――経済学　103, 307, 326
『近代株式会社と私有財産』　188
勤勉性　140
金本位制　231
金融政策　230

軍事支出　254

景気循環　150
『景気循環論』　155
『経済学』　244, 246
『経済学・哲学草稿』　72

『経済学および課税の原理』　53
『経済学原理』　52, 103
『経済学史』　149
『経済学の理論』　101
『経済学批判』　73
経済行動論　274
経済社会学　155
経済主体　151
　　――の無数性　166
経済政策　208
経済成長率　256, 257
経済成長論　247
『経済発展の理論』　149
経済表　9, 12, 14
『経済分析の基礎』　244
『経済変化の進化的理論』　321
経済倫理　123
経済論理　123
継続的取引　192
k％ルール　268
契約関係　194
契約理論　313
計量経済学　245
ケインズ・サーカス　173
ケインズ革命　173, 210
ケインズ経済学　243, 307
　　――のミクロ的基礎　221
ゲーム理論　182, 308
『ゲーム理論と経済行動』　312
毛織物　6
限界革命　102, 275
　　――の3大学派　103
限界効用　107
　　――逓減の法則　108, 119
　　――の均等化　110
　　貨幣の――　202
限界収入　175
限界消費性向　216
限界貯蓄性向　250
限界費用　169
限界負（不）効用　202
権限原則　145
原前払い　11
　　――の利子　14
原表　12
ケンブリッジ学派　103, 104, 236, 275, 277

公開市場操作　231
公害問題　297
交換　110, 275, 325
　　――機能　226
　　――の論理的帰結　275

事項索引

好況　153
工業　35
厚生経済学　124
『厚生経済学』　165, 298
合成の誤謬　214
構造動学　323
高度経済成長　242
高度成長期　297
効用価値論　107
効用最大化　109
効用の加算性　277
合理主義　11, 48
功利主義哲学　277
合理性　138, 144, 307
　　限定された――　319
　　実質――　159
　　目的――　159, 279
効率性　81, 167, 287
合理的期待形成論　269
合理的な選択　109
高齢社会事業　255
『講和の経済的帰結』　234
国債　231
黒人奴隷　5
『国富論』　2, 23, 44, 212
『国民経済学原理』　101
穀物価格　57
穀物法改正案　51
穀物法論争　44, 50
個人主義　140
個人の主体性　127
コースの定理　302
固定資本　12
固定費　121
古典的な企業形態　123
古典派　67
　　――経済学　45, 306
　　　フランス――　45
　　　新しい――　270
個別資本　87
『雇用・利子および貨幣の一般理論』　210
雇用量　212, 230
混合経済体制　243
コンテスタブル・マーケット理論　293
「今日における社会主義の可能性」　149

さ 行

財　105
　　――市場　213
　　――の同質性　166, 173
　　公共――　297
再生産の過程　88
再生産表式論　88
財政政策　231
最適成長率　250
差額地代　60
　　――論　58, 170
搾取率　83
ザ・ソサイアティ　234
さびしい群衆　190
サプライサイド経済学　268
産業革命　3
産業組織論　289
産業予備軍　85
産業連関表　2
算術級数的　48
参入障壁論　291

恣意性　144
ジェントルマン資本主義論　67
シカゴ学派　265, 289, 291, 325
死荷重　300
地金論争　44
資源移動の無費用性　166, 173
資源配分　307
　　――機構　192
市場　33, 102, 110, 274, 320
　　――価格　227
　　――過程論　319
　　――競争　126
　　――経済の安定性　258
　　――経済の不安定性　250
　　――経済論　274
　　――構造　25, 290
　　――行動　290
　　――主義　313
　　――成果　290
　　――の規模　33
　　――の失敗　296
　　――メカニズム　265
　　寡占――　184, 221, 289
　　ストック――　238
自然失業率仮説　265
自然法思想　9
失業率　199
実証論　165, 172
私的所有　31
　　――権　302
使徒会　234
地主　46
　　――階級　10, 15
自発的失業者　205
資本家　46
　　――階級　235

資本係数　257
資本産出率　257
資本主義　2
　　修正——　243
　　独占的——　157
『資本主義・社会主義・民主主義』　149, 155
資本増加率　256, 257
資本蓄積　25, 33
　　——論　88
資本投下　33
　　——の自然な順序　34, 38
資本の限界価値生産物　220
資本の限界効率　220, 230, 232
資本の限界生産力　220
資本の集中　94
資本の循環過程　78
資本の有機的構成の高度化　94
『資本論』　73, 101, 118, 212
市民革命　3
「社会階級の社会学」　149
社会科学　134
社会経済学　307
社会構造　237
社会主義　156, 159
　　科学的——　71
　　空想的——　71
社会的費用　299
尺度機能　226
収穫逓減法則　170
宗教　139
私有財産制　47, 49
重商主義　2, 3, 17, 23, 34, 37, 38, 67
囚人のジレンマ　311
重農主義　2, 8
自由貿易　53
　　——帝国主義論　67
　　——論　65
自由放任主義　18, 176, 270
自由放任的な経済像　267
主観性　110
縮小再生産　89
需要曲線　112, 113
　　屈折——　184, 185
　　個別——　169, 175
　　労働——　201
　　2本の——　178
『純粋経済学要論』　101
使用価値　17, 79
商業　35
乗数過程　230
　　——効果　218
消費　41, 219

　　——関数　216
　　——需要　215
　　見せびらかしのための——　190
商品　74, 105
剰余価値　32, 78
　　——率　83, 94
　　絶対的——　84
　　相対的——　85
　　特別——　87
剰余生産物　11, 34
職業　141
「職業としての学問」　137
食料価格　49
序数的効用理論　276, 278
所得　215
　　——分配　243, 296
　　——論　118, 173, 277, 288
所有と経営の分離　123, 236
進化経済学　320
進化ゲーム理論　322
進化論的　189
　　——経済学　189
新機軸　150
新教　139
新結合　151
人口原理　56
人口増加　46
『人口の原理』　46
人口論　48
新古典派　189
　　——経済学　44, 100, 243
　　——成長理論　256
新古典派総合　211, 243, 262, 275, 325
新成長理論　317, 321
新制度キ派　191
　　——の経済学　313
『人物評伝』　211
信用創造　154

推測的相互依存関係　184
スウェーデン学派　168
趨勢　126
数理経済学　287
スコットランド　22
スタグフレーション　262
スペイン　5, 7

世紀末ウィーン　148
『製作者本能論』　190
生産階級　10, 14, 16
　　不——　10, 12, 15
生産過程　78

生産関係　81
　　——の再生産　90
生産関数　256
生産者均衡　168
生産者余剰　121
生産手段　78
生産性　28, 29, 53, 55, 118, 126, 253
生産費用　120
生産面　18
生産量　212
正常状態　126
精神生活　118
精神なき専門人　147
静態的　117, 294, 314
成長会計　256
制度　187
　　——学派　67, 188, 307, 322
セイの法則　261
製品差別化　178
政府　215
　　大きな——　243
　　小さな——　243
積極的制限　49
絶対王制　3, 10
絶対優位　55, 56
『説得評論集』　211
節欲　141
専制政治　47
選択上無差別　281
1848年革命　73
専門家　134

ソヴィエト社会主義共和国連邦　199
相互依存関係　53, 116
「租税国家の危機」　149

た行

第1次世界大戦　198, 234
大航海時代　3
大衆化　158
大衆社会　190
退出障壁論　293
大統領経済諮問委員会　244
第2次世界大戦　198, 242
代表的　118
大陸合理主義　105, 111, 172
大量生産経済　198
他の条件にして一定ならば　118
短期均衡　122
単純再生産　15, 88
単純閉鎖体系　215
炭素税　298

単発取引　192

地球温暖化　297
中継貿易　4
「中世商事会社の歴史」　136
中二階の会　9
超過利潤　167, 175
長期均衡　123
調整様式　323
超長期　126
直接規制　298
貯蓄　40, 92, 141, 216, 260

低金利政策　237
帝国主義　67
「帝国主義の社会学」　149
テイラー主義　323
定量　145
『哲学の貧困』　72
鉄の檻　147, 159

『ドイツ・イデオロギー』　72
「ドイツ・東エルベ地方の農業労働者事情」　136
等価交換　58
投下資本　89
投下労働量　57
同感の原理　39, 40, 50, 214, 253
投機　227
投資　141, 217, 219, 230
　　——家階級　236
　　——関数　221, 260
　　——需要　215
　　——乗数　218
　　——の社会的・平均的・潜在的生産性　249
　　——の需要創出効果　248
　　——の生産力効果　248
　　——の二面性　248
　　公共——　231
　　設備——　219
同情　40
動態化　117
動態性　117, 149
動態的　294
『道徳の感情論』　31
道徳的制限　48
独占禁止政策　290
独占的競争　180
　　——理論　178
『独占的競争の理論』　173
独占的貿易商人　5
特定失費曲線　120
土地国有化論　129

土地収穫逓減の法則　62
土地の囲い込み　36
土地前払い　10
富　24, 26, 34
『富と厚生』　165
取引費用　193
奴隷制　75
奴隷貿易　5
トレードオフ　264

な 行

内生的動態論　315
内部組織論　313
ナッシュ均衡　312
ナッシュ交渉解　312
七年戦争　7

ニューエコノミクス　244

ネオ・オーストリアン　295, 318
ネオ・シュンペータリアン　321
年前払い　12

農業　34
能動的行動　151
能動的な企業行動　178

は 行

バウアー表式　12, 14
ハーバード学派　289
ハーバード大学　149
ハーベイロードの前提　263
パリ講和会議　234
パレート改善　285
パレート最適　286, 287, 311
ハロッド=ドーマーモデル　247
反循環政策　232

比較生産費説　65
比較制度分析　313, 322
比較優位　55, 56
非協力ゲーム　311
ピグー税　300
微視的　105
非自発的失業　208, 230
非線形動学　317
微調整　264
必要労働時間　82
『百科全書』　9
ピン工場　28, 30
貧困問題　46, 117, 262

ファインチューニング　264
ファストフードレストラン　147
フィジオクラート　8
フィリップス曲線　264
　長期——　267
フェミニズム　47
フォード主義　323
不確実性　192, 222
　——下における意思決定　222
不確定性　222
『不完全競争の経済学』　173
不完全競争論　173
不況　153
複雑系の経済学　316
福祉国家政策　243
部分均衡論　115
不変資本　83
『フランケンシュタイン』　48
フランス　5, 7
　——革命　47
フル・コスト原則論　186
ブルジョア経済学　81
ブルジョアジー　156, 158
ブルームズベリー・グループ　235
フロー経済　238
プロテスタンティズム　139
「プロテスタンティズムの倫理と資本主義の精神」　138
分業　28, 29
　——と協業の深化　32
　——と協業の秩序　30
文書主義　146

平均費用　169
変化　117

貿易差額　36
　——説　4
　　一般——　4, 6
　　特殊——　4, 6
保護貿易　66
保守主義　48
ポスト・ケインジアン　246
ポスト・ケインズ派　323
ボックス・ダイアグラム　283

ま 行

マクロ経済学　211, 243, 274
マーケットシェア　290
マネタリズム　265, 268
マルクス経済学　104, 306, 326

事項索引

見えざる手　39, 41, 50, 87, 214, 253
ミクロ経済学　211, 243, 274
ミクロ的　105
水とダイヤモンドのパラドックス　106

無差別曲線　280, 281
　　──論　276
無政府主義　47

メディア　158
綿織物　6
メンガー表　108

モデル　235
モラルサイエンス　235

や 行

唯物史観　72
『有閑階級の理論』　190
有効需要　212, 230
　　──の原理　210, 247, 260
U字型費用曲線　168
輸出関連産業　7
豊かさのなかの貧困　218
輸入規制　6

幼稚産業保護論　66
預金創造　154
欲望の二重の一致　111
予想　219
4つの時間区分　122
予定説　139
予定調和説　41
予防的制限　48

ら 行

ランカシャー　6

理解　137
リカードの地代論　120
利己心　30, 32, 39, 87
利子　219

利潤マージン　186
利潤率　84, 94
　　──の傾向的下落　95
利子率　230
流通過程　8, 78
流通面　18
流動資本　12
流動性選好　229
　　──説　226
『理論経済学の本質と主要内容』　149
累進課税制度　277
累積的因果系列　191
　　──論　323

歴史学派　322
　　イギリス──　66, 189
　　旧──　66
　　新──　66
　　ドイツ──　66, 136
レギュラシオン学派　323
レッセ・フェール　18, 37
レプリケータ・ダイナミクス　322

労働　26
　　──価値説　57, 74
　　──過程　79, 325
　　──市場　213
　　──人口　27, 33
　　──増加率　256
　　──の疎外　77
　　生産的──　27, 33
　　不──　27, 33
労働者　46
　　──階級　235
労働力　78, 193
　　──の価値　82
　　──の商品化　75
ローザンヌ学派　102, 104, 111, 275
ロシア革命　199
ロスト・ジェネレーション　198
「ローマ農業史」　136
ロマン主義　11, 48

人名索引

あ行

青木昌彦 327
青山秀夫 161
アグリエッタ, M. 323
浅野栄一 239, 271
アシュリー, W. J. 189
アルチュセール, L. 96
アルチアン, A. 291
アロー, K. J. 245, 287
安藤英治 161

イグナティエフ, M. 42
伊藤秀史 327
伊東光晴 161, 239
井上義朗 130, 196, 303, 327
今井賢一 303

ヴァグナー, A. H. G. 66
ヴァリアン, H. 303
ヴィクセル, J. G. K. 168
ウィクスティード, P. H. 103
ヴィーザー, F. v. 102, 107
ウィリアムソン, O. E. 191, 195
ウィンター, S. 321
ウィンチ, D. 68
ヴェイン, H. R. 271
ウェーバー, M. 135, 159, 279, 307
ヴェブレン, T. B. 188, 190, 307, 313
宇沢弘文 303
内田義彦 42, 96
宇野弘蔵 96
ウルストンクラフト, M. 47
ウルフ, A. V. 234

エッジワース, F. Y. 103, 282
エンゲルス, F. 71

オウエン, R. 70
大塚久雄 18, 160
大野忠男 161
奥野正寛 303
小椋正立 271
小田切宏之 327

か行

カウツキー, K. J. 73
カーズナー, I. M. 319

カッセル, K. G. 168
カップ, K. W. 191, 298
カーライル, T. 62
カルヴァン, J. 139
カルドア, N. 191, 246, 276
ガルブレイス, J. K. 149, 191
川口弘 239
カーン, R. F. 239, 246

ギボンズ, R. 327
ギャスケル, E. C. 70

クニース, K. G. A. 66
熊谷尚夫 303
クライン, L. R. 245
グラント, D. J. C. 235

ケイブズ, R. E. 289
ケインズ, J. M. 44, 148, 200
ケインズ, J. N. 233
ケネー, F. 9, 22, 34

コース, R. H. 191
ゴッセン, H. H. 102
ゴドウィン, W. 47
小林昇 18, 68
小宮隆太郎 303
コモンズ, J. R. 188
コリソン・ブラック, R. 130

さ行

サイモン, H. A. 320
ザヴィオッティ, P. P. 322
サムエルソン, P. A. 149, 244
サン・シモン, C. H. d. R. C. d. 70, 129

ジェヴォンズ, W. S. 101
シェリー, M, W. 48
シェリー, P. B. 48
塩沢由典 327
塩野谷祐一 161
シスモンディ, J. C. L. S. d. 45
志築徹朗 271
シュモラー, G. v. 66
シュンペーター, J. A. 135, 148, 307

スウィージー, P. M. 96, 149, 183
スキデルスキー, R. 239

スキナー, A. S.　42
杉原四郎　68
杉本栄一　130
鈴村興太郎　303
スタンダール　70
スチュアート, J.　4
スティグラー, G. J.　130, 291
ストレイチー, G. L.　234
スノードン, B.　271
スミス, A.　2, 8, 22, 44, 57
スラッファ, P.　44, 246
スワン, T.　256

セイ, J. B.　45
石弘光　303
千賀重義　68

ソロー, R. M.　244, 256
ソーントン, H.　45

た 行

ダヴナント, C.　4
高島善哉　42
高須賀義博　96
高哲夫　195
竹本洋　19
田中正司　42
田中敏弘　130
田村信一　68
ダランベール, J. L. R.　9

チェンバリン, E. H.　173, 178
チャイルド, J.　3
チュルゴー, A. R. J.　10

都留重人　149

ディケンズ, C. J. H.　70
ディーコン, R.　239
ディドロ, D.　9
デムゼッツ, H.　291
デュポン・ドゥ・ムール, P. S.　10

ドシ, G.　321
ドッブ, M. H.　288
トービン, J.　244
ドーフマン, R.　244
ドブリュー, G.　287
ドーマー, E. D.　247

な 行

中村達也　196, 303
中村廣治　68
ナッシュ, J. F.　312
新野幸次郎　195
新村聡　196

根井雅弘　161
根岸隆　303
ネルソン, R.　321

ノイマン, J. v.　311

は 行

ハイエク, F. A. v.　276, 318
バイロン, G. G.　48
バーク, E.　47
パシネッティ, L. L.　323
羽鳥卓也　68
ハーバラー, G.　149
バーリ, A. A. Jr.　188
パレート, V. F. D.　102, 282
バロー, R. J. B.　269
ハロッド, R. F.　239, 247
ハーン, F. H.　287
ハンセン, A. H.　149, 245

ピグー, A. C.　124, 165, 277, 298
菱山泉　130
ヒックス, J. R.　244, 276, 282
ヒッグズ, H.　19
ヒッチ, C. J.　183
平田清明　19, 96
ヒルデブラント, B.　66

フィリップス, A. W. H.　264
ブキャナン, J. M.　263
フライ, R. E.　235
フラックス, A. W.　169
フーリエ, F. M. C.　70
フリードマン, M.　265
フリーマン, C.　321
ブレンターノ, L.　66

ベイン, J. S.　289
ベーム・バヴェルク, E. v.　102, 148
ベル, V.　235
ベンサム, J.　277

ホイティカー, J. K.　130

338

ホジソン, G. M.　*323*
ボーモル, W. J.　*293*
ホランダー, S.　*68*
ホール, R. L.　*183*
ボワイエ, R.　*323*
ホント, I.　*42*
ポンパドール侯爵夫人　*9*

ま 行

マカロック, J. R.　*45*
マキアヴェリ, N. d. B. d. M.　*31*
マーシャル, A.　*103, 117, 129, 158, 189, 275, 322*
マスグレイブ, R. A.　*149*
松嶋敦茂　*130*
間宮陽介　*195*
マルクス, K. H.　*2, 44, 71, 142, 148, 155, 325*
マルサス, T. R.　*44, 46*
マン, T.　*3*
マンスフィールド, E.　*321*

ミシャン, E. J.　*298*
水田洋　*42*
ミッチェル, W. C.　*188*
ミハルスキー, W.　*298*
宮崎義一　*195, 239, 271*
宮沢健一　*271*
ミュルダール, K. G.　*168*
ミラボー, V. R. M. d.　*10*
ミル, J.　*45*
ミル, J. S.　*45, 118*
ミーンズ, G. C.　*188*

ムーア, G. E.　*234*
武藤滋夫　*327*
武藤恭彦　*271*
村上泰亮　*303*

メイソン, E. S.　*289*
メトカフ, J. S.　*322*
メンガー, C.　*101, 108, 127, 276*

モグリッジ, D. E.　*239*

モジリアーニ, F.　*244, 245*
モムゼン, T.　*136*
モルゲンシュテルン, O.　*312*

や 行

八木紀一郎　*130, 196*
安井琢磨　*130*
山下博　*130*
山田敏夫　*327*

ユーゴー, V. M.　*70*

ら 行

ラッハマン, L. M.　*319*
ラーナー, A. P.　*276*

リカード, D.　*44, 170*
リスト, F.　*8, 66*
リースマン, D.　*190*
リッツア, G.　*161*
リビエッツ, A.　*323*
リンダール, E. R.　*168*

ルーカス, R. E. Jr.　*269*
ルター, M.　*141*
ル・メルシュ・ドゥ・ラ・リヴィエール, P. P.　*10*

レオンティエフ, W. W.　*149*

ロイド・ジョージ, D.　*234*
ローゼンバーグ, N.　*321*
ロッシャー, W. G. F.　*66*
ロビンズ, L. C.　*103, 276, 278*
ロビンソン, J. V.　*173, 246*
ローマー, P. M.　*317*

わ 行

ワグナー, R. E.　*263*
ワルラス, A. A.　*129*
ワルラス, M. E. L.　*101, 111, 128, 150, 172, 220, 275*

著者紹介

井上　義朗（いのうえ　よしお）

1962 年　千葉県に生まれる
1984 年　千葉大学人文学部卒業
1991 年　京都大学大学院経済学研究科博士課程修了，
　　　　　経済学博士
　　　　　千葉大学法経学部を経て
現　在　中央大学商学部教授

主要著書

『市場経済学の源流——マーシャル，ケインズ，ヒックス』
　（中公新書，1993 年）
『エヴォルーショナリー・エコノミクス——批評的序説』
　（有斐閣，1999 年）
『経済学の歴史——市場経済を読み解く』（共著，有斐閣，2001 年）
『かの高貴なる政治の科学——19 世紀知性史研究』
　（共訳，ミネルヴァ書房，2005 年）
『読む　ミクロ経済学』（新世社，2016 年）
『読む　マクロ経済学』（新世社，2016 年）
など．

ライブラリ経済学コア・テキスト＆最先端=8
コア・テキスト経済学史

2004 年 6 月 25 日 ©	初 版 発 行
2021 年 3 月 10 日	初版第10刷発行

著　者　井　上　義　朗　　発行者　森　平　敏　孝
　　　　　　　　　　　　　印刷者　加　藤　文　男
　　　　　　　　　　　　　製本者　小　西　惠　介

【発行】　　　　　　　　株式会社　新世社
〒151-0051　東京都渋谷区千駄ヶ谷 1 丁目 3 番 25 号
☎(03)5474-8818(代)　　　　サイエンスビル

【発売】　　　　　　　　株式会社　サイエンス社
〒151-0051　東京都渋谷区千駄ヶ谷 1 丁目 3 番 25 号
営業☎(03)5474-8500(代)　　振替 00170-7-2387
FAX☎(03)5474-8900

印刷　加藤文明社　　　　　製本　ブックアート
　　　　　　　《検印省略》

本書の内容を無断で複写複製することは，著作者および出
版者の権利を侵害することがありますので，その場合には
あらかじめ小社あて許諾をお求めください．

サイエンス社・新世社のホームページのご案内
http://www.saiensu.co.jp
ご意見・ご要望は
shin@saiensu.co.jp まで．

ISBN 4-88384-073-5
PRINTED IN JAPAN